美文工作室

站 在 人 这 边

哲思课堂
vol. 1

哲思心理课

成语故事卷

林旭　黄睿　主编

上海教育出版社
SHANGHAI EDUCATIONAL
PUBLISHING HOUSE

　　本书为福建省社会科学基金项目"儿童哲学视野下中华优秀传统文化传承与创新研究"（项目批准号：FJ2023BF075）、福建省教育科学规划课题"儿童哲学在小学心理健康课中的应用研究"（编号：FJJKZX23-176）及厦门市教育科学规划课题"P4C视域下小学心理健康单元整体教学研究"（立项序号：23133）研究成果。

编辑委员会名单

总顾问： 曹剑波

主　编： 林旭

副主编： 黄睿

编写人员（按姓氏拼音顺序排列）：

黄　睿　李丹阳　林　旭　林跃发　刘　洋

苏淑玲　王婷婷　王瑜萍　许惠欣　叶兰馨

叶婷婷　瞿思嘉　郑羽轩

推荐序

曹剑波 （厦门大学哲学系教授、博导，朱子学会儿童哲学专业委员会会长）

我是一名哲学研究者，儿童哲学的实践和推广者，也是一个当爸爸的人。我时常觉得，儿童身心的健康成长，比一时的成绩好坏或"听话"与否要重要得多。然而，当代社会的各种压力从成人不断传导到儿童，也因此影响着儿童的心理健康。根据中国人民大学心理研究所所长俞国良教授的团队对 2010 年至 2020 年之间数百项调查结果的元分析，我国小学生检出率前三位的心理健康问题是睡眠问题（25.2%）、抑郁（14.6%）和焦虑（12.3%），而初中生则是焦虑（27%）、抑郁（24%）和自我伤害（22%）。《2023 年度中国精神心理健康》蓝皮书报告显示，高中生抑郁检出率超 40%，初中生超 30%，小学生约 10%。我国大中小学生整体心理健康状况堪忧，需要引起全社会的高度警觉。要解决这些问题，需要学校、家庭、社会的共同努力，而儿童哲学的理念与方法有望起到重要的作用。

儿童哲学是一场风靡全球的教育革新运动，它并非向儿童讲授哲学知识，而是在哲思探究中实现核心素养的培养，与我国新课标理念高度契合。目前，厦门大学哲学系南强儿童哲学研究中心和朱子学会儿童哲学专业委员会在全国各地中小学教师的参与下，大力推动儿童哲学融入中小学学科课堂。我们将这样的课堂称为"哲思课堂"，具体到每个学科中，则可以称为哲思语文课、哲思数学课、哲思心理课等。《哲思心理课（成语故事卷）》的出版，代表着哲思课堂研究的一项重要成果。

在推进哲思课堂的过程中，我们形成了以下几点初步思考：

第一，哲思课堂首先应是符合课程标准的合格学科课堂，是学科教学的一种自我超越，而不是站在哲学角度对学科教学进行任意改造。在与每一个学科合作开展研究时，我们都努力寻找在各学科领域已有建树和思考的中小学教师，在共同学习学科课标及学科文献的基础上再进行创新。儿童哲学的理念之所以能在他们的内心和课堂上生根发芽，是因为儿童哲学回应了他们一直以来关于儿童和课堂的困惑，契合着他们关于优质教育的想象和对于学科本质的理解。

第二，哲思课堂要充分体现儿童哲学的价值观和方法论，实现儿童与教师的共同成长，而不能仅仅是教学创新的噱头或提高成绩的工具。教师们参与哲思课堂研究的过程，其实也就是不断学会去尊重儿童、理解儿童、信任儿童、关怀儿童的过程，是不断地学会倾听、对话、探究和经营团体的过程，是对自身教育信念的深刻反思和重建。

第三，哲思课堂要扎根于中国深厚的文化传统和当下的现实议题，用儿童熟悉的语言谈论儿童真实的困惑，而非对西方儿童哲学课程的简单挪用。儿童是在具体的历史文化情境中成长的，他们的哲学思考也具有文化性和时代性。因此，我们一直鼓励教师运用寓言、成语、俗语、国学经典、历史故事等中国特有的语言文化要素作为刺激物，在探究中鼓励儿童联系个人的真实经验来开展哲学思考。

我与林旭老师是在 2023 年 7 月的厦门大学全球汉语儿童哲学（第五期）公益暑期学校中认识的。在那次暑期学校中，林老师在众多学员中脱颖而出，凭借《悬梁刺股——学习需要这样吗？》这样一节精彩的公开课获得了一等奖。2023 年 9 月，南强儿童哲学研究中心前往西安市曲江第二小学开展教研和录制视频课，我又邀请林老师随我们一起去授课。在这个过程中，我逐渐了解到林老师平时在学校中借助心理社团和心理健康教育课进行过不少儿童哲学的探索和尝试，还成为儿童哲学的积极"宣传员"，带动课题组成员和身边的许多心理教师加入关注儿童哲学的行列中。当他听说南强儿童哲学研究中心重点征集基于成语故事的儿童哲学课时，就与黄睿博士商议，想要以成语故事为主题，开发一系列"哲思心理课"教案。我们对这个计划给予了大力支持，也非常高兴能以心理健康教育为突破口推进哲思课堂的研究。

　　成语故事是开展心理健康教育的重要资源。成语往往是生活中某一类常见真实情境的隐喻，例如我们大多数人没有做过"悬梁刺股"这样的事，但却对学习中的"痛"和"苦"有深切的感受。当"悬梁刺股"这个成语不再是一个单向地"要求"孩子去努力学习的口号，而成为与孩子平等讨论"学习需不需要这么苦"的思考素材时，我们既给了孩子排解苦闷、调整认知、重建学习兴趣的契机，同时也创造性地实现了中华优秀传统文化的传承。在《哲思心理课（成语故事卷）》中，来自各地的教师们基于心理健康教育课的指导纲要和学科特点，开创出以游戏互动活跃氛围，以成语共读引入主题，以团体探究激发思考，以师生总结提炼成果的课堂结构，很好地将成语文化内涵、儿童哲学理念与心理咨询技术结合在一起。最宝贵的是，其中的每一节课都包含了师生在课堂上的真实对话，包含了充满童思童趣的提问与观点。我希望读者不要把这些对话当作唯一正确的"范本"去模仿，因为每一个课堂中的儿童都有不同的生命经历、不同的认识语境、不同的性格特点，因此每一次课堂对话的重点、方向、结论都可能有所不同。但我希望你像书中这些教师一样，带着求教的心态去倾听儿童，从生生对话之中挖掘智慧的源泉。

当然，任何创新都会有不成熟和不完善的地方，但创新的宝贵之处在于它激发人们打破陈规、开启多种多样的思路。我相信，《哲思心理课（成语故事卷）》也会成为一个"刺激物"，激发各学科"哲思课堂"的创生与发展。

2024 年 9 月于厦门大学

前　言

　　教育部印发的《中小学心理健康教育指导纲要（2012年修订）》[①] 提出中小学心理健康教育工作总目标是：提高全体学生的心理素质，培养他们积极乐观、健康向上的心理品质，充分开发他们的心理潜能，促进学生身心和谐可持续发展，为他们健康成长和幸福生活奠定基础。围绕上述目标，本书以成语故事为素材，以儿童哲学为方法，以心理健康教育七大模块为架构，形成了"哲思心理"系列课程，可以作为心理健康教育课、班队会活动或儿童哲学的教学资源。

一、以成语故事为心理健康教育课的重要素材

　　成语故事是中华传统文化的瑰宝，影响着一代代中国人的思考和行动。[②] 它们富含哲理，简洁有力，易于传诵。更重要的是，它们本身就凝练了中华民族几千年来潜藏在集体潜意识里与心理健康息息相关的内容，

---

① 中华人民共和国教育部关于印发《中小学心理健康教育指导纲要(2012年修订)》的通知 2012-12-11www.moe.gov.cn/srcsite/A06S3325/201212/t20121211-145679.html.
② 黄睿. 成语故事在儿童哲学探究中的运用[J]. 教育文汇，2024(4)：5—7.

如强调情绪管理重要性的"呆若木鸡"，倡导爱惜生命的"薪火相传"，反映学习方法的"悬梁刺股"等。

在学校心理健康教育中，成语故事作为一种独特的教育资源，有五大优点：第一，成语故事以其简短的形式蕴含复杂的含义 ①，学生能在理解和解构的过程中思辨，促进哲思的形成。第二，一部分成语故事的原意与现在人们的解读南辕北辙。如"三思而行"，原指孔子对思考三次的质疑并认为思考两次就够了，现被解读为做事要多加思考。针对这部分成语故事开展探究，能帮助学生还原前人的用意，既能承袭先人优秀的思想智慧结晶，又能在古今诠释的冲突中厘清价值选择，学会站在不同时代和不同语境去看待和解读当下。第三，成语故事富含丰富的隐喻 ②，借助故事中隐喻的输入，学生的大脑激活无意识的联想模式，通过产生新的意义调整旧的行为反应，进而产生新的思维认知、情感体验和行为反应。第四，学生在对成语故事的探究中投射其生命历程的心理信息，有助于成人洞察他们的内心感受，贴近他们。第五，成语故事的主人公为学生提供一种替代经验和解决问题的样板，让带着某种心理困扰的学生能够在主人公的行为选择中找到自己解决问题的方法，激发其解决问题的动力。

二、以儿童哲学为心理健康教育课的方法，借鉴成语故事融入心理健康教育课的做法

常见的心理健康教育课形式包括团体辅导、心理训练、问题辨析、情境设计、角色扮演、游戏辅导、心理情景剧、专题讲座等。儿童哲学是一种成人与儿童共同参与的哲学活动形式，主张尊重并欣赏儿童的思考与创

---

① 杨眉.藏在成语中的心理学[M].上海:上海三联书店,2023: 5.
② [美]乔伊斯·C. 米尔斯,理查德·J. 克劳利.儿童治疗隐喻与内在小孩[M].曾庆烽,译.北京: 中国轻工业出版社,2022: 2.

意，与儿童进行平等的哲学对话，引导儿童从事团体性的哲思探究。儿童在探究中的所思所言往往折射着自身的生命经历与精神困境，教师可以借鉴儿童哲学方法，让心理健康教育课更有效地走进儿童的内心世界。

融入儿童哲学的心理健康教育课分为四个环节①：

1. 游戏互动：游戏激趣，唤起哲思

游戏互动指的是通过一个轻松、有趣且与本课哲思主题相关的游戏活动来启动课堂。与常规心理团体辅导流程中的"团体启动"相比，融入儿童哲学的游戏互动不仅起到营造氛围、相互了解、人际破冰、培养信任、建立规则等团体营造的基本功能，更使学生开始对本节课的主题产生初步的思考，进而带着这样的思考在后续的探究中探索和发现。

如在《悬梁刺股——学习需要这样吗？》一课中，教师设计"动动停"游戏来进行互动，其规则是：口令分为"动"和"停"，听到"动"的时候学生可以起身在教室内自由活动；听到"停"时立刻停下并表演教师规定的动作。由于"悬梁刺股"的故事很可能引发"学习需不需要吃苦"的哲思探究，教师在游戏互动环节就要进行相关的铺垫，在三轮游戏中分别要求学生扮演一样文具、一位学科老师和自己学习的样子。游戏中，教师针对学生"学习的样子"进行随机采访和对话，如：

师：你的动作代表学习时的什么样子？

生：改作业（中的错题）改到深夜。

师：所以平时会学到比较晚吗？

生：是，有时候作业太多了，有一篇作文之类的。要抄作文又要预习。

师：当作业很多的时候你有什么样的感觉？

生：不知道为什么有这么多作业。

师：听上去你有些疑惑，还让我感觉到有点抱怨。

---

① 本节部分内容发表于《中小学课堂教学研究》2025 年第 1 期，作者林旭，题为《儿童哲学理念融入小学心理健康教育课的实践探究》。

上述游戏通过对自己学习样子的定格，让学生更好地了解自己目前的学习状态，初步体会对学习的情感、态度和信念。教师也可以初步了解学生对课程主题的看法和感受，运用情感反应和情感表达技术来回应学生。

2. 成语共读：走进故事，折射内心

成语共读借鉴了儿童哲学中"刺激物"的概念来组织教学环节。[①] 在这一环节，教师运用成语故事（刺激物）来引导学生进一步进入课程主题、探索内在、表达情绪的过程。这些成语故事均描绘了一个激发儿童好奇心和探究欲的故事情境，这个情境同儿童的生活事件或心理困扰有所联系，但又不是这类事件或困扰的直接写照。如成语故事《悬梁刺股》中主人公"头悬梁，锥刺股"的情节几乎不会出现在学生的真实生活中，但这一行为又能唤起学生对学习的各种情绪体验和情绪表达，使探究讨论有充分的经验基础。教师可以用屏幕、学习单等方式呈现成语故事，并带领全体学生一起通读、体验，使其对成语故事形成初步印象。

3. 心灵激荡：绕过阻抗，挖掘议题

心灵激荡是成语共读以后，学生根据自己对成语故事的理解和思考提出问题的过程。学生自主提问比教师提问更贴近学生的真实生活，也更容易让同学理解，有利于带领学生融入主题、绕过阻抗。

心灵激荡的流程是：每个学生把自己想提的问题写在学习单上，教师在教室中巡视，看到每个学生都提出 2～5 个问题后，请学生在小组内分享自己的问题，选出组内最感兴趣的 1～2 个问题。然后，各组以口头或书面形式向全班分享本组的提问。最终以全班投票或教师选择的方式选出要讨论的 1～3 个问题。

例如，在《悬梁刺股——学习需要这样吗？》一课中，教师呈现孙敬

---

① 厦门大学哲学系南强儿童哲学研究中心编著; 曹剑波, 黄睿主编. 儿童哲学教育: 案例式教程[M]. 南京: 江苏凤凰科学技术出版社, 2024: 60.

和苏秦"悬梁刺股"的故事，学生经过自由提问和小组讨论提出的问题如表1所示（问题按主题进行了分类整理）：

表1　针对《悬梁刺股》成语故事的学生自主提问

提问方向	提问内容
关于学习方法的问题	悬梁刺股是最好的学习方法吗？ 为什么不采用其他办法？ 学习一定要"悬梁刺股"吗？ 为什么要用伤害身体的方法呢？ 有没有更好的方法？ 孙敬和苏秦为什么要用这种方法学习？ 故事里的两个人为什么要这样做？为什么不采用其他办法？
关于学习主体的问题	如果你是苏秦，你要怎么做？ 如果你是苏秦或孙敬，你会怎么做？ 如果你是苏秦或孙敬，你会悬梁刺股吗？
关于学习效果的问题	苏秦刺股后，会发生什么事？ 如果悬梁刺股，成绩会更好吗？ 为什么要用伤害身体的方法呢？ 如果房子上的绳子断了，会一直睡到天亮吗？

经教师对问题的归类整理和团体的投票选择，选出的高票问题是：①如果悬梁刺股，成绩会更好吗？②故事里的两个人为什么要这样做？为什么不采用其他方法？③苏秦刺股后，会发生什么事？

一些教师刚开始与学生一起进行团体探究时，会担心学生只关心刺激物的细枝末节，提出的问题不着边际，从而脱离心理健康教育的育人目标。从本节课的例子可以看出：学生提问虽然包罗万象，但大部分都指向学习效果、学习主体和学习方法三方面，与心理健康教育注重培养学习能力等核心素养高度相关。

除了自主提问外，心灵激荡另一重要部分是探究对话，包含师生对话和生生对话两种形态。师生对话旨在帮助教师理解学生，也以成人视角丰富和启发学生的思考；生生对话则旨在建构支持系统，让学生感受到不仅仅只有自己具有此问题或困扰，并从同学的分享中习得经验、获得力量。教师应利用有限的师生对话机会，通过"引领示范"和"挖掘议题"两种机制来促进生生对话，不断提升生生对话的比重和质量。

第一，以师生对话为生生对话提供引领、示范。当下大部分课堂中对生生对话不够重视，因此在引入儿童哲学方法的初期，学生往往不知道要如何回应同学的发言。因此，学生分享完自己的感受和思考后，教师可以结合一些心理咨询技术①进行回应，以师生对话作为生生对话的铺垫、依托和示范。表 2 以学生表达"如果有人给我悬梁刺股，会让我讨厌学习的"为例，说明教师使用不同咨询技术进行回应的方式。

表 2　教师运用心理咨询技术回应学生的观点

学生观点	咨询技术	教师回应示例
如果有人给我悬梁刺股，会让我讨厌学习的。	积极倾听	哦，你对悬梁刺股这样的行为是有些反感的。（亲切的表情，关注的神态，鼓励学生继续表达的眼神）
	评量问句	你觉得如果满分是 10 分，现在的你对学习的讨厌程度是几分？
	关系问句	你觉得最有可能对你做这件事的是谁？
	奇迹问句	如果有一天奇迹出现，你发现你一点也不讨厌学习，你觉得是因为发生了什么？
	内容反应技术	你认为悬梁刺股地学习会让你讨厌学习，是这样吗？
	情感反应技术	你觉得悬梁刺股地学习是一件令人讨厌的事情吗？

---

① ［美］茵素·金·柏格，特蕾西·史丹纳.儿童与青少年焦点解决短期心理咨询[M].黄汉耀，译.四川：四川大学出版社，2005.

第二，以师生对话为生生对话挖掘议题。运用心理咨询技术与学生对话，能促使对话往深入递进[①]，帮助学生进行更深层的自我表达，展现其价值观和认知思考模式。当学生表达个人感受时，教师既要以关怀的姿态探询学生的个人经历与痛苦来源，也要挖掘、捕捉议题中的共性，把它化成一个资源带进团体里和全体学生一起探究。例如，探讨"为学习悬梁刺股可能是一种什么感受？"时，有这样一段课堂对话：

生：我会很崩溃。有一次回家以后作业做到9点，老师突然又布置一张卷子，还要在家里打印出来，我就觉得特别崩溃。

师：你刚刚说你会感到很崩溃，我想邀请你再澄清一下，是"悬梁刺股"的行为让你崩溃，还是学习让你崩溃？

生：是这个行为。老师在我写完作业以后再加作业，让我很痛苦。

师：这个时候换作是我，不仅仅会崩溃，还会感到麻木。

在这段对话中，学生分享了对于"老师突然加作业"这一个别事件的体会，教师一方面以"换作是我"来共情和抚慰学生，另一方面从中挖掘出使人崩溃的到底是"悬梁刺股"的行为还是学习本身的问题，进而可以邀请其他学生进一步发表意见，落实"面向全体与关注差异相结合"的教学原则。

4. 灵光一闪：评估进展，延伸思考

灵光一闪是一堂课的点睛之笔，教师可以透过这个环节评估学生在思维、情绪、行为等方面的进展，并进一步强调本节课的主题和目标，促使学生课后继续延伸思考。该环节可以由教师进行，也可以请学生完成。

由学生来总结评价、展现"灵光"时，可邀请对今天的课较有感触的学生上台，用几句话说说"这节课让我产生了什么样的思考"。如《悬梁刺股——学习需要这样吗？》一课的结尾，教师邀请两位学生上台，一位

① 许少月. 心理咨询技术在心理课堂回应中的有效迁移[J]. 江苏教育，2021(59)：116—118.

说："以前我看待学习的时候觉得它比较困难，现在我试着把它看成'甜的'，就会感觉学习成绩奇迹般地上升。"另一位则说："之前我觉得学习很枯燥和乏味，现在我感觉从不同角度看待学习可能会更好。"

由教师来总结评价时，可以对学生探究产生的观点进行梳理，点出学生已经探究到和尚未探究到的视角，并将本节课的探究总结为学生容易记忆、能随时反刍的一个词语、隐喻或观点。在针对《悬梁刺股》开展探究后，教师小结说："学习的苦不由我们决定，但学习的快乐或许有时候把握在我们自己手上。哪怕学习苦得像一杯黑咖啡，我们依然能为它加点糖。"教师以"黑咖啡"与"加糖"的隐喻，帮助学生认识到学习的快乐与自身能动性之间的关系。

三、以心理健康教育七大模块为整体架构

马斯洛需求层次理论将人的不同动机和需求分为生理需求、安全需求、社交需求、尊重需求和自我实现需求，这五种需求大致呈现逐级上升的过程，为理解人的动机、行为和发展提供理论框架。①

本书以《中小学心理健康教育指导纲要（2012年修订）》及作者所在省、市的心理健康教育教学标准或指导意见中的"心理健康教育内容"为参考，从学会学习、人际交往、情绪调适、认识自我、生活和社会适应、生涯规划及尊重生命七个模块结合马斯洛需求层次理论进行创作和排序。

"认识自我"是一个人立足的基本，情绪是人与生俱来的生理本能。因此在"认识自我"模块，选择"东施效颦""不龟手药""呆若木鸡"三个成语帮助学生构建自我。在"情绪调适"模块中，先以"哀兵必胜"构建学生对情绪正确的认知；以"心如死灰"加深对情绪的理解和感受；最

---

① 郭文斌.自我实现者理论与心理健康[J].温州师范学院学报(哲学社会科学版)，2004(6)：82—86.

后以"杯弓蛇影"中的"害怕"情绪为例，以点带面去洞见那些人们常常"不喜欢"的情绪给人带来的价值和意义。

维护自身生命安全，满足安全需求后，一个人才有可能关注和尊重自己及他人的生命。对"朝生暮死""薪火相传""樗栎庸材"三个成语故事的探究，促使学生对生命价值进行思考，让"生命教育"模块呈现鲜活的生命力。

由于人的社会属性，不可避免要与人社交。在"人际交往"模块中，分别用"曾参杀人""千里送鹅毛""五十步笑百步"探究学生日常生活中常见的信任、送礼物以及嘲笑问题。在"生活与社会适应"模块，用"三思而行""郑人买履""破釜沉舟"，从三个不同角度回应生活中常被提及的"选择困难"话题。

学习和对个人发展的规划能有效达成自我实现的目标。在"学会学习"模块中，教师用"悬梁刺股"与学生探究"自己的学习状态"；用"揠苗助长"探究"超前学习"；用"纸上谈兵"探究"学习效果评价"。在"生涯规划"模块中，有探究"达成目标过程遇到趋避冲突如何解决"的"空中楼阁"；有处理优势和劣势的"田忌赛马"；更有针对沉迷网络、智能电子产品和娱乐而不思学习的"玩物丧志"。

我们希望立足成语故事，在发扬中华优秀传统文化的基础上，让心理健康教育增添成语故事这一强大并蕴含丰富心理资源的工具，让师生、生生可以借助成语故事实现心的联结，并拥有一种疗愈性力量。

林旭　黄睿
2024 年 6 月

目　录

第一辑
认识自我

东施效颦
模仿别人，我还是我吗？

东施效颦

——模仿别人，我还是我吗？

（林旭　厦门市翔安区第一实验小学）

　　东施听说西施皱着眉头很美，也模仿西施皱眉头，结果把邻居们都吓跑了。这个故事似乎意味着：我们要有自己的个性，不应该模仿别人。然而，模仿借鉴本身就是儿童成长过程中重要的学习方式，我们从小所受的教育也要求我们处处"向别人学习""向模范看齐"。小学中高年级学生在形成自我概念的过程中，也会因"模仿别人"和"做自己"的冲突而遇到一些困难。通过对《东施效颦》成语故事的探究，学生发现模仿不一定会失去自我，因为模仿并非被动的、不花力气的。我们需要主动选择合适的模仿对象、合适的方面来模仿，在模仿中不断练习与创新。通过模仿学来的东西，依然可以是"自己的"。

课标依据

小学中年级：帮助学生了解自我，认识自我……培养自主参与各种活动的能力，以及开朗、合群、自立的健康人格。

——《中小学心理健康教育指导纲要（2012 年修订）》

本课目标

（认知）知道每个人都会在生活的某个方面模仿别人，将模仿与抄袭区别开。

（情绪）体会模仿别人给自己带来的影响和感受。

（行为）学会辩证思考模仿别人的方面和时机、对自己产生的借鉴意义。

儿童特征分析

小学生总体自我概念在三至四年级快速上升，在四至五年级缓慢下降，到五至六年级快速下降且达到最低点。[1] 自我概念水平总体还不是很高，在生理外貌、一般学校表现、运动能力、阅读学习、同伴关系、一般自我、学业自我、非学业自我等方面较弱。[2] 班杜拉的社会学习理论认为小学阶段的学生具有很高的观察和模仿能力，他们的自我概念和行为很大程度上是通过榜样学习和观察模仿得来的，家人、同伴、老师甚至社会生活接触的任何一个人都有可能成为小学生的模仿对象，对自我概念的形成起到作用。因此在日常教学中很容易发现某个学生的行为、喜好能够在他们的同伴群体之间"掀起风潮"。自我概念又会对小学生的心理健康、同伴交往、情绪情感产生影响。[3]

核心概念

自我概念是自我意识的重要组成部分，它是个体透过自身经验和对环境的认识产生对自己的认识和评价。

教学准备

教师准备：多媒体课件，《东施效颦》故事及翻页笔，学习记录单（每人一张），海报纸（每组一张）、记号笔若干。

学生准备：黑色水笔一支，积极参与、认真倾听、尊重他人。

---

[1] 曾贞 . 小学生自我概念的发展及其与心理健康的关系[D] . 广西: 广西师范大学, 2003.

[2] 李培培 .3—6 年级小学生自我概念发展及其与心理健康的关系研究——以北京市一所民办小学为例[D] . 内蒙古: 内蒙古师范大学, 2014.

[3] 王岩英 . 促进中小学生自我认同感形成初探[J] . 教书育人 .2018(23)：25—26.

探究启航

🏮 游戏互动

游戏：我是小"模"王

● **游戏规则**

（1）教师说出口令"请模仿"，学生回应"模仿谁"。

（2）教师会说出一位模仿对象，请学生调动自己的身体和表情来模仿
　　　这个人。

教师确认学生了解规则后组织活动，可以给出"爸爸或妈妈""某个学
科老师""自己最好的朋友"等口令。

● **师生互动**

师：你模仿的是谁？

生1：我爸爸。

师：爸爸这个动作在做什么？

生1：打人，打我。

师：通常什么情况下爸爸会打你？

生1：作业完成太晚。

师：一般最晚写到几点？

生1：十点多。

生2：我模仿的是一位我合唱团的
好朋友，我模仿她唱歌的时候（的
样子）。

**师采访生2的好朋友：你觉得她有
模仿到位吗？**

生：有。

生3：模仿好朋友在打人。

● **教师总结揭题**

刚刚大家模仿了动漫人物、身边的人，今天我们将讨论的故事《东施
效颦》也和模仿有关。让我们一起走进《东施效颦》的故事吧。

● **意图解析**

设计与《东施效颦》这则故事相关的游戏，让学生充分动起来，帮助
他们拉近与教师的距离并建立关系，同时教师可以倾听学生日常会模
仿的人及其样子，为后续回应学生的分享做好准备。最后展示课题、

揭示主题，为后续授课做铺垫。

☀ 成语共读

教师借助多媒体设备介绍成语故事。

● 原典选读

故西施病心而矉（pín）其里，其里之丑人见而美之，归亦捧心而矉。其里之富人见之，坚闭门而不出；贫人见之，挈（qiè）妻子而去之走。彼知矉美，而不知矉之所以美。

——《庄子·外篇·天运》[1]

● 成语故事

著名的美女西施因为心口痛而皱着眉头，东施看到了，觉得西施这样皱着眉很美，她自己也用手捂住心脏那里，皱起眉头。他们村的富人看到了，把大门紧紧闭上不敢出门；穷人见到了，带着妻子小孩直接搬走了。这个丑人只知道西施皱着眉头很美，却不知道为什么美。

（黄睿　译）

> **分享与讨论**
>
> （1）你模仿过别人吗？
>
> （2）因为什么事情而模仿别人？
>
> （3）模仿别人的时候你的心情如何？

生1：我们模仿过别人。我们模仿的人就是奥特曼，在大课间玩游戏，玩着玩着就会开始模仿奥特曼。模仿奥特曼的时候，我们的心情是很快乐的。

师：游戏当中模仿动漫角色，会觉得很开心。

生2：我模仿我的一位朋友，我看

---

[1]　方勇(评注).庄子[M].北京: 商务印书馆, 2018: 251.

到他的一个特别搞笑的动作，我情不自禁想模仿这个动作，特别开心。

师：刚刚听到两位同学表达模仿令他们感到开心，我想听到更多样的观点。

生3：我模仿过别人，因为我看到别人的着装很漂亮，所以我模仿别人。当时我的心情很快乐、很激动。

师：当时你是自愿模仿吗？

生3：对。

师：模仿别人的着装后，别人对你有什么样的反馈吗？

生3：没有。

师：只要自己感觉爽就好了？

生3：对。

师：挺好的，穿衣服本来就是要自己开心就好。

生4：我模仿过别人的学习态度。因为我原来学习成绩很差，妈妈让我看看别人怎么学。然后我模仿了辅导班一位好朋友的学习态度。模仿之后觉得学习成绩提高了，但是心里除了快乐还有些愧疚，感觉像盗窃了别人的好态度。

师：我想确认几件事，刚刚听到是你妈妈让你模仿的，对吗？

生4：大部分是我自己想要模仿的。

师：如果模仿的意愿满分是10分，10分代表你非常想模仿她，1分是你超级不想模仿她，你会打几分？

生4：我打8分。因为剩下的那2分就是我刚刚说的，我们应该自己去培养好的学习态度，把自己的学习成绩提高上去，我那2分就是因为愧疚，所以我才打了8分。

师：你刚刚觉得愧疚是因为？

生4：觉得把别人好的学习态度盗窃了。

师：你觉得你在盗窃和偷窃别人的学习态度吗？

生4：是的，然后来提高我自己。

师：这位同学给我们提供了一个关于模仿的思考。我们继续多听听几个模仿的例子，交叉比较看看。

生5：我有一次模仿别人，有一个同学写的字特别特别好看，然后我就想模仿她。但是我模仿不来，心情就特别压抑，就觉得自己不行。

师：当时你自愿想要模仿吗？

生5：对。

师：听上去这是一次不太成功的模仿，你觉得模仿不来的原因是什么呢？

生5：应该是我一开始写得就不好看，然后模仿……

师：你觉得你一开始写的字不好看，她的那套方法就不适合你直接搬过来。

生5：对。

生6：我也有模仿过别人。我觉得

别人玩滑板特别好玩，我也想尝试。玩滑板之后感觉特别不适应，容易摔倒，滑板可能不太适合我。我觉得模仿别人不一定都是快乐的，你要模仿的这个东西如果不适合，就还是不要去模仿，否则你感到的不是快乐而是伤心。如果人要去学习一个东西，要学习让人快乐的，而不是学习感到不适合的。

师：你觉得现在模仿什么会让你感到快乐？

生 6：模仿一些比较适合自己的。比方说可以学习别人骑自行车的技能。

师：听到你的分享，林老师有第二个好奇。刚刚你说，要模仿适合的，可是林老师有个疑惑，适合的还需要模仿吗？直接去做就好了呀，为什么还要模仿呢？或许待会儿我们可以再一起讨论这个问题。

生 7：我模仿过老师。我之前游泳的时候会模仿老师的动作。

师：我会想到我们学习技能或需要运用肢体动作的能力时，会先从模仿教练或老师开始，比方说我们一年级学写字的时候。正在模仿的时候你有什么感觉？

生 7：一开始不太适应，后来就适应了。

师：你是如何慢慢适应的？

生 7：不断练习。

师：这位同学的分享给我一个感觉，我们在模仿的一开始会有一个不适应的过程。对你来说，通过练习的方法，让自己适应模仿。这里所说的练习或许就是心理学里提到的"刻意练习"。简单来说，刻意练习指的是一样技能、一种行为通过反复、有意识地练习，会成为属于自己的一种习惯。

有模仿自己班级同学的吗？

生 8：我模仿的同学最近戴了牙套。我之前不知道牙套这种东西，我觉得她的样子很可爱、很搞笑，戴上牙套说话的声音文文弱弱的。

师：你模仿了她的什么？

生 8：可爱的神态。

师：我们来听听看被模仿的这位同学什么看法。（采访被模仿的同学）你知道她在模仿你吗？

生 9：不知道。

师：如果后面我问的问题，你更想放在心里不太愿意在班级里说，你可以用写下来给自己看的方式表达。你听到有同学模仿你，第一感觉是什么？

生 9：惊讶。

师：为什么感到惊讶？

生 9：因为我觉得我没有什么特别的，所以我好奇她为什么模仿我。

师：听到她说她模仿你戴牙套讲话的

样子，你是什么感受？有什么变化吗？

生 9：我感觉这个声音并不是我自己的，因为这是我戴牙套以后的声音，我原本的声音也不是这样。而且我也没什么值得让人模仿的。我觉得她应该把关注点放在自己身上，做自己。

师：听到你说"没什么值得让人模仿的"，我会好奇，想问问大家，有没有同学觉得她身上有一个特点值得被模仿的？

生 10：她每次在看书的时候都很专注。

● 教师小结

我刚刚听到很多关于模仿的故事。我搜集了两个思考写在黑板上：一个是"模仿是'偷窃'吗"；另一个是"适合的还需要模仿吗"。我想请大家用 3 分钟时间在小组里进行讨论及分享。

● 意图解析

在阅读成语故事后，抛出问题链接学生的生活经验，启发学生思考在生活中模仿的原因及其带来的感受。搜集、倾听学生对于模仿的不同看法并一一进行回应，抓取两个较为独特的问题作为后续环节讨论的内容。当学生谈及模仿班级同学的事例后，立刻邀请被模仿的同学谈谈感受及观点，利用生生之间的相互回应帮助学生形成对"模仿"更为全面的认识。当听到被模仿的同学说"没什么值得让人模仿的"，也在班级里邀请学生对她的这句话进行回应，拓宽这位学生的认知。

🐾 心灵激荡

1. 以小组为单位，针对问题，把自己或成员的观点写在记录单上。

2. 组内交流，充分讨论观点，相互启发。

> **分享与讨论**
>
> （1）模仿是"偷窃"吗？　（2）适合的还需要模仿吗？

师：我们也可以结合这则故事来说说看，你认为东施在模仿西施的时候算不算一种剽窃？

生1：对于模仿别人的人来说，我认为模仿并不是一种偷窃。偷是以一种无耻的方法，毫不费力地获取了别人的东西。模仿是需要你努力，再加上需要细心了解别人的想法，才有可能把别人的东西学会。因此我认为模仿并不是一种偷窃。

生2：我觉得有些人适合模仿，要让自己提高，让自己变得更好，所以才要模仿别人。不过有的人并不想模仿别人，这样的人觉得自己做得很好没必要模仿别人了。

生3：你适合这个东西就会把这个东西做得很好。比如用打台球来举个例子，别人能打出弯的球，你只能打直球，这个时候就要模仿别人，用别人的闪光点弥补自己的缺点。

生4：我们组认同持"适合的就不需要模仿"的观点的同学，他们会担心如果模仿了适得其反，就和"邯郸学步"一样，一点进步都没有。认为"适合的需要模仿"的同学的观点是，哪怕适合也要做到极致，所以需要不断模仿，加强自己的能力，只需要去取长补短就好。同时，还需要适当地模仿，也不要太过于执着模仿一个点。

师：刚刚有两位同学认为"适合的需要模仿"是因为每个人都要做到极致、做到最好。

生5：我认为模仿不是偷窃。举个例子，我们现在的握笔姿势也是古人总结下来的，这也不能说是偷窃。

师：你觉得我们现在的握笔姿势有一部分模仿古人，所以你认为模仿不是偷窃。

生6：我们组不认为模仿是偷窃。我们经常模仿别人的技能，模仿之后，别人既没有缺少这个技能，我们也获得了这项技能。如果拿老师和学生来说，我们都是通过模仿获取老师教给学生的知识，如果是偷窃的话，我们为什么要学习知识呢？

生7：我认为适合也可能需要模仿的。比如，有些同学适合学游泳，但他的动作还是有些欠缺的，所以需要通过模仿教练的动作来提高自己的游泳技能。

生8：适合的也需要相互模仿。在"邯郸学步"的故事里，燕国人模仿别人走路，但是自己却忘记了本来就会的走路姿势。

师：你认为有的时候模仿别人会让人失去自我。

生9：我们小组认为模仿不是偷窃，只是学习别人身上的一种闪光点，让自己变得更好，让自己有更多技能。古人说"技多不压身"，就是要我们不断地模仿和学习别人才能变得更好。

师：之前有位同学觉得模仿别人写字时，感觉到写字的方法并不适合自己。如果是你，你会建议大家怎么处理模仿之后发现不适合自己的情况？

生9：我们可以在模仿之前考虑这件事适不适合自己，不要盲目地模仿，也许并不适合自己。

师：你刚刚这句话让我想到孔子说的"三思而后行"，如果模仿是"行"，有时候我们常常忘记"思"的过程。

生10：我们组觉得偷窃是一种很不好、很卑鄙的行为。生活中，我们学习说话是通过模仿别人说的，也是老师教我们的，如果模仿是偷窃的话，我们不应该用这种卑鄙的行为学习，我们就不应该说话、不会说话。只有通过模仿他人说话，我们自己才能学会说话。

我个人觉得模仿不是偷窃，因为我们学习的是别人好的方面，比如坚持性。像我自己很想模仿别人跑步，因为我身体很不好，我就告诉爸爸妈妈我想跑步，我也想打篮球，结果觉得这些太累就不想坚持

了。我觉得当我模仿一些别人坚持的事情，可能会做得更好一些。

对我来说，我觉得篮球和跑步很苦。我爸爸是一个军人，每个月都要考试，因此每天不管他忙不忙，他都要去跑步。

师：我能体会到你说的，运动也是让我很痛苦的一件事。我想请问你，如果不把爸爸当作模仿对象，班级里哪位同学他的跑步和篮球相对来说能让你模仿？

生10：我最好不要在班级里模仿。因为我在学校的主要任务是学习，如果我在班级模仿，我的学习成绩会下降。

师：你会把篮球和跑步放在什么时间？

生10：时间都是挤出来的。在学习里不要磨蹭，否则既玩不好也学不好，把学习的时间压缩，挤出篮球和跑步的时间。比如上周末，爸爸带我去体验短小的马拉松。于是，我在周六10点上完课后，开始写老师布置的作文，写到12点，第二天再专心去跑步。

生11：模仿不是偷窃。因为我们不是想要模仿就会模仿，模仿需要一定的努力和时间。偷窃的是别人的东西，是我们不应该得到的。而模仿是靠我们自己努力得来的，并不

是偷窃。

生 12：远古时期，一个人研究钻木取火，如果别人都不管他，会钻木取火的人都吃上熟土豆了，别人还吃生土豆。我们都是一直做重复的事情，有人会钻木取火，我们都模仿他，我们就能够吃煮熟的东西。如果我们都不去模仿，可能我们还住在山洞里、吃在山洞里。

师：你让我想到一件事，模仿可能给人们的生活带来更多可能，给社会带来变革。

生 13：模仿不是偷窃。模仿是帮助人的过程，也是每个人从小长大的过程。如果不模仿，读音就都不标准，只有模仿之后才知道读的是错的。适合的需要模仿。打篮球的人可能经常模仿科比等厉害的人，如果觉得自己适合，就要模仿打篮球厉害的人，从而改进战术。

生 14：模仿不是偷窃。偷窃相当于把别人的技能偷走了，别人就没有了。而模仿之后，别人的技能还在。

● **教师小结**

刚刚大家说到了，也许我们取长补短的时候需要模仿，可能想要做到极致和最好时需要模仿。模仿是学习知识的途径，是弥补欠缺、学习闪光点的方法。

● **意图解析**

鼓励学生充分表达自己的观点和看法，很意外地在讨论模仿的同时也连带讨论了关于"偷窃"的定义。能够感受到学生能积极、正面地看待"模仿"，挖掘模仿的益处和意义。

灵光一闪

教师邀请学生（之前认为模仿是偷窃因此心里愧疚的那位）分享：上完这节课，你对模仿有什么样的看法或观点？

生 1：首先，我先来总结大家的讨论。大家认为模仿不是偷窃，偷窃是卑鄙的行为，而我们都需要模仿别人让自己做到最好。我自己认为模仿不是偷窃，确实我们一开始需要先模仿别人，再慢慢去改进。

对于第二个讨论，大家有两种观点：一种是适合的不需要模仿；另一种是适合的需要模仿。需要模仿是因为我们想做到极致、做到最好；不需要模仿是因为我们自己原本就有这个方面的能力，只是自己不相信。

最后我还想说一个自己刚刚想出来的问题：模仿是否会让人失去自己？我认为大部分情况下是不会的，如果模仿会失去自己，我们就没办法模仿别人进而改进自己。

● **教师小结**

我们今天看似讨论东施和西施的故事，实际上我们讨论的是关于每个人的"自我"。我们的"自我"从哪里来？我们的"自我"有没有涉及模仿别人的部分？模仿别人后，我还是我自己吗？这些都是很值得我们今后持续去探索和思考的问题。

● **意图解析**

邀请提出"认为模仿是偷窃因此心里愧疚"的学生上台进行总结和分享，目的是想要了解经过一节课的讨论，该生形成了哪些新的观点或者更加认同哪些自己原有的观点；同时，以其观点呼应其他学生的讨论，起到收尾和升华的作用。

教学反思

个体在团体中的学习过程，相当程度上依赖个体在团体中的观察以及对团体本身正在发生的事情的反应。当团体成员一边观察当下经验，一边感受它所带来的情绪与影响时，是学习最容易发生的时候。当经验引发个体自身的感觉时，注重此感受，并且去了解是什么引发了这些感受，就叫作"此时此地"技术。[①]

---

① 苏巧妙.善用"此时此地"技术让心理教师言谈举止有理论支撑[J].中小学心理健康教育,2023（18）：21—24.

　　儿童哲学团体探究有着和心理团体一样的特点：第一，它允许每个个体做真正的自己；第二，每个个体分享、探索、实验和经验共享的团体生活；第三，成员随时得面对自己在团体里的所思所感、所作所为，并对其负责。因此，教师的"此时此地"技术体现在对学生当下生成经验的觉察与意识，对学生生成经验的内容加以辨别与反映，能够辨认学生在经验中所出现的特定的行为模式及其所反映的心理机制。

　　"此时此地"技术在本节课着重体现为教师抛弃了备课时准备的问题（模仿别人之后，你还是你吗？什么样的模仿会让你迷失自我？什么样的模仿会让你保持自我？），转而选择学生生成的问题（模仿是不是一种偷窃？适合的还需不需要模仿？）进行探究。教师挑选这两个问题作为课堂的主轴，其实是经历了一些心理咨询训练后贴近学生的自动化反应。经过探究，两个问题不断指向模仿的意义、模仿的道德、模仿与自我形成的关系。通过学生后续的分享可知，这堂课依然达成了认识自我模块的课程目标。

　　不过，在本节课上，教师的"此时此地"技术也有可改进之处。例如，当学生说"（模仿别人之后）心里除了快乐还有些愧疚，感觉像盗窃了别人的好态度"，教师的第一句回应是："如果模仿的意愿满分是10分，10分代表你非常想模仿她，1分是你超级不想模仿她，你会打几分？"此时，教师更应该针对学生的愧疚感回应和共情，而不是对学生模仿的意愿进行评量。心理学中有数百种咨询技术和流派，但在运用每一种技术之前，对于当事人的倾听和共情是相当重要的，共情先于技术，关系大于技术。贴近当事人的感受进行共情和回应，能帮助学生和教师从"过脑"走向"入心"，也是一种"此时此地"的表现。

附：《东施效颦》学习单

原典选读（略） 成语故事（略），见前文第 5 页。

任务

　　请你针对这则故事尽可能提出你的问题（可参下面的提问范例）。

　　　　故事里的_____会怎么看？

　　　　_____后来会怎么样？

　　　　如果 _____生活在现在，_____？

　　　　假如 _____，那么 _____？

　　　　除了 _____之外，还可以怎样？

　　　　如果你是 _____，你会 _____？

　　　　_____

　　　　_____

　　　　_____

　　　　_____

不龟手药
——什么能力有价值?

（林跃发　厦门五缘实验学校）

　　同样一份防止皮肤开裂的秘方，有的人拿它获得封地，有的人却只能辛辛苦苦地洗棉絮。这个故事似乎意味着：一个东西用处的大小，不是绝对的，同样的东西，用在不同地方，发挥的作用也就不一样，所以我们要好好利用自身的能力，让它们发挥出价值。小学中年级学生思维的批判性还不成熟，具有一定的片面性，不能全面、辩证地分析问题、解决问题，加上他们对事物的看法容易受到他人的影响，所以常常因为他人对自己能力的评价陷入困扰。通过《不龟手药》成语故事探究，儿童发现事物的用处不是绝对的，只要善于发现、拓展，都能发挥它的独特价值。因此要辩证地看待事、物的特点及人的能力，更多发现其价值。

课标依据

帮助学生了解自我，认识自我。

——《中小学心理健康教育指导纲要（2012 年修订）》

本课目标

（认知）认识到事物的价值因情境和使用方式而发生变化。

（情绪）体会发现事物不同价值的愉悦感和成就感。

（行为）辩证看待事物的特点，学会将这种思辨思维迁移到对自己的能力的评价上，思考其价值性。

儿童特征分析

小学生思维的基本特点是，从以具体形象思维为主要形式逐步过渡到以抽象逻辑思维为主要形式，四年级以后以逻辑抽象思维形式为主。尽管思维不断发展，但仍存在思维自觉性差、思维发展不平衡、思维缺乏批判性等问题，不能全面、辩证地分析问题、解决问题。[①] 此时他们的思维比较二元化，往往只能看到事物的一个方面，难以意识到事物的复杂性和多面性。这样的现象也体现在学生的自我评价中，他们可能受到外界标准影响趋于认同某些主流的能力，对于其他能力容易持否定和批判的态度，导致未能拥有主流能力的学生受到自卑等情绪困扰，难以透过能力发现自我的价值，也会对其心理健康、同伴交往、情绪情感产生影响。

核心概念

自我价值感是个体对自己在各个方面的能力、特质和价值的总体评价和感受。

教学准备

教师准备：多媒体课件、《不龟手药》故事及翻页笔、学习记录单（每人一张）、海报纸（每组一张）、记号笔若干。

学生准备：黑色水笔一支，积极参与、认真倾听、尊重他人。

---

① 林崇德．发展心理学[M]．北京：人民教育出版社，2009: 287—288.

探究启航

✈ 游戏互动

游戏:同学请出价

- **游戏规则**

（1）以小组为单位进行一次拍卖会。

（2）教师带来几包纸巾，请学生在不同的情境下竞拍，价高者得。

情境一:纸巾在门口小卖部售卖。

情境二:纸巾在公共厕所售卖。

情境三:当你急着需要纸巾的时候，有人售卖这包纸巾。

情境四:纸巾和某热门动画联名。

情境五:纸巾和某国际知名品牌联名，而且是限量款。

教师确认学生了解规则后组织活动。

- **师生互动**

师:同样的纸巾，为什么大家要用不同的价格购买它?

生1:如果我自己有纸巾，就没必要再买纸巾了。

生2:我急着要用纸巾，有人卖，就多一点钱买。

生3:很热门的动画联名，或许可以收藏。

- **教师总结揭题**

刚才同学们上演了一场精彩、有趣的拍卖会。我们可以发现，一包纸巾在不同的场合，我们愿意出的钱不一样，代表它在不同情境下的价值也不一样。今天，老师和大家一起来看一个关于"物品价值"的故事。

- **意图解析**

设计与"价值"相关的活动，让学生充分动起来，拉近师生之间的关系。最后展示课题、揭示主题，为后续授课做铺垫。

🪔 成语共读

教师借助多媒体设备介绍成语故事。

● 原典选读

　　惠子谓庄子曰："魏王贻我大瓠之种，我树之，成，而实五石；以盛水浆，其坚不能自举也；剖之以为瓢，则瓠落无所容。非不呺然大也，吾为其无用而掊之。"庄子曰："夫子固拙于用大矣。宋人有善为不龟手之药者，世世以洴澼絖为事。客闻之，请买其方百金。聚族而谋曰：'我世世为洴澼絖，不过数金；今一朝而鬻技百金，请与之。'客得之，以说吴王。越有难，吴王使之将；冬，与越人水战，大败越人，裂地而封之。能不龟手一也，或以封，或不免于洴澼絖，则所用之异也。今子有五石之瓠，何不虑以为大樽而浮乎江湖，而忧其瓠落无所容？则夫子犹有蓬之心也夫！"

——《庄子·内篇·逍遥游》①

● 成语故事

　　（1）战国时有两个著名的哲学家，一个叫庄子，一个叫惠子，他们是好朋友，经常一起讨论各种奇奇怪怪的问题。

　　（2）有一天，惠子对庄子说：

你知道吗？魏王赠送给我一个大葫芦的种子。我把它种下去，培植成功，果然结成了一个能装五石的大葫芦！我一开始拿它来装水，可是装满之后它就太重了，谁也拿不动。后来我把它剖成两半当作瓢来舀水，可是这么大谁也拿不稳，一抖动，水就从两边洒下去了。你说这葫芦吧，大也是挺大，但实在是没用！一气之下，我就把它打碎了！

---

① 方勇（评注）．庄子[M]．北京：商务印书馆，2018：13.

（3）庄子回答说：

我感觉你并不懂得发挥大东西的用处呀！我给你讲个故事吧。从前宋国有个家族，世世代代都帮人洗绵絮为生。冬天洗绵絮，手要碰到水，很容易冻得裂开。但他们家族有一种防止皮肤裂开的秘方，用这种秘方做成药物涂在手上，冬天碰水，手就不会裂开了。一天，一个外地人来到了他们家，对他们说："你们把秘方给我，我就给你们一百斤黄金！"这个家族聚集起来开会，大家都说："咱们家世世代代干这一行，赚到的钱加起来也不超过几斤黄金，现在一下子就可以拿一百斤黄金，咱们就卖给他吧！"这个外地人拿到了秘方，就去了吴国，得到了吴王的信任。那一年冬天，越国大举进攻吴国。这两个国家都在河流湖泊很多的地方，经常需要在水上作战。吴王让那个人担任将领，他率吴军和越人水战，因为有秘方，吴军大获全胜。吴王很高兴，直接从自己的国土里划出一块地送给他，作为他的封地。同样是防止皮肤裂开的秘方，有的人能拿它获得封地，有的人却只能拿它辛辛苦苦地洗绵絮，差别就在于怎么运用。现在你有这么大的葫芦，怎么不考虑拿它＿＿＿＿＿＿＿＿＿＿＿呢？　　　　　　（黄睿　译）

分享与讨论
宋人和"客"使用"不龟手之药"，分别获得了什么样的结果？

生1：宋人利用这个药方，在冬天帮人洗棉絮。

师：他们获得了什么呢？

生1：他们世世代代做这行，所获得的钱加起来不超过几斤黄金。

生2："客"利用这个秘方，在冬天和越人作战。

师：他获得了什么呢？

生2：他带着吴军打胜仗之后，吴王给了他一块封地。

师：同样是防止皮肤裂开的秘方，有人能拿它获得封地，可有的人却只能一辈子拿它辛辛苦苦洗棉絮，差别就在于懂不懂得去运用它。所以庄子后面说"现在你有这么大的葫芦，怎么不考虑拿它＿＿＿＿＿"。这个地方我没有写出来，因为我觉得你们可能会有别的想法，所以接下来我们一起想象一下，这么大的葫芦可以做什么。

生 3：这么大的葫芦，可以拿来做浴缸。

生 4：可以用来当床。

师：对，如果是婴儿床，宝宝肯定会很喜欢。

生 5：如果有人拿得动的话，可以当小提琴。

师：有一种提琴就和你描述的差不多，它比小提琴大得多，不是扛在肩上的，而是立在地上的。它的声音很低沉，大小和你描述的差不多。

生 6：我觉得可以切成两半，一半用来当小船，可以过河，一半放在家里，用来装米饭。

生 7：我觉得可以作为放生米的容器，用来放生米会比装米饭更合适。

● **教师小结**

我很喜欢大家关于葫芦用途的回答，大家结合生活实际，想了很多大葫芦的用途，也就是说，大葫芦其实是有很多用途的。现在，我想请大家思考一个问题，我们平时经常会觉得一个东西一定要"越怎么样才越好用"，比如汽车越快越好，你们觉得东西是不是越大越好呢？

● **意图解析**

在阅读成语故事后，让学生重新梳理故事内容，对比突出"不龟手之药"使用方式不同造成的结果差异。随后抛出问题链接学生的生活经验，让其想象大葫芦的用途，为后续环节埋下伏笔。

🎵 **心灵激荡**

1. 以小组为单位，针对问题，把自己或成员的观点写在记录单上。

2. 组内交流，充分讨论观点，相互启发。

分享与讨论

（1）东西是不是越大越好？

（2）有什么能力是你或者你的朋友拥有，但是没什么用的？

师：我们也可以结合这则故事来说说看，你觉得东西是不是越大越好？

生1：东西不是越大越好用，比如大卡车，大卡车开得太慢了，有时候连三轮车都比不上。

生2：我认为一个东西越小越好。

师：越小越好，为什么呢？

生2：以汽车为例，赛车的底盘都比较低。

师：为什么赛车的底盘都比较低呢？

生2：底盘低的话，阻力比较小，开得比较快。

生3：刚才有同学说大卡车太大了不好，我的观点是不一样的，我认为车越大越好，比如大卡车能运输的东西很多，三轮车能运输的东西很少。

师：也就是说，三轮车运的东西不多，同样的东西大卡车可能只要一次就能运完，但是三轮车要分好几次才能运完。

生4：我觉得大不一定好，大卡车太大就会阻挡其他车的行驶，比如会阻拦到救护车，这会影响救护车救人。而且卡车的驾驶座位很高，存在一定的视觉盲区，容易引发交通事故。

师：大卡车的驾驶位置很高，所以平时同学们会注意到，我们站在大卡车的旁边其实是很危险的。你以为司机会看到你，其实他看不到你，因为他在一个很高的地方，你在底下他看不到，所以我们有一个常识就是走路不要走在大卡车的旁边。这也是卡车大的一个坏处。

生5：刚才那个同学说大不一定是好处，这个观点我同意。比如大卡车的刹车不太好，开得太快很容易撞车。

生6：我觉得站得高看得远，驾驶座位高也有好处的，只要把技术练好了再开就能避免很多事故。

师：如果你们家里有人开卡车的话，就会知道，开卡车都是从开小车开始的，要开好几年小车，等到熟练后，才能去考大卡车的驾照。

生7：我觉得一些东西越小越好，比如年龄就是越小越好，而且小的也比较灵活，像大卡车就不灵活，比较笨重。

师：遇到堵车的时候，摩托车就可以在其中转来转去，因为它比较小，比较灵活。

生8：我觉得小一点好，大的会占空间，小的不会占空间。

生9：我觉得越大越好，沙发就是越大越好，大的沙发坐起来舒服。

生10：床也是越大越好，如果床太小的话，翻一个身可能会直接从床上掉下来，或者磕到什么东西。床很大的话，滚来滚去都不会掉下来。

生11：我认为越大越好，大份的饭一下子就能吃饱，小份的饭吃不饱。

师：我们刚才说到，很多东西大有大的好处，小也有小的好处。从你们的分享中我发现了一点，那就是一个东西的好与坏取决于我们怎么去使用它，比如刚才你们说到大卡车有很多缺点，它的刹车不好、驾驶座位很高，会有一些安全隐患，但是有同学就提到了技术练好了再开就会安全很多，所以你会发现一个东西的好坏取决于你怎么来用这个东西。接下来我们研究一个跟你们自己相关的事情。我想问一下，有没有什么能力是你或者你的

朋友觉得一点用也没有的，也就是说这个能力你会，但是好像没有什么用。

生1：今天老师要来班级的时候，有个同学大喊"老师来了"，结果老师很生气，我们还因此受牵连。

师：你想说，汇报老师来了这个能力没什么用，对不对？因为它不合时宜的大喊大叫，导致很多人都受牵连了。

生2：夏天很热，我带我弟弟买了一个冰激凌，他当时很开心，但是我妈妈回家的时候他就马上告诉了我妈妈，因为我妈妈不让他吃冰激凌。

师：如果用一个词描述这个能力，你觉得是什么词呢？

生2：可能是"出卖"吧。

生3：说自己考高分。

师：他是真的考了高分，还是说他没考那么高，但是吹嘘自己考很高分。

生3：他那次确实考得挺好的，但是感觉一直和别人说自己考了高分没有什么用。

师：我理解你的意思了，你想说的是他四处去炫耀自己的成绩，但其实炫耀对自己没什么好处，对别人也没有好处。

生4：我妈妈让我照顾我的弟弟，

本来我也照顾得好好的,但后面我妈过来了,他就突然哭了起来,害我无缘无故被我妈教训了。

师:所以你觉得你弟弟的能力是什么?

生4:可能是爱哭的能力。

生5:我阿姨让我表妹去找东西,很久都没有回来,我到那边一看,她在东张西望地看,一直找不到。但是我一下子就找到了。

师:你觉得这是什么能力?"找不到"吗?

生5:我感觉应该是"瞎找"。

师:你这个词用得比老师贴切得多。

生6:长得高的能力没有什么用。因为老师总是让长得高的同学去搬书。

师:所以你觉得长得高也没什么用,反而要去当劳动力。

- **教师小结**

刚才同学们列举了很多平时自己觉得没用的能力,就像我们故事里提到的大葫芦,一开始惠子觉得它没用,结果你们帮他想了很多大葫芦的用处。接下来我们就一起讨论一下,这些"没用的能力"在什么时候会有用呢?

- **意图解析**

鼓励学生充分表达自己的观点和看法,在分享中了解其他人的看法,拓展看待事物的不同视角。让学生联系自身实际,分享他们认为没用的能力,为后续环节做铺垫。

灵光一闪

教师邀请学生分享:刚才大家提到了很多你们觉得没用的能力,这些能力有没有什么时候是有用的呢?

生1:我觉得长得高是有好处的。因为有时候你在外面被欺负了,你就可以和他说:"你长这么小还敢嚣张。"

师:你可能不一定打得过他,但是你长得高别人就会怕你。

生2:我也觉得长得高很棒,长得高的人腿更长,跑得也更快一点。

生3：我觉得"喊老师来了"的能力也是有用的。有时候已经上课了，但是有些同学还在玩，喊"老师来了"就可以提醒他们。

师：我来挑战一下大家，我觉得这里面最难有用的能力可能是瞎找的能力，你们觉得瞎找东西在什么时候有用？

生4：假如你被人欺负了，那个人叫你拿东西给他。这个时候找不到东西就有用了。

师：这样就可以让他没办法得逞了，对吗？

生5：有时候瞎找东西能找到一些宝贝。

师：我非常有体会，我也经常找不到东西，但是会找到一些意想不到的东西，比如我上次就找到了小学的作文，非常有意思。

● **教师小结**

我们今天一起讨论了大葫芦的用处，这个在惠子眼里没有什么用的大葫芦，通过大家的讨论被赋予了很多用途。所以我希望当有人说你没用或者说你这样没用的时候，你们能够想起今天的大葫芦，然后告诉他，我这样是有用的。

● **意图解析**

鼓励学生充分分享，讨论之前他们提出的没用的能力的有用之处，进一步启迪学生事物的用处取决于使用的方式，呼应本课的主题。

教学反思

著名心理学家皮亚杰根据认知结构提出儿童心理发展的四个阶段，分别是感知运动阶段、前运算阶段、具体运算阶段和形式运算阶段。[①] 小学生的认知发展处于具体运算阶段，开始由具体形象思维向抽象逻辑思维过渡，该阶段儿童思维不断完善和成熟，认知能力摆脱知觉缺陷，获得概

---

① 陈泽琳.皮亚杰心理学理论在中国的引入与发展[D].苏州：苏州大学，2023.

念稳定性。但该阶段学生的批判性思维发展得还不成熟，具有一定的片面性，不能全面、辩证地分析问题、解决问题。

语言是思维的外壳，从学生的课堂回应中我们能感受到认知发展的阶段性特征还是很明显的。尤其在"哪些能力是你或者你的朋友觉得没用的"问题探究中，教师以故事中的"大葫芦"为引，更希望学生的回答是偏向中性的，但是学生提到的"瞎喊老师来了"的能力、"出卖"的能力以及"爱哭"的能力，其实都是偏负性的能力，这在一定程度上折射出学生思维的二元性，即一种能力如果用处不大，那就是没用的、不好的。这时候的学生比较难意识到事物的复杂性和多面性。

钱学森先生认为"教育工作的最终机制在于人脑的思维活动"，也就是说我们要通过教育推动儿童的认知发展[①]。尽管儿童的认知发展水平更多是由其成熟水平决定的，但是在教学中结合学生的"最近发展区"来设置课堂情景、活动环节、课堂提问也是有助于促进学生的认知发展的。以本课程为例，该课采用儿童哲学团体探究的方式，以学生喜闻乐见的成语故事串联课堂、创设情景，先是抛出大葫芦的故事，而后讲述了"不龟手药"的故事，同样一份药方，用法不同取得了截然不同的效果，如此鲜明的对比激活了学生思维的火花。随后再次回到大葫芦，让学生畅想惠子认为没用的大葫芦怎么发挥更好的功能，让学生在分享中互相启迪。而后，引导学生链接生活，分享他们认为没用的能力，并在生生互动中赋予这些没用的能力以用处，在讨论中了解同伴的不同观点，探寻事物的多面性。通过情景创设和提问启思的设定，课程激发了学生的思考，引导他们从多方面去看待事物，既在课程中训练了他们的思维品质，也为后续自觉提升辩证思维埋下种子。

---

① 王建芬．培养学生数学思维　提高课堂思维含量[J]．数学大世界(教学导向)，2012(5)：48.

附：《不龟手药》学习单

原典选读（略） 成语故事（略），见前文第 18—19 页。

任务一

结合实际生活，思考庄子可能会如何补充这个回答？

现在你有这么大的葫芦，怎么不考虑拿它_____呢？

_____

_____

_____

_____

_____

任务二

和你的同伴一起思考以下两个问题，并把你觉得精彩的想法记录下来。

　　问题 1：东西是不是越大越好？

　　问题 2：有什么能力是你或者你的朋友拥有，

　　但是没什么用的？

_____

_____

_____

_____

呆若木鸡
——强大自我哪里来？

（苏淑玲　厦门市集美区曾营小学）

　　"呆若木鸡"如今常用来代指不知变通、呆板的人，作为贬义使用，而它的本义并非如此。在《庄子·外篇·达生》篇中，庄子通过纪渻子为王养斗鸡的寓言故事阐述返璞归真、去活就木的"强我"状态。故事中貌似木头的斗鸡根本不必出击，就令其他的斗鸡望风而逃，让人不由得想到古人所说的"大智若愚""大巧若拙""大勇若怯"。

　　自我认识是一个人感受自身存在的经验，包括人们通过经验、反思和他人的反馈而获得的有关自己的认识。小学阶段是学生自我认识发展的成长期，他们希望在各种场合表现自己的能力，体验自己与周围环境之间的相互影响，搜索他人对自己的反馈信息。在这过程中，学生可能会在自负与自卑的两极徘徊，也可能在自信中理智把握自己，使其成为推动自我意识发展的力量。通过《呆若木鸡》成语故事探究，学生可以发现令自我强大的要素，意识到相信自己是自我成长中很重要的一部分，用一种积极的自我概念去适应生活的变化。

课标依据

使学生正确认识自我，提高自主自助和自我教育能力，培养学生健全的人格和良好的个性心理品质。

——《中小学心理健康教育指导纲要（2012 年修订）》

本课目标

（认知）知道形成强大自我的要素，明白自信与自负的差别。

（情绪）感受自信带来的喜悦和自在，以及内在强大自我的成就感、愉悦感。

（行为）在实际生活中能正确地认识自己，运用自信的力量，塑造强大自我。

儿童特征分析

小学阶段是认知发展的关键期，学生正处于从以自我为中心到全面地看待自己的过渡中。[1] 接踵而来的学习和人际事件层出不穷，这既是危机也是挑战，会让他们的自我认识膨胀和压缩。此时，培养学生用合理的眼光去看待自己是很重要的，可通过活动帮助学生建立自信，努力做到不自负不自卑，悦纳自我。

核心概念

自我意识主要包括三个方面：自我认知、自我意志和自我情感体验。[2] 人评价自己要靠自我认知，有的人过高地评价自己，就表现为自负；有的人过低地评价自己，就表现为自卑。而自信，是用积极的态度进行自我评价，是对自身力量的确信，深信自己一定能做成某件事，实现所追求的目标。把许多"我能行"的经历归结起来就是自信。

教学准备

教师准备：《呆若木鸡》多媒体课件及翻页笔，准备好学习记录单等。

学生准备：黑色水笔一支，积极参与、认真倾听、尊重他人。

[1] 林崇德.发展心理学[M].北京：人民教育出版社，2009：288—290.
[2] 涂德钧."自我意识"浅论[J].广西民族学院学报(哲学社会科学版)，1987(3)：70—76.

探究启航

🪁 游戏互动

游戏：一见你就笑

● 游戏规则

两人一组，相互看着对方，不能说话、不能笑，但可以做一些有趣的动作逗对方笑，谁先笑谁就输。

● 教师总结揭题

在刚才的游戏中，你们的喜悦都从眉眼间溢出来了。同学们，在和他人的对视中，不让情绪从眼神中流露出来的确不是一件容易的事。眼神可以传达出此刻你的状态是专注的，还是呆滞的。历史上就有一个因为"呆滞"却赢了比赛的故事，我们一起来看看。

● 意图解析

通过双人游戏迅速破冰，学生在愉悦的互动中，带着"练习眼神"的思考走进课堂，很快地投入成语故事的学习中。

● 师生互动

教师介绍"斗鸡"民俗。

师：同学们，看过斗鸡吗？

生1：我没有看过，但我听过，就是让两只公鸡互相比赛，看谁最厉害。

师：斗鸡是我国的民间娱乐活动，据考证有2800多年的历史。人们会精选好鸡，在斗鸡台上进行比赛，斗性和斗技更牛的获胜。今天要分享的成语故事《呆若木鸡》的由来就跟斗鸡大有关系。

📼 成语共读

教师借助多媒体设备介绍成语故事。

● 原典选读

　　纪渻（shěng）子为王养斗鸡。十日而问："鸡已乎？"曰："未

也，方虚悁而恃气。"十日又问，曰："未也。犹应向景（yǐng，通
'影'）。"十日又问，曰："未也。犹疾视而盛气。"十日又问，曰：
"几矣。鸡虽有鸣者，已无变矣，望之似木鸡矣，其德全矣。异鸡无
敢应者，反走矣。"

——《庄子·外篇·达生》①

● **成语故事**

　　春秋时代，有个叫纪渻子的人擅长训练斗鸡。于是，有个国家的
国君就请他帮忙训练自己的斗鸡。纪渻子的训练才刚进行了十天，国
君就问："鸡的训练完成了吗?"纪渻子说："没有呢。现在您的鸡虚
浮而傲慢，全凭一股怒气在战斗。"

　　过了十天，国君又问鸡训练好了没。纪渻子说："还没有，它们
仍然怒目疾视对手，怒气十分旺盛。"

　　再过了十天，国君又问了同样的问题。纪渻子说："还没有，它
们还会对声音和光亮有所反应。"

　　再过了十天，国君又问。这次纪渻子说："现在差不多了。不管
别的鸡怎样对它们叫，它们还是没有任何反应，看上去就像木头雕出
来的木鸡。到了这个程度，我的训练就圆满完成了。不信的话，您可
以让它们到赛场上比试一下。到时候别的鸡一看到它们，肯定不敢应
战，只会吓得掉头跑了。"

（黄睿　译）

> **分享与讨论**
> "我来问，我们来答"。

师：请同学们针对这则故事尽可能提出你的问题。

---

① 方勇(评注).庄子[M].北京: 商务印书馆, 2018: 334.

生1：老师，这明明是一只"战斗鸡"，为什么要说它呆呢？

生2：这只鸡真的很强吗？

生3：为什么要称"木鸡"，而不是"死鸡""铁鸡"……

生4：当其他鸡看到这只鸡的时候会是什么感觉？

生5：它更喜欢从前的自己，还是现在的自己？

生6：如果是两只"斗鸡"相遇，会发生什么？

生7：这种"木"模样，对这只鸡有什么好处？

……

师： 非常棒，在刚刚的提问中，同学们从多角度表达了自己对这个故事的好奇。现在请三个小组选择其中一个问题进行讨论，一会儿来分享各自的回答。在这个过程中，如果有的小组讨论比较快，可以继续选择第二个问题进行讨论。

（学生讨论3分钟。）

师：哪个小组想先来分享？

生1：我们小组回答第二个问题。这只鸡很强，从文中看到它从一开始很容易被人煽动影响，到后来情绪状态稳定、精神集中，这说明它的自我控制能力发生了很大的变化。

生2：我有补充，就像孙悟空被关进八卦炉修炼成火眼金睛，这只鸡也是自己待在一个地方不断练习，所以我们小组都相信它是很强的。

生3：我反对，恰恰因为它是自己待着练习，所以不能证明它很强。可能它到了实际战场，很快就输了。

组1—生1：它不会输的，故事里说了，它虽然看起来呆萌，但其实已经做好战斗准备，精神凝聚，其他鸡只要看到这架势，都会害怕。

生3：那如果有的鸡不怕它的气势，和它战斗了呢？

生1：也是会赢的吧。

生4：这个问题我们刚好有讨论到，我们小组认为，这种"木"的模样，其实是这只鸡的第一种战斗方式，这种方式可以筛选掉一些心态不好的对手，保留实力，当有"不怕死"的鸡冲上来，它就能有更多的力量进行战斗。而那些不断在战斗的鸡就会因为事先消耗了太多力量而输了比赛。

师：听起来，这种"木"的状态还有许多好处。

生4："木"的状态只是一个表象，沉着才是它内心真实的状态。

师：如果我摆了一只真的木头鸡在现场，会吓到其他鸡吗？

生5：我认为真的木头鸡是不会吓到其他鸡的。

师：这只鸡，和木头鸡有什么差别吗？

生5：气息不同，眼神不同。虽然它看起来没动，但其实它一直有在留意周围的一切，随时准备做出反应。它是鲜活的，不是死的。

师：原来如此，听起来"呆若死鸡"就没有这种力量感，那为什么不是"呆若金鸡、呆若铁鸡"呢？

生6："铁鸡"听起来不够轻盈，有点笨重，故事里的这只鸡可以非常沉浸在战斗中，所以不适合"铁鸡"。而"金鸡"很漂亮，看起来很昂贵，如果是"金鸡"就该是美若"金鸡"，而不是"呆若金鸡"。

生7：我们小组在讨论中还想了很多其他的比喻，比如"珍珠鸡"感觉很好吃；"纸鸡"听起来就很弱，不堪一击；"陶瓷鸡"感觉好像有些漂亮；"布鸡"有点韧性，但感觉不够厉害；最后还是觉得这个

"木鸡"的形容蛮贴切的，看起来很平凡，但其实很厉害。

师：在我们身边也存在很多这样的人，看起来安安静静，但特别有才华，或者在某一方面非常擅长，特别厉害。

生8：有啊，何同学！那天我看到公众号发文，说他用不到原纪录一半时间，创造盲拧还原魔方的世界纪录。（掌声）

师：你愿意分享下吗？

何同学：我很喜欢玩魔方，家里有很多不同的魔方，我很喜欢研究这些，看到比赛就去参加了，真的很有趣。

生8：我好几次课间找他玩的时候，就看到他在玩魔方，知道他厉害，但没想到他这么厉害。

何同学：我很开心挑战成功了，一开始还是很紧张的，魔方有很多的技巧，我还在练习中。

师：真正投入学习的时候，会有心流的产生，那是很愉悦的体验。老师很欣赏你。同学们还有发现其他相似的例子吗？

生9：陈同学也是，虽然回答问题的时候总是呆呆的，但是他田径比赛的时候总是名列前茅。

师：你说的是，每个人都有擅长和不擅长的事情。的确，我们在做

自己擅长的事情的时候总会神采奕奕。

生 10：老师，我觉得真正厉害的人，也不一定很呆。李同学是我们班的学霸，我感觉他做什么事情都很厉害啊，他一点也不呆，他很幽默。

师：对此，同学们有什么看法？

生 11：可能这个成语不是适合所有情况吧。

师：老师想邀请你（面向李同学）来思考一个问题，可以吗？

李同学：可以。

师：（面向全班）其他同学也可以一起听听、思考一下。（面向李同学）你听到题目的时候，是立即回答呢，还是会思考一下？

李同学：会思考一下。

师：理由是——

李同学：要先理解题目的意思，然后再回答，才不容易出错。

师：你参加比赛的时候，上场之前会做什么呢？

李同学：我会安静下来，呼吸一下，告诉自己"我能行"，然后就上场。

师：同学们，从他的回答中，你看到了、听到了、感受到了什么？

生 12：我感觉他很自信。

生 13：我感觉他很认真。

师：如果用一个字来形容呢？

生 14：静。

生 15：稳。

师：是的，或许这个成语也可以理解成"静如木鸡""稳如木鸡"……"呆"这个字突出了反差感，是为了帮助我们跨越"呆"的外表去看到"不呆"的内在。

● **意图解析**

本环节让学生自主提出问题，再通过小组讨论选择问题进行讨论回答，给予学生思考的自由度，让他们从"呆""木"等不同角度去探讨成语的启发意义，学会透过表象看到故事中那只鸡的沉稳和镇定。

🐦 **心灵激荡**

在刚才的"我来问，我们来答"中，有同学对于"木鸡"是否真的很强存在怀疑，它究竟是"假木强斗鸡"，还是"真木弱斗鸡"？如果是两只"木鸡"相遇，会发生什么？接下来，我们一起来看看"两只木鸡上战场"的故事。

1. 用图片演绎"两只木鸡上战场"，也可以运用玩偶进行现场演绎。
2. 组内交流，充分讨论观点，相互启发。

> **分享与讨论**
> （1）这两只木鸡各有什么特别之处？
> （2）它们可能代表现实生活中哪些类型的人？

生1：这两只木鸡一开始上场的时候表现都很相似，互相对视着。但是很快，2号木鸡就忍不住开始进攻，它的进攻也暴露了自己的弱点，所以被1号木鸡迅速打败了。

生2：我也认为，2号木鸡耐心不足。而且，如果它实力够强，先发制人，也是可以获胜的，所以，它不只耐心不足，还不够强。

师："木鸡"是厉害的代名词。在这场比赛中，2号也是作为"木鸡"代表上场的，为什么会这么不堪一击？

生3：有可能2号木鸡在它原先的鸡场是最厉害的，但是因为同个鸡场的鸡都比较弱，所以它就以为自己很厉害。

生4：也有可能它是真的很呆，只是挑选斗鸡的人误以为它很厉害，被它淡定的外表欺骗了。

师：有可能是自己的能力不够，也有可能是对手太强。

生5：我发现1号木鸡上场以后，面对对手的挑衅，并没有立即做出回应，就像纪渻子故事里的鸡面对周围的动静表现很平静，只是集中注意力在观察和思考，所以它才是真正厉害的斗鸡。

师：实践出真知。恰如同学们所言，通过比赛就明显看出两只斗鸡的强弱。一只沉着冷静、趁势出击，一只击破伪装、张牙舞爪，你们认为它们可能代表现实生活中哪些类型的人？

生6：1号木鸡代表沉着冷静、有实力、对自己很有信心的人。

生7：2号木鸡代表那些认为自己很厉害，但实际并不强的人。

师：这两种状态在生活中很常见，老师把它们简单概述为"自信""自负"。自信和自负是两种截然不同的心态，它们之间的主要区别在于：自信是建立在现实的基础上，而自负则是建立在非现实（虚

幻）的基础上。小组讨论一下，这两种心态在生活中会有什么表现和影响。

生 8：自信的人对自己的能力很清楚，不会好高骛远，对自己有信心，也会愿意尝试，有很多朋友。

生 9：自信的人遇到失败，不会认为全是自己的错，会去分析原因，找方法。

生 10：自信的人会听别人的建议，不会别人说一句就以为在针对自己。

生 11：自信的人很勇敢、很乐观，愿意接受挑战。

师：对自己的能力有明确的认知，愿意接受反馈并不断提升，能够乐观面对挑战。还有吗？

生 12：自信的人走路是挺胸的，不会低着头，感觉很丧气。

师：我们一起来做个自信的姿势。（同学们做动作）

师：还不错，如果把头抬高一点、再抬高一点呢？

生 13：老师，这些就不是自信了，是太自信。

生 14：太自信，就会变成自大、自负。

师：那现在来说说自负的人有什么特点？

生 15：首先当然就是头抬很高，总以为全世界自己最厉害，但其实没实力。

生 16：自负的人，很爱反驳别人，他们总是觉得自己什么都懂，不会耐心听别人发言。

生 17：我认为自负的人可能对自己的要求很高，如果达不到，很容易就会变成自卑。

师：再一起来做个自负的姿势吧。（同学们做动作）

师：感觉怎么样？

生 18：一开始做这个姿势还挺有趣的，过一会儿会有点累。

师：如果这时候大家的眼光一直看着你呢？

生 18：我会再坚持一下，但还是很累。

师：如果大家的眼光不再盯着你呢？

生 18：我会马上放松下来。

生 19：我可能会感觉有些失落。还是希望大家可以多看我一会儿。

师：不管哪种变化都可能会让我们的情绪有起伏，这很正常。同学们，如果有一个人就像你们说的，因为太自负听不得建议，结果一败涂地，现在情绪很低落，你会怎么开导他？

生 20：首先就是安慰一下，不要因为一次的失败就否定自己，可以静下来想想在这个过程中自己有哪些做得好的，做得不好的，然后好好提升自己的能力。

生21：我觉得自信的人才会去做这些思考，这个自负的人肯定就觉得都是别人的错，他怎么还会去找原因。

师：听起来，你不相信自负的人会因为失败而产生改变。

生21：对啊，他就是觉得自己最了不起，之前就听不得建议，现在怎么听得下去，只会怪这个、怪那个。

师：感觉你有些气愤，是发生过什么事情让你有这样的感受？

生21：之前社团小组挑战的时候，大家都商量出一个好方法了，阿东偏偏要坚持自己的做法，那一次刚好轮到他当队长，只能听他的，结果就失败了，什么礼物都没拿到，他最后还说是我们不配合他。

师：老师感觉到，你现在是带着发泄的情绪在描述这件事的，我们试着呼吸一下，让自己放松下来，大家跟他一起做5个深呼吸。现在平静一点了吗？

生21：嗯。

师：一定是你很想要的礼物吧，所以这个情绪才会困扰你这些时间。阿东你愿意从你的角度来说说你的想法吗？

阿东：其实，我早就想找他聊，但是他最近都不理我。那天我的确做得不好，其实我曾经试过他们的方法，发现是不可行的，所以才想换一个，但是我没跟他们解释，唉。

生21：老师，他的确很多次想找我解释，但是我都不理他，是不是我才是那个自以为是的人？我一直在说别人，其实说的都是自己。

师：每个人都会有被情绪困扰的时候，所以修炼成"木鸡"状态才会特别不容易。当你现在情绪缓过来，是不是就可以听进别人的声音了？

生21：嗯。

师：其实，在生活中，我们会经常对自己的具体行为做评价。这些评价就像一条线上的不同的点，在线的两边是自负和自卑，极端地高看自己和看不起自己，在线的中间是自信，要将指针维持在中间区域是需要一些能力的。这些能力包括积极的心态、对能力合理的评估等。

老师还想问问大家，回到这个故事本身，2号木鸡在这场比赛之后可能会发生什么转变？

生22：它可能会去训练自己的能力，变得更强。

生23：它也可能一蹶不振。

生 24：它可能把这件事情忘掉，回到它的鸡群继续假装是最厉害的鸡。

生 25：它也可以和 1 号斗鸡交朋友，向它学习。

● **教师小结**

是的，一个事件发生了，我们会有许多的想法和应对方式，虽然是同一个事件，但因为想法和应对方式不同了，就会有不同的结果产生。

● **意图解析**

借助图片演绎"两只木鸡上战场"，让学生探讨"真假木鸡"的特点，再由此迁移到在生活中探讨"自信""自负"，通过做动作感受"自信""自负"的状态，帮助学生更好地体验影响自我、让自我变得更加强大的因素。

灵光一闪

在"我来问，我们来答"环节中，还有一个问题，我还没有听到同学们的回答——"它更喜欢从前的自己，还是现在的自己?"我们来做个练习。

规则：教师拿出三张圆卡，两张圆卡摆成一行，一张贴在左边黑板，代表一开始被选中的鸡；一张贴在右边黑板，代表最后训练成的木鸡；第三张圆卡摆在黑板前的地板上，贴在两张圆卡中间位置。请学生自由上台，站在第三张圆卡处，选择一个方向，并说明理由。

选择圆卡 1 方向：

生 1：它喜欢最初的样子，从前的自己很有活力。

生 2：能力不只是被训练出来的，还可以是因为热爱自己锻炼来的。也许它不想当斗鸡。

选择圆卡 2 方向：

生 3：它现在是最厉害的斗鸡，听起来都开心。

生 4：它接下来就可以跟着王出去四处比赛，生活充满冒险。

选择圆卡 1 和圆卡 2 中间方向：

生 5：它喜欢中间练习的过程，学习本身就是很有趣的。

生 6：它享受孤独，独自安静练习的感觉也挺好。

生 7：它一开始只是一只普通的鸡，和纪渻子相处的时光，就像遇见伯乐，这个感觉特别幸运。

师：感谢同学们勇敢地说出自己的声音，不管是最初、最终还是中间的旅程，那都不是生活的全部，也不是这只鸡的全部，也许它还有其他的特点有待发掘。就像我们对自己的认识，也会因为经历不断更新，希望同学们能够勇敢去体验生活，耐心去学习知识、练习技能，做更好的自己。

● **意图解析**

由三张圆卡开辟出一个意象的空间，通过戏剧的方式让学生说出对于成长的看法。由此，学生通过对"呆若木鸡"的探索，间接达成了一次对自我认识的探索。

教学反思

在自我认识这一系列课程教学中，我深感儿童哲学的重要性。它用一种理性又具有包容的思考方式，帮助学生理解自我、提升自信。在"成语共读"环节，学生表面上想探究这只鸡的表现，但实际上他们真正关心的是如何变得强大，甚至是强大的自我。借助团体探究，他们发现强大的自我包含了镇定和沉稳两个要素。

在"心灵激荡"环节，我追随学生的分享继续在对强大自我的讨论上拎出"如何区分自信和自负"这个点。区分"自信"和"自负"是一个很复杂的问题,如果只有"自信"的外表的呈现,没有实力和内心的笃定,那就是自负。这个寓言故事很巧妙地借用斗鸡的故事,将外表和内心尽量二分化地展示,同学们运用自主问答和戏剧表达的形式更容易进行讨论和分享。

附:《呆若木鸡》学习单

原典选读(略)　成语故事(略),见前文第 29—30 页。

任务一

请你针对这则故事尽可能提出你的问题。

_____

_____

_____

任务二

选择小组感兴趣的问题,一起找到答案。

_____

_____

_____

情绪调试

杯弓蛇影
我们害怕的东西真实存在吗？

哀兵必胜

——所有情绪都有意义吗？

（瞿思嘉　西安市曲江第二小学）

　　老子在《道德经》中说到"故抗兵相加，哀者胜矣"，意思是当两军对阵实力相当时，受压抑且充满悲愤心情的一方会得到胜利。那么，老子为什么会这样认为呢？我们是否应该重新思考情绪对于我们自身发展的意义？小学阶段的学生正处于情感发展的关键时期，他们往往会产生各种情绪，特别是失落、沮丧、焦虑等。通过和他们探索情绪的意义，可以帮助他们更加客观地看待自己的情绪，不再将其视为纯粹的负面体验。这种全面的情绪认知有助于小学生建立健康的情感管理模式，为未来的情感发展奠定良好基础。通过《哀兵必胜》成语故事探究，学生会思考我们情绪的价值。情绪就像弹簧，如果一味地乐观或悲观，对我们的发展都是不利的，只有掌握好情绪尺度，情绪才能够转化成帮助我们成长的力量。

课标依据

学会恰当地、正确地体验情绪和表达情绪。

——《中小学心理健康教育指导纲要（2012 年修订）》

本课目标

（认知）认识到每个人都会有多种情绪，每种情绪都有其价值和意义。

（情绪）体会到哀伤、低落带给人的感觉，唤起面对情绪、体验情绪的意愿。

（行为）学会找到哀伤、低落的宣泄方式，化解、转化哀伤，发现情绪背后的力量。

儿童特征分析

小学高年级是个体社会性发展和情绪发展的关键期。教学实践研究发现，小学高年级学生对情绪的认识比较片面，对情绪的感知能力逐步增强，情绪管理能力比较欠缺。[1] 如果要对小学生产生积极的心理影响，就需要在其小学阶段实时关注其情绪发展变化，充分了解他们的发展需求。在日常生活中，绝大多数人都偏爱开心、兴奋、惊喜等情绪，讨厌和排斥难过、愤怒、焦虑等情绪。但所有情绪都蕴含着重要的信息，包括我们的内心需求和想法。只有进一步理解情绪才能更好地接纳情绪，做好情绪管理。

核心概念

情绪管理指通过对情绪的认知和理解，采取一系列的方法和技巧来主动地调节和控制情绪。

教学准备

教师准备：多媒体课件、《哀兵必胜》故事及翻页笔、学习记录单（每人一张）、小组记录单（每个小组一张）。

学生准备：黑色水笔一支，积极参与、认真倾听、尊重他人。

---

[1] 王敏芳. 小学高年级情绪管理课的实践反思[J]. 中小学心理健康教育, 2020(5)：27—29.

探究启航

▲ 游戏互动

游戏：情绪"猜猜猜"

● 游戏规则

（1）将学生分成小组，每个小组在情绪箱中抽中一个情绪进行扮演。

（2）扮演者通过表情、语言或者行为展示扮演情绪的特征。

（3）其他小组对扮演者所表现的情绪进行猜测，说出答案。

（4）扮演者针对所扮演的情绪进行事件回顾，思考该情绪会给自己带来什么影响。

教师确认学生了解规则后组织活动，可以给出"兴奋""惊讶""失望""伤心"等情绪口令。

● 师生互动

师：你们小组扮演的是什么情绪？

生1：失望。

师：你什么时候会有这样的情绪？

生1：考试前复习了很久，但是成绩却不是很好。

师：那你会怎么面对这件事情呢？

生1：会感到很失望，对自己没有信心，会责备自己。

师：那你会如何面对接下来的学习呢？

生1：有时候会失落一段时间，但是有时候其他人反倒会鼓励我，我就会很快振作起来。

生2：伤心。

师：你会如何面对自己的伤心情绪呢？

生：会偷偷哭一下，然后该怎么样还是会怎么样。

● 教师总结揭题

我们通过刚刚的活动还原了生活中我们不同的情绪表现，也思考了不同的情绪会对我们产生什么影响。今天我们的课堂内容也和"情绪"有关。我们先来看一段文章，看看古代哲人给了我们什么样的思考。

- **意图解析**

  设计与《哀兵必胜》这则故事相关的情绪游戏,让学生通过扮演体验不同的情绪发生时自己的身体变化,帮助学生识别情绪。通过回忆情绪事件,思考情绪对生活的影响,为后续的课堂讨论做好准备。最后出示课题、揭示主题,为授课做铺垫。

■ 成语共读

教师借助多媒体设备介绍成语故事。

- **原典选读**

  用兵有言曰:"吾不敢为主而为客,不敢进寸而退尺。"……祸莫大于无敌,无敌几丧吾宝。故抗兵相若,则哀者胜矣。——《道德经》[①]

- **成语故事**

  善于用兵的人常说:"我不敢攻入别人的土地,而宁愿在自己的土地上防守。我不敢贸然进攻,而宁愿撤退到有利的地形。"……没有任何灾祸比轻敌更大的了,轻视敌人就是丧失自己最宝贵的财富。所以,两军对阵而实力相当的时候,情绪悲愤的一方更容易取得胜利。

  （黄睿　译）

> **分享与讨论**
>
> 你觉得为什么会"哀兵必胜"?

生1:因为人在愤怒或者生气的时候,就会把所有的怨气都发泄在一个问题上。士兵们把所有的怨气都发泄在了敌人的身上,这样士兵们都变得比平时更厉害,所以就会"必胜"。

---

① 老子(著),陈徽(译注).道德经[M].上海:上海古籍出版社,2023:246.

师：其他人可以补充。

生2：我觉得这是心理上的解释，部队中比较重要的人牺牲了，大家觉得悲愤，从生理学上来讲，肾上腺素会增加，所以他们的极限反应就达到了最高，再加上将领对士兵们的鼓舞，这样悲愤的一方必定会胜利。

师：你不仅从心理学上进行了解释，还从生理学上进行了解释，很好。

生3：其实我觉得"哀兵必胜"是有这几点原因的：首先，当敌方重要的首领遇害的时候，胜利的一方就会觉得对方那么厉害的首领都被干掉了，这肯定是能赢的；其次，处于劣势的一方觉得自己的首领被对方害死了，士气这时是非常高昂的，如果这个首领对士兵非常好的话，他们的士兵就会非常悲愤。哀兵必胜，不仅有胜利一方轻敌的原因，更是失去重要部分的其他人因此爆发了，悲愤地反击，从而取得胜利。

师：非常感谢你的见解。他们刚才为我们分析了为什么会"哀兵必胜"，那么现在把时间交给各个小组，大家用3分钟的时间思考讨论"为什么'哀兵必胜'"。

生4：我们小组讨论出来共有两个原因：首先从这个字本身来看，"哀"，我们还有一种解释，就是沉着、谦虚、不骄傲的士兵。因为他们沉着、不骄傲，大概率就不会轻敌，也就更有可能会胜利。其次"哀"还有一种解释就是"没有退路"，因为没有退路，反而激起了大家的求生欲以及胜利的欲望，也就更容易胜利。

师：感谢你们为我们提供的观点。你们小组提到了胜利的两点原因：第一个是情绪或者说心态，他们谦虚、不骄傲；第二个他们提到了士兵们面对背水一战的境况激起了他们的胜利欲，因此改变了他们此刻的心态。我们会发现"心态，情绪"在这个例子中起到了重要作用。

生5：我们认为"哀兵必胜"的原因就是"兵"被逼到了绝境会爆发出和平时不同的能量。比如说一个人在山上遇险了，他此时的求生欲就会促使他的潜能爆发出来，导致他有了异于常人的能力。

师：非常感谢。

生6：我们组的观点很简单，如果作为"哀兵"的话，你会用负面的态度去看待这场战争，而对面就会是乐观的态度，这会影响大家的心态。如果你是"哀兵"，你就会努力去收集对面的信息，就像《孙子兵法》里面说过的"知己知彼，方可百战不殆"。

师：我从你们的观点中想到了"哀兵必胜"的反义词叫"骄兵必败"，结合你们刚才的观点，我们能够从这两个词的对比中看出，士兵们的心态和情绪对胜还是败是有关键的作用的，那接下来我们继续思考。

- **意图解析**

在学生阅读原文后引导学生重点理解"哀兵必胜"，在思考中进一步拓展学生的理解力，引导学生对"哀兵必胜"的原因进行思考，帮助学生在自主探究中发现"情绪"对事件成败的影响。

本环节通过小组讨论，共同分析问题，帮助学生更深入地理解问题，通过不同的观点和解释，学生能够更全面地理解问题，从而培养批判性思维能力、合作与沟通能力、问题解决能力以及多元文化意识等多方面的素质。

心灵激荡

1. 以小组为单位，针对自己选的问题，把本小组的观点写在记录单上。

2. 组内交流，充分讨论观点，相互启发。

3. 小组发言人分享观点，其他小组提问。

4. 发言小组回答提问。

> **分享与讨论**
>
> （1）"哀兵"一定必胜吗？
>
> （2）情绪有何意义？对人有什么帮助或作用？

生1："哀兵"一定"必胜"吗？我觉得不是，当一个军队遭受到了毁灭性的打击时，可能根本来不及将这个意志爆发出来。他这个意志不可能出现的话就更不用说胜利了。所以说军队的实力一旦相差很大，出现降维打击时，就不会有实力相当的情况出现。证明观点的第二个原因就是利益，比如一个军队有赏银，一个军队没有赏银，那么有赏银的军队就会比没有赏银的军队有士气。所以说"哀兵"不一定必胜，我们要看其他因素。后面的问题我们选的是积极的心理状态对事情发展有什么作用。首先心理是积极的，就会正面积极地面对问题。其次当遇到挫折的时候，有积极的心理状态，就有成功的可能。这两个是我们讨论出来的原因。

师：现在是针对他们小组观点的提问时间。

生2：一个人一定会为了钱甚至不顾自己的性命，就去做危险的事情吗？

生1："利益"是很重要的，比如说当年瑞士这个国家很穷，就只能靠放牧进行生产，那么就必须有人去参加他们的军队。当时瑞士的雇佣兵在欧洲几乎是无敌的，他们是各个军队的主力。

生3：我可以对刚才的提问进行一个补充，你刚才的观点是否否认了一个事实？是不是只有利益才能够激发或者说更好地激发我们的战斗力呢？我觉得不是吧，你是否忽略了一个词语叫作"信仰"？我

们那些为国牺牲的战士们就是为了信仰，为了解放中国人民而去奋战的。我想补充的问题是："利益"真的能够使一个人爆发出真正的潜力吗？我想对你提这样的问题，我希望你会有一个让我惊喜的答案。

师：这个小组的其他人是否要对其他小组的提问进行补充回答呢？

生4：针对刚才的问题，其实我们小组也没有完全否认除了"利益"以外的因素。我们还需要补充的一点就是"科技"，科技是第一生产力。如果一个人没有可以利用的好的工具或者"地利"，自身能力再强大也不会百战百胜。"科技"就像一个战士的兵刃一样，这是心理因素之外的外部重要因素。

师：非常感谢这个小组的分享和回答，那么接下来小组的观点是什么呢？其他小组已经分享的观点我们不做重述，只表达没有说过的观点。

生5："哀兵"不一定必胜。就算"哀兵"被打击激发出潜力了，但是在人数上已经寥寥无几，对面人数多且有实力，在这种情况下，"哀兵"一方在实力上是完全被压制的。还有一种可能就是"哀兵"这个团队已经被打击得不成样子，

连最后想要奋发的信心也没有，只想着要逃跑了。

生 3：如果"哀兵"的内部有矛盾呢？他们可能都很悲愤，但是他们悲愤的点可能不一样，在情绪消极的情况下，大部分人是不愿意认同与自己不一样的观点的，那么这个时候"哀兵"虽然"哀"了，但是他们没有办法做到团结，就是一盘散沙，这个时候"哀"也是没有意义的。所以我们对于"如何激发消极情绪的积极意义"是这样思考的：消极情绪与积极情绪是相对的，在积极情绪中，你会感觉到满足，也会感觉到快乐。但是"哀兵必胜"其实是处在消极情绪中的。对于消极情绪这种状况来说，人们肯定不喜欢，那么就会努力走出这种状态，也会付出比积极状态下更多的努力，做更多的探索。或者说在这种消极状态下，人们可能也没有退路，那么这个时候就会激发出消极情绪的力量。我猜测一下消极情绪的来源，咱们的祖先在生活中会遇到巨兽，在当时的环境下我们的祖先肯定是无法打败巨兽的，那这个时候就会产生恐惧，可能就是我们的恐惧最早诞生的场景吧。虽然很恐惧，但是该逃命还是得逃命，所以在消极情绪发生时，我

们的祖先同时也进化出了应急逃跑机能。所以人们在消极的时候也许就会爆发自己的"小宇宙"。这个时候，消极情绪就有了积极意义。

师：**其他组针对他们组有一个提问的机会。**

生 6：这些消极情绪来源于他们对自己面对的事情没有任何信念，就像"三里之城，七里之郭，环而攻之而不胜。委而去之，是地利不如人和也"中揭示的，人们的志向只有合在一起，才能够真正达到互相理解。如果大家的消极情绪产生的原因不一样的话，那么在整个战斗中，队伍的战斗力和团结的力量就无法完全展现出来。同志就是有相同志向的人，只有志向统一，才能够干出一番大事。

师：**你提到了情绪转化成积极力量的过程中，我们还要注意目标感的建立，是吧？我们要有一个目标，要向这个目标前进，才会找到积极的力量。**

生 7：我们小组的观点是"哀兵"不一定必胜。我们举的例子是一个生活中非常常见的东西——弹簧。在一般情况下，弹簧被重物所压时，弹簧会尽其所能地弹起来，甚至可能会弹得更高。但是如果重物

的重量过大，弹簧可能会被压得弹不起来。"哀兵"也是同样的道理，"哀兵"被逼到绝路的时候，如果还能看到自己的一线生机，可以看到努力有希望，他就会奋起反抗，但如果他连希望都看不到了，"哀兵"也就会失去这种想努力、想拼命的精神。

生1：一部分"哀兵"的牺牲是否能够激发更多其他"哀兵"的奋力反击呢？那么是否就会有胜利的可能性呢？

生8："哀兵必胜"还有一个条件，就是需要做到目标统一，当他们目标统一时，他们才会因为同伴的牺牲而感到悲愤，从而奋起反击。

师：刚才我们说到了弹簧的例子，其实我们每一个人都是有一定的心理韧性的，但是当压力足够大或者说我们消极情绪的压力足够大的时候，一个人是很有可能崩溃的。那么你们认为在这种情况下，我们该如何激发情绪的作用呢？

生7：在我们产生了消极情绪的时候，我们应该用鼓励的语言，将消极的心理情绪转化成解决问题的动能，把自己完全调动起来，把整个队伍调动起来，甚至调动整个国家，为了我们共同的目标，一起去努力。我们可以打个比方，其实消

极情绪就跟火药一样，要是没有一个点燃火药的火焰什么都不会发生，但是如果有一个积极情绪的火焰跳到那个火药上面，火药就会剧烈燃烧起来。

师：就像刚才有同学说到的那些觉醒的爱国人士，他们就像这些跳动的积极火焰，他们燃起了别人心中的希望。

生9："哀兵必胜"的原因是分两种情况的。"必胜"的观点在于"哀兵"是团结一致，一起向目标前进，并且敌方这个时候已经非常骄傲大意了。不一定成功的理由是，在两军实力相差巨大的时候，"哀兵"会被完全碾压。在实力相同的情况下，他们有时候也不一定能赢，因为古代讲究师出有名。当然，在极少数情况下还是有意外的，就比如说疾病横行、粮草断绝之类的。而且我还可以回答刚才他们普遍问的一个问题，就是"哀兵"不一定是有希望才选择奋斗的，在没有目标的时候，他们可以为自己创造目标、创造希望。

师：我们会发现情绪是否能够被激发出积极意义不仅跟我们自身有关，跟我们周围的环境，比如社会环境等也是有关的。

生6："积极的情绪对事情成败有

什么作用？"这是分尺度的。就像一把长 20 厘米的尺子，数字越高，代表的等级越高，1—9 级代表处于正常的乐观位置，人们会积极面对；如果事情到了 10 级以上，那就代表他们过于骄傲自满甚至不管不顾，最终的结果只能是失败。所以，我觉得 9 以上的等级都可能会失败。有的时候积极的心理状态会给士兵带来振奋，但是有的时候积极的状态过度的话，就会被打败。所以，有的时候积极大于消极，有的时候消极会大于积极，这两者之间存在着一种微妙的平衡关系。

师：非常感谢你给我们解释了平衡关系。一件事情的成败并不完全和情绪有关，还可能会受到利益、意志、心态、技术、人际协作、目标、环境等方方面面的影响，但我们也不能忽视情绪的力量和作用。当情绪促使我们产生积极心理状态时，大部分情况是可以促进我们行动的产生；可当一个人开始盲目乐观或者自大、骄傲的时候，那么可能就会对其他的行为产生一些消极的影响。

● **意图解析**

学生通过小组讨论合作，对"哀兵必胜"进行思辨，探究情绪的意义，以及情绪对事件的成败有什么作用。通过思考和理解情绪，学生能更好地利用情绪的积极方面，促进个人的成长和发展。

灵光一闪

教师邀请学生分享：通过这节课的思考讨论，你还有什么问题？

生 1：我发现同学们在论述自己的观点的时候非常喜欢使用一些具体事件来佐证观点，但是我们知道在推论时除了这样的"演绎法"之外还有很多方法，比如归纳、实验、类比等。所以我想和大家思考通过某一特殊事件佐证观点就一定真实吗？我们是否应该把自己的推理方式拓展呢？

教师：这是一个很好的发现和思考，这值得我们每一个在进行儿童哲学练习和训练的同学思考：在以后的学习中，怎样让我的观点论证更加的严密和更加的有推广性和适用性？

生 2：经过刚才几个同学的思考，

我现在思考一个问题："你认为在我们的生活中，情绪对我们的表现会有什么影响呢？"

师：我们会发现情绪没有好坏之分，因为对待事情的感受不同，就会有不同的情绪产生，而情绪到底会如何影响我们也在于我们对待情绪的主观选择。接纳自己的不同情绪，发掘不同情绪的意义，这是我们最重要的收获。

● 意图解析

邀请学生在课后对本节课进行提问，从而促进学生对本节课的理解和深化，增强学生的参与感和主动性，建立师生之间的良好关系，发现教学问题并改进，培养学生的批判性思维和问题解决能力以及营造开放和包容的学习氛围。最后，通过提问拓展学生的思考，引导他们将思考带入生活。

教学反思

在本节课上，教师旨在为学生创造一个开放、包容以及具有探索性的课堂环境。在课堂上，教师尊重每个学生的观点和想法，不论这些观点是否与传统或教师自己的观点相符。通过讨论，学生会感到自己的思想被重视，从而更加愿意参与讨论和分享。同时，教师一直在鼓励学生提问和质疑，让他们学会批判性思考。教师也接纳并尊重学生的多样性，让学生在课堂上感受到包容和接纳。

所以教师选择使用小组合作的方式进行探究，通过合作学习和小组讨论，学生可以学会与他人合作、分享和倾听。这种学习方式能够培养学生的团队合作精神和社交技能，同时也为他们提供一个开放包容的讨论环境。

学生通过自主探究发现在某些情境下那些被人们认为"不好"的情绪

确实具有一些积极的、有益的意义。比如当我们哀伤时，可能会激发自己的行动意愿，促使我们去解决问题或达到目标；当我们感到沮丧时，可能会更有动力去改善自己的状况或寻找新的机会。还有的学生从进化的角度来思考，发现有的情绪有助于我们在复杂多变的环境中生存和繁衍。例如，恐惧和焦虑可以让我们更加谨慎地评估风险，从而避免潜在的伤害。虽然一些情绪在感受上可能不愉快，但它们在我们的生活中扮演着重要的角色。通过思考和理解情绪，我们可以更好地利用它们的积极方面，促进个人的成长和发展。

哲学本身就涉及思考和创新的过程。教师在课堂上鼓励学生在讨论中提出新颖的想法和观点，即使这些想法与主流观点不同。这种鼓励能够激发学生的创造力和创新精神，让学生在探索哲学问题的过程中学会思考、合作、尊重和创造。

由于课堂时长的限制，无法听到每位学生的观点，也没有对个别学生的提问进行针对性回复，希望能够在今后的课堂中探究出更多更适合的对话方式，帮助更多学生发现自己、表达自己。

附：《哀兵必胜》学习单

原典选读（略） 成语故事（略），见前文第 45 页。

任务一

你觉得为什么会"哀兵必胜"？

_____

_____

_____

任务二

"哀兵"一定必胜吗？

_____

_____

_____

任务三

情绪有何意义？对人有什么帮助或作用？

_____

_____

_____

心如死灰
——没有情绪的波动是不是好事？

（苏淑玲　厦门市集美区曾营小学）

　　南郭子綦的学生看见他懒懒地坐在椅子上，说他的身体像一根枯树枝，心灵则像熄灭了的灰烬，无论遇到什么都不为所动。这个故事似乎意味着：我们要有稳定的情绪，不以物喜，不以己悲。然而，人很难做到没有情绪波动，因为情绪是人对客观事物的态度、体验以及相应的行为反应，是以个体愿望和需要为中介的一种心理活动。小学高年级学生的情感逐渐丰富起来，开始能够感受到不同情绪的变化和表达。他们对待他人和事物会有更多的情感投入和情绪体验，同时也更加容易受到情绪的影响。通过《心如死灰》成语故事探究，学生发现情绪虽是对自我的表达，但这些表达时常也反作用于自身，因而要学会用更豁达的眼光去看待生活中的事件，这样才不会被自己的情绪带偏，才能更全面地理解情绪、调适情绪。

课标依据

正确面对厌学等负面情绪，学会恰当地、正确地体验情绪和表达情绪。

——《中小学心理健康教育指导纲要（2012 年修订）》

本课目标

（认知）知道情绪变化会受到外界影响，情绪具有稳定性和起伏波动的特点。

（情绪）感受自己在实际生活事件中的情绪反应，体会观念和事件给自己情绪带来的影响。

（行为）学会辩证地看待情绪在生活中的作用，愿意客观、全面地理解情绪。

儿童特征分析

小学五六年级的学生被统称为小学高年级学生，这个时期的学生开始进入青春期，他们在身体和心理方面开始从儿童向少年转变，他们已初步形成了个人的性格和人生观。学生的自我意识不断发展，对外界的事物有着极强的敏感性，会使用建设性的、以问题为中心的方式来调节情绪，能理解复合情绪，但情绪稳定性较低，自我安慰能力较弱，遭遇挫折时容易灰心。

研究人类情绪的心理学家们认为，在人的情绪发展中，童年和青春期是最为重要的阶段 [1]，是奠定情绪根基的关键期，一个人在这两个关键时期的情绪状况及发展趋势往往对其未来甚至一生的发展影响深远。情绪教育与辅导已成为学校教育的重要组成部分。

核心概念

情绪是对一系列主观认知经验的通称，是人对客观事物的态度、体验以及相应的行为反应。一般认为，情绪是以个体愿望和需要为中介的一种心理活动。情绪状态则是指在某种事件或情境的影响下，在一定时间内所产生的某种情绪，其中较典型的情绪状态有心境、激情和应激三种。

教学准备

教师准备：多媒体课件，《心如死灰》故事及翻页笔，学习记录单、记号笔若干，轻薄纸巾一叠。

学生准备：黑色水笔一支，积极参与、认真倾听、尊重他人。

---

[1] 孙立祥, 丁怀宇 . 引导学生管好自己 de 情绪[J] . 现代中小学教育, 1999(7)：3—5.

探究启航

🎭 游戏互动

游戏:"起风啦"

● 游戏规则

每人一张纸巾,当教师说"起风啦",学生一起把纸巾放在墙上,使劲吹,让纸巾保持在墙上,看看谁坚持的时间最长。

教师确认学生了解规则后,组织活动。

● 师生互动

师:你坚持了多长时间?感觉如何?

生 1:我吹了一下,纸巾就落下来了。

生 2:我要不停地换气,(吹得)像打钉子一样才能把纸巾压在墙上,但纸巾的位置一次比一次低。

生 3:我深深吸了一口气,然后慢慢吹气,快快吸气,慢慢吹气,纸巾就稳稳地贴在墙上。

生 4:我感觉很好玩,虽然一直对着纸巾呼吸有些累,但很开心。

● 教师总结揭题

让纸巾保持在墙上的确不是一件容易的事。就好像在生活中,要让自己的情绪时刻保持稳定一样,也是需要不停练习的。如果有一天,我们的情绪没有波动了,会怎样呢?让我们一起走进《心如死灰》的故事吧。

教师边总结边把纸巾直接粘贴在墙上。

● 意图解析

"起风啦"游戏的实施,一是为了让学生充分动起来,营造颇具趣味的课堂氛围;二是借"吹纸巾"来比喻"调节情绪",为后续引出"关于情绪波动的好坏"话题分享做好准备;三是边总结边将纸巾贴在墙上,给学生提供一个感性的认识,让学生看到"动不了"的纸巾就如同"不会流动"的情绪。

🪁 成语共读

教师借助多媒体设备出示成语故事。

- **原典选读**

　　南郭子綦（qí）隐机而坐，仰天而嘘，荅焉似丧其耦。颜成子游立侍乎前，曰："何居乎？形固可使如槁木，而心固可使如死灰乎？今之隐机者，非昔之隐机者也。"

——《庄子·内篇·齐物论》①

- **成语故事**

　　子綦先生懒懒地坐在席子上，仰头看了看天，轻轻呼出一口气。他的学生子游看到了，惊讶地说："老师，感觉今天的你和过去完全不一样了！"

　　子綦说："你说说，有什么不一样？"

　　子游说："以前老师和别人一样有情绪的变化，现在您的身体就像一根枯树枝，心灵就像彻底熄灭了的灰烬，无论遇到什么都不为所动。"

　　子綦说："挺厉害嘛，这都看出来了！"

　　子游说："可是，老师你为什么要修炼成这个样子呢？"

（黄睿　改编）

分享与讨论

同学们猜猜，为什么子綦先生要修炼成这个样子？

生 1：可能他以前是个情绪变化很大的人，现在想不一样。

生 2：可能他想要长命百岁，不被人影响。

　　师：子綦先生是这么回答的——

---

① 方勇(评注).庄子[M].北京: 商务印书馆, 2018: 20—21.

- **原典选读**

大知闲闲,小知闲闲;大言炎炎,小言詹詹。其寐也魂交,其觉也形开。与接为构,日以心斗。缦者,窖者,密者。小恐惴惴,大恐缦缦。其发若机栝,其司是非之谓也;其留如诅盟,其守胜之谓也;其杀如秋冬,以言其日消也;其溺之所为之,不可使复之也;其厌也如缄,以言其老洫也;近死之心,莫使复阳也。

——《庄子·内篇·齐物论》①

- **成语故事**

子綦说:"你不知道,以前的我因为情绪吃尽了苦头!高兴的时候我过于乐观,看不到自己的缺点;生气的时候我过于狭隘,总是跟人斤斤计较。太自信的时候,我就忍不住吹牛皮,最后闹出笑话;太不自信的时候,总觉得别人在贬低我,每句话都想反击别人。情绪一来,到了晚上睡觉的时候,我的精神都不得安宁,在梦中还在紧张地跟人吵架。到醒来的时候,咬紧的牙关和皱紧的眉头才舒展开了。可是一醒过来,马上又跟情绪发生难解难分的纠缠。遇到小事心里七上八下,遇到大事更是失魂落魄。经过了很长时间的修炼,现在我的心像死灰一样没有情绪了,不是很好吗?"

(黄睿　改编)

分享与讨论

(1) 你有和子綦类似的体验吗?后来这些情绪是怎样过去的?

(2) 你觉得心如死灰是好事吗?

---

① 方勇(评注).庄子[M].北京:商务印书馆,2018:20—21.

生1：我认为，在别人对你恶语相向的时候，心如死灰是好事。

师：能否举个例子说明一下。

生1：比如，同学一直在旁边叫骂的时候，如果能够心如死灰，就不会把注意力放到他们身上，可以更专心做自己的事情，心情也会更好。

生2：我也认为心如死灰是好事。进入这个状态中，才会对寿命有益。

师：能否具体说说。

生2：当我们的心情不会大起大落，不会因为一点小事就纠结很久，我们的状态就会很稳定，身体也会比较健康，这样就能活得久一点。

生4：老师，我认为心如死灰是坏事。因为情绪能告诉我们很多信息，比如我对这件事情感兴趣就会很开心，我感觉受到伤害了就会很难过，这些都能告诉我们该怎么去处理生活中的事件。

师：情绪中隐藏着成长的线索。像你这样敏锐的孩子才能发现。

生5：我认为心如死灰是坏事。这个词给我一种"失望"的感觉，好像对生活不再抱有热情和信心。

师：如果用一个动作去描述这个状态，你会做什么？

生5：歪着低下头，摊开双手，嘴唇紧闭。

师：同学们，这个动作和你认为的心如死灰是一样的吗？

【请一样的同学（大概率是认为心如死灰是坏事的同学）上台一起做动作；请不一样的同学（大概率是认为心如死灰是好事的同学）来说说，会做出什么调整。】

生1：我会把摊开的双手在胸前交叠，然后头会高一些些。

师（面向生5）：你试着做一下他的动作，感觉一下他和你的不同。

生5：我认为的心如死灰有种"无奈"的感觉，他的心如死灰好像一种"封闭和自我保护"。

生1：是有点这种感觉，这个状态可以保护我们不被别人伤害。

生6：我觉得，心如死灰可能是好事，也可能是坏事。好处是隔绝影响，带来稳定；坏处是对生活失去信心，陷入孤独，没有情感反应。

师：刚才我们讨论了心如死灰带来的好处和坏处，似乎心如死灰有好

也有坏。那你们能否告诉我判断的依据是什么?

生7:这个很难判断,可以参考当时的情况,比如说你旁边的人很烦,但是你又没有力气打赢他,让他闭嘴,这个时候"心如死灰"就是好事了。

生8:还有事情的影响。比如说有人受欺负了,"心如死灰"肯定就不是好事,会让对方变本加厉,这个时候要变强才能保护自己,不能"心如死灰"。

生9:也可以看看别人的态度,如果对方是无心的,我们也不用太在意。

生10:我认为,如果情绪波动比较小,"心如死灰"是能做到的,但是情绪波动大的时候,就很容易被影响。

师:你似乎把"心如死灰"当成了一个标准,旁观的时候比较容易,参与的时候很投入,就不容易了。

师:同学们判断是否该"心如死灰"的依据有参考当时的情况、事件的影响、别人的态度,还有自己是否投入,等等。在实际生活中,真的有办法做到不受一丝一毫的影响,没有情绪的波动吗?

生11:我认为是不可能的,因为人就是有情绪啊。

生12:每个人都会有喜怒哀乐各种情绪的,只不过有时开心多,有时生气多,如果没有情绪了,那还有什么意思!

生13:我认为是有可能的,因为我就时常觉得没什么意思,提不起劲来。

师:能具体说说你的发现吗?

生13:可以。我这阵子就是这种感觉,没有东西可以影响到我,因为都很没劲。就好像把水倒进了一团灰烬之中,黏黏稠稠,让人很不舒服。

师:请你试想一下,如果这把水没有被倒进灰烬之中,当微风吹过,这把灰会是怎样的感觉?

生13:会很自由吧。

师:那这把水可能是什么?有什么方法可以阻止水倒入灰中?

生13:这把水像"批评",我爸爸妈妈总是说我不如其他人,其实我已经很努力了。我想我可以试着跟他们再说说我进步的地方,这一次我考试分数虽然没变化,可是超过班级平均分好多分。

师:那的确是很大的进步。老师给你点赞,同时也谢谢你的分享,你的分享包含了对"持续的低落"和"变化"的理解,给了我很大的启发。

● **教师小结**

我们的情绪的确很容易受到身边的人或事物的影响，从而产生波动。如果可以做个选择，你希望呈现怎样的情绪状态呢？接下来，我们分小组进行练习和分享。

● **意图解析**

在阅读成语故事后，抛出问题链接学生的生活经验，启发学生思考在生活中"心如死灰"的原因及其带来的感受。当学生谈及"心如死灰"带给他们的意象体验时，邀请学生用"戏剧雕塑"的方式进行表达式呈现，并通过"好"与"坏"两个方面的肢体呈现，加深学生对这个成语的理解。

 心灵激荡

1. 以小组为单位，针对问题把自己或成员的观点写在记录单上。

2. 组内交流，充分讨论观点，相互启发。

分享与讨论

（1）除了让自己的心像死灰，还可以让它像什么？

（2）除了让自己心如死灰，你还有什么办法帮子綦解决他的烦恼？

师：同学们可以结合生活体验说说，心还像什么？

生1：心像石头一样。

师：能否试着填一个句子，心像石头一样＿＿＿＿＿＿。

生1：心像石头一样被动、冰冷。

生2：心如浮萍，被风吹着动。

师：它受影响而动。

生3：心如止水，不流动。

师：同学们刚刚分享的比喻，好像聚焦在"被动"上，似乎心的跳动是被它物所影响的，那是否有"主动"的比喻？

生4：老师，我想到一个词"死灰复燃"。我认为，心如死灰还是有机会的。

师：你是说灰烬中有主动的希望，是吗？

生4：是的。

生5：心还可以像火焰。

师：那你的心像哪一种火焰呢？星星之火，烈火……

生5：我的心像可以燎原的小火焰。

生6：心像星星，不管怎样的夜里都闪烁自己的光芒。

师：如果是在满月的时候，月亮抢走了你的光彩呢？

生6：月亮只是比我更亮而已，它抢不走我的光华。

生7：心像路灯，照亮别人的路。

师：同学们有这么多不同的比喻，这些不同类型的心，可以怎么帮子

慕先生解决他的烦恼？

生8：可以多看一些积极的方面，就不会把小烦恼放大，然后一直纠结。

生9：接受别人也有比我们厉害的地方，去赞赏别人，而不是一直在比较中。

生10：子慕先生以前很在意别人的想法，其实是因为对自己不够自信，他还可以多学习、多锻炼，让自己变得强大，那就可以直接解决问题，而不是一直在烦恼。

● **教师小结**

刚刚大家说到了，或许我们可以选择多一些积极和勇敢，去强大自己，去面对问题，这样就不会"滋养"烦恼，而会"滋养"我们自身。

● **意图解析**

鼓励学生充分表达自己的观点和看法，运用新出现的比喻去解决旧的问题，引导学生看到多种可能性，发现与情绪相处的多种方式。

灵光一闪

（一）情绪绘图

教师邀请学生绘制自己的情绪状态图。

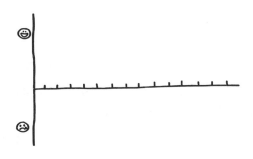

活动规则：

1.每人根据"现实"与"理想"绘制一幅情绪状态图。横轴为时间线，可以是一天，也可以是一个星期，甚至一年；纵轴代表情绪状态，中间是平静无波的状态，往两端走用力程度越高，如越向上越激动而开心，越向下越无力且伤心。

2.依据自己的理解绘制两条情绪线，红线代表现实中自己的状态，蓝线代表理想中自己的情绪状态。

3.组内交流，充分讨论观点，相互启发。

分享与讨论

请同学们来分享情绪状态图或者在讨论过程中自己的发现与思考。

生1：我发现自己的红线都在偏下的位置，蓝线则在偏上的位置，虽然形状差不多，不过位置一直有个间隔。

师：**看起来你好像希望自己的状态可以更喜悦一些。**

生1：是的。

师：**那你可以做些什么来让自己达到这一状态呢？**

生1：或许我可以通过跟朋友聊聊天，听听音乐，做做手工来达到。

生2：我们小组有3个同学的红线都是平的，不过有两个在横轴下，一个在横轴之上。

师：**关于这个发现，你们有什么思考？**

生2：可能是这阵子每天都是上课

写作业，偶尔下课休息一下，然后继续上课写作业，并没有什么特别激动的事情发生。但是，我们的蓝线是起伏不平的，高高低低，看起来有趣多了。

师：**这些高高低低的蓝线，可能发生的事是什么呢？**

生2：我们很期待学校可以举办有趣的活动，还有班级美食节……

生3：我的蓝线有画到横轴之下，因为我认为也有可能遇到失败或挫折，不过我并不害怕。

师：**我很好奇，你不害怕的屏障是什么？**

生3：我觉得最后还是会获得胜利

的，你看蓝线下一次就飙了很高。

生4：我们小组认为一条理想的蓝线是在横轴上，就像故事里的南郭

子綦一样，平静稳定。

生5：对，就像古诗说的"不以物喜，不以己悲"，很强大。

● 教师小结

同学们现在对"心如死灰"的思考更深刻了。是因为没有发生事情才导致稳定，还是因为稳定才不会被发生的事情所影响？这其实是两种不同的状态。第一种"稳定"因为未知，所以存在不同的可能性；第二种"稳定"因为知道很多，所以显得成熟一些。

● 意图解析

通过一个情绪状态图的练习，启发学生看到自己现实的和理想的情绪状态，鼓励学生表达自己的观点和看法。

（二）总结延伸

> **分享与讨论**
> 可能每个人对"心如死灰"还有不同的理解，这很正常，因为我们都在不停地思考和感受世界。上完这节课，你还有什么想要分享的吗？

生1：我觉得可以把"心如死灰"这种稳定当成一种目标，我们就会越来越厉害，不会被别人影响。

生2：其实，我之前也学过这个词，但是它的意思和今天讨论得很不一样，我觉得还可以把"心如死灰"当成一个要留心的地方，看到自己不开心的部分，可能就不会变成一块枯萎的木头，而是变成有生命力的大树。

师：那我们一起来看看开始的这张"纸巾"，或许它就代表生活中我们遇到的一些事件，我们还可以怎么去和这张纸巾相处呢？

生4：纸巾想要落下来就让它落下来，不要一直用力去吹。

师：嗯，接受它的状态。

生5：我想让纸巾保持在墙上，可以运用胶水、磁铁、喷水，不一

定要用吹的方式，让自己感觉不
舒服。

**师：嗯，每一件事情都至少会有三
种处理方式，我们要允许变化。**

生 6：如果只是喜欢吹纸这个游戏，
纸巾落下拿起来再吹就好了。

**师：嗯，重视过程的感受，而非结
果的成败。**

● **教师小结**

同学们，我们今天看似聊"心如死灰"故事，实际上我们讨论的是当我
们面临飘忽不定的情绪的时候，可以用一种怎样的态度去面对它。选择
用不同的方式，就会有不同的言行表现，也会衍生许多不同的故事。

● **意图解析**

邀请学生对这堂课的学习进行总结，补充和分享还未来得及表达的观
点，并结合暖身游戏"吹纸巾"进行阐述。

教学反思

本节课从讨论"心如死灰是不是好事"开始，引导学生思考情绪带给
生活与成长的影响，让学生在思辨"情绪状态"中去感知更偏爱鲜活还是
稳定的情绪状态；同时借用"隐喻"的方式，让学生改写比喻，用不同的
方式去描述心的状态，以此发现应对情绪的更多可能。

将心理健康教育课元素纳入儿童哲学团体探究中，可以丰富儿童哲学
团体探究的模式，同时兼容允许学生分享和尊重学生表达的原则，在自我
探究和团体分享中，找到更多关于人生的观点和态度。

"心如死灰"这个词语其实关乎人生观，在本节课中将其与情绪进行
链接，通过情绪的起伏来探讨，更符合学生的具体实情。但在导入游戏
"起风啦"中进行吹纸游戏，有可能会浪费太多时间，并且这个活动跟学
生肺活量相关，如果能简单化，或让更多学生在体验中多些成就感，可能
热身激趣的效果会更好。

附:《心如死灰》学习单

原典选读（略）　成语故事（略），见前文第 58 页。

任务一

讨论（1）你有和子綦类似的体验吗？后来这些情绪是怎样过去的？（2）你觉得心如死灰是好事吗？

_____

_____

_____

任务二

讨论（1）除了让自己的心像死灰，还可以让它像什么？（2）除了让自己心如死灰，你还有什么办法帮子綦解决他的烦恼？

_____

_____

_____

任务三

请绘制一幅自己的情绪状态图，并与小组成员分享你的观点和感受。

杯弓蛇影
——我们害怕的东西真实存在吗？

（许惠欣　厦门市同安区美林小学）

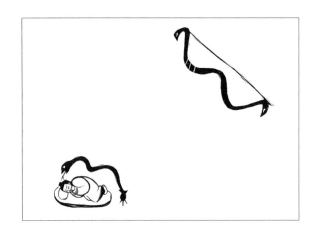

　　"杯弓蛇影"是一个成语，最早见于东汉应劭的《风俗通义·怪神》，又见于《晋书·乐广传》。故事讲的是县令应郴请朋友杜宣喝酒，墙上的挂弓映在酒杯里，杜宣把弓的倒影看作蛇，以为自己把蛇喝进肚子里，因此害怕得生了病。县令知道后，邀请杜宣到家里，在同样的情景下，向他验证杯子里是弓的倒影，不是蛇，杜宣的病也就好了。这个故事比喻有的人因为疑神疑鬼而妄自惊慌，也告诉我们在生活中无论遇到什么问题，不管害怕什么，都要通过调查研究去努力弄清事情的真相，求得正确解决的方法。儿童在成长过程中有害怕的东西是正常的，但如果长时间处于害怕情绪中会损害儿童的心理健康，影响儿童正常的学习生活，严重的话会导致精神紧张或产生躯体反应。通过《杯弓蛇影》成语故事探究，儿童能认识心理状态对身体健康的重要影响，辩证看待害怕情绪，遇到害怕的东西能懂得验证它是否真实存在，并尝试通过调整认知和情绪来维护身心健康。

课标依据

增强学生调控情绪的能力，引导学生学会恰当地、正确地体验并表达自己的情绪。

——《中小学心理健康教育指导纲要（2012 年修订）》

本课目标

（认知）知道害怕会给人们带去的影响。

（情绪）体验通过改变认知来调节害怕情绪的力量感。

（行为）遇到害怕的东西懂得验证它是否真实存在，并通过改变认知来应对害怕产生的消极影响。

儿童特征分析

在对小学高年级学生"害怕什么"的调查中，学生给出了很多答复，比如害怕具有攻击性的动物、害怕灾害带来的危险、害怕妖魔鬼怪、害怕关灯睡觉等，这些都是学生害怕心理的具体表现，加上这个年龄的学生对外界充满了好奇，有些学生看了恐怖书籍或者恐怖电影，导致他们对一些不存在的东西产生害怕情绪。

当意识到人身安全会受到威胁时，比如看到有攻击性的动物，人们感到害怕是正常的，也是必要的。但是如果对一些正常的、无害的刺激和事物感到害怕，过度想象，扩大其影响，长时间处于害怕情绪中会损害儿童的心理健康，影响儿童正常的学习生活，严重的话会导致精神紧张或产生躯体反应。

核心概念

害怕，是四种基本情绪之一，指一个人对某些事物或者情景产生的恐惧和焦虑的心理状态。

教学准备

教师准备：多媒体课件、《杯弓蛇影》故事及翻页笔、学习记录单、盲盒等。

学生准备：黑色水笔一支，积极参与、认真倾听、尊重他人。

探究启航

游戏互动

游戏：一摸盲盒

- **戏规则：**

（1）教师呈现一个盲盒，并暗示里面可能有一些普通的、神秘的、奇奇怪怪的东西。

（2）教师拿着盲盒走下去，让每个学生都摸一下，摸之前给自己的害怕值打分，最低分 0 分，最高分 10 分。

（3）每个学生都要伸手下去摸，但是摸完不能拿出来，也不能说出来，全班全程保持安静。

- **师生互动**

师：刚才要摸之前，你的害怕值是多少？为什么打这个分数？

生 1：9 分。因为我很害怕里面有小动物，万一手伸进去被咬了。

师：可是你又没有看到小动物，为什么这么害怕？

生 1：正是因为没有看到，自己猜测的，更容易越想越害怕。

师：谢谢你的分享，让我们明白了，对于未知的东西，如果加上自己的想象，更容易让自己陷入害怕中。

生 2：我的害怕值是 2 分，我以前抽过盲盒，里面有很多好玩的东西，所以我很期待。

师：所以你对这个盲盒的猜测是美好的东西，所以几乎不害怕，心里很期待，其他同学听完同学的分享，发现什么了吗？

生 3：同一个东西，每个人加以不同的想象，心情就完全不一样。

师：你总结得很到位。现在大家都摸完一遍盲盒了，如果老师请大家再摸一次这个盲盒，你会为自己的害怕值打几分？

生 1：我这次直接打 10 分，太可怕了，我刚才猜测里面有动物，我真的摸到一个毛茸茸的，而且好像会动，我刚才吓死了，赶紧伸出来。

师：你的体验感很深刻！这次的体验加重了你对里面有动物的猜测，

所以整个人很恐慌。

生 4：我原本是 8 分，摸完是 5 分。因为摸完，感觉里面应该是安全的。

师：近距离接触，你对害怕的东西更清楚了，害怕值反而下降了。同样一个触摸动作，为什么大家的害怕值会有这么大的不同呢？

生 5：我觉得是有的同学过度想象了，所以才会造成恐慌。

生 6：我觉得是有的同学胆子比较小，感觉比较敏感。

生 7：我觉得是每个人的猜测不一样。

● 教师总结揭题

盲盒体验引发了我们对害怕情绪的思考，大部分同学在摸之前都有害怕的感觉，这是我们对未知的恐惧，也是一种正常的心理状态，对未知的猜测和想象会产生不同的情绪体验。今天，老师想和大家分享一个成语故事《杯弓蛇影》，相信学习了这个故事后，大家对今天的盲盒体验会有更深的感悟。

● 意图解析

设计摸盲盒的体验，让学生现场产生对未知的猜测和不同的情绪体验，调动学生的积极性及课堂氛围，紧密贴近主题，再通过提问引发学生思考，初步了解学生的想法，并引出主题。

🦇 成语共读

教师借助多媒体设备介绍成语故事。

● 原典选读

予之祖父郴（chēn），为汲令。以夏至日诣见主簿杜宣，赐酒。时北壁上有悬赤弩，照于杯，形如蛇。宣畏恶之，然不敢不饮。其日，便得胸腹痛切，妨损饮食，大用羸露，攻治万端，不为愈。后郴因事过至宣家，窥视，问其变故，云："畏此蛇，蛇入腹中。"郴还听事，思惟良久，顾见悬弩，必是也。则使门下史将铃下侍徐扶辇载宣，于故处设酒，杯中故复有蛇，因谓宣："此壁上弩影耳，非有他怪。"宣遂解，甚夷怪，由是瘳平，官至尚书，历四郡，有威名焉。

——选自《晋书·乐广传》①

- **成语故事**

　　汉朝的时候，有一年夏至日，汲县（在今天河南省境内）的主簿杜宣到县令应郴（chēn）的官署里拜访，县令赐酒给他喝。当时北面的墙壁上有悬挂一张红色的弩，夏至日的阳光打在北面的墙壁上，让弩的影子正好倒映在杜宣的杯中，好像杯子里有一条蛇。杜宣以为杯里有蛇，既害怕又厌恶，但县令是他的上级领导，他不好意思不喝这杯酒，只能一口喝下肚里。当天回家后就感到胸痛、腹痛，什么都吃不下，整个身体都虚弱了下来。他找了多个医生、吃了许多种药，身体都不见好。

　　后来，县令正好来杜宣家找他有事，听说杜宣病了，就去探望他，问他是怎么病成这样的。杜宣说："那天在您家里喝酒，好像把一条蛇喝进肚子里啦……"

　　县令回到官署里，一边处理公务，一边脑子里还在想着杜宣的事，想了很久，抬头看到北面墙壁上挂着的红弩，一下子明白了："肯定是它的问题！"于是，县令让下属们用马车把杜宣载到家里来。因为杜宣是病人，受不了颠簸，下属们按县令的指示，扶着车，让马慢慢地走，终于把杜宣接来了。杜宣走进来一看，发现桌上像那天一样摆着酒，酒杯的位置也和那天一模一样。再仔细一瞧，发现杯子里依然有那条"蛇"。县令笑了，指着墙上的弩说："你看到的'蛇'，只是墙壁上弩的倒影罢了，不是什么奇怪的东西。"杜宣听了，心病一下就解开了，觉得十分平和喜悦，病也很快就好了。后来，杜宣的

---

① 应劭(撰)，王利器(校注) . 风俗通义校注[M] . 北京: 中华书局，2010: 388—390.

仕途十分顺利，一直当到尚书，还曾在四个郡担任过太守，有很好的名声。

（黄睿　译）

（一）呈现第一段故事内容

县令应郴赐酒给汲县的主簿杜宣喝。当时北面的墙壁上悬挂一张红色的弩，阳光打在墙面上，让弩的影子倒映在杜宣的杯中，好像一条蛇。

杜宣因为县令是其上级领导，且碍于众多客人的情面，硬着头皮把酒喝下。后来，这位叫杜宣的朋友没有说明原因就离开了。

> **分享与讨论**
> 为什么这位客人突然离开了？

生 8：他可能是临时有事。

生 9：我觉得他是喝了那杯酒之后，感觉身体不舒服，所以赶紧回家了。

师：如果是你，感觉杯中有小蛇，你还会喝下去吗？

生 9：我不会，我会直接倒掉。

生 10：可是现场那么多人，直接倒掉对主人不尊重！我会选择喝到嘴巴里，然后去厕所吐出来。

生 9：万一里面真的有蛇，你喝到嘴巴里，不恶心吗？

生 10：所以我马上去吐出来，不会吞到肚子里，这样既不会伤害主人也不会伤害自己呀。

生 9：我有新方法了，可以假装不小心弄倒了酒杯，酒洒出来了，就可以看到是否真的有蛇。这样既没

有喝下去，又不是故意把酒倒掉，不会显得没礼貌。

师：你的思考越来越全面了，既能保护自己，又能尊重主人。

生 11：我不会喝下去，我会选择倒在碗里看看是否真的有蛇。

生 12：我会用筷子下去搅拌下，看看是不是真的有蛇。

生 13：我会偷偷地拿给旁边的人帮我验证，也顺便看看他的酒杯里是不是也有蛇。

生 14：我会用幽默的语气问主人："我们今天喝的可是加了大补食材'蛇'的好酒？"

师：你的幽默法赢得全班的欢笑声，这是社交的一种好方法，老师也要向你学习。大家发现了吗？刚才这

么多同学都在想办法验证什么？

全班齐声：有没有蛇！

师： 是的，大家都很努力地在想办法验证酒杯里到底有没有蛇，那这位客人没有像大家一样选择当下验证，反而喝完就回去了，主人也觉得很奇怪，那他到底回去做什么呢？我们一起来看看。

（二）呈现第二段故事内容

过了好几天，县令应郴找杜宣有事，才知道这位朋友已经病了好几天了，而且病得很厉害。县令就问他是怎么病成这样的。

刚开始这位朋友支支吾吾什么也不说，后来在县令的再三追问下，这位朋友才说出实情："那天你盛情招待我，我突然发现我的酒杯里有一条蛇。我当时感到很害怕，也觉得很恶心，但还是喝了那杯酒。回到家里以后，我感到全身都不舒服，总觉得肚子里有一条小蛇。就这样，我一病不起了。"

> **分享与讨论**
>
> （1）为什么这位客人会病得这么严重？
>
> （2）你有过类似的经历吗？当时发生了什么？你是怎么做的？

生 15：他以为自己真的把蛇喝下去了，心里很害怕，产生了心理负担导致身体真的出问题。

师：心理问题真的会影响身体健康吗？为什么？

生 15：会啊，因为心里一直想这件事情，整天心惊胆战的，心情不好、脑袋一直想，要炸了，吃不下饭，睡不着觉，自然就会影响到身体健康了。

师： 你说得很形象，好像你亲身经历过。你有过类似的经历吗？

生 15：有啊。有一次回老家，爷爷泡了一杯茶给我喝，那是我第一次喝茶，喝到一半，我才看茶杯里好像有一条一条黑黑的，还没反应过来，整杯都被我喝下去了，我嘴巴感觉好像有一条什么东西吞下去，我以为自己吃了虫子，那天晚上一直想，感觉肚子有点不舒服，整个晚上都没怎么睡着。

师： 你的经历不就是真人现实版

的"杯弓蛇影"吗？你后来生病了吗？

生 15：没有，隔天睡醒我就跑去和爷爷说了，爷爷和我说茶杯中那黑黑的是茶叶，不是虫子。

师：你相信那是茶叶吗？

生 15：相信，因为爷爷又泡了一杯茶给我看，真的是茶叶。所以我就不害怕了，也没有再想这件事了。

师：你及时弄清楚真相，因此没有影响身体和心理健康，为你点赞！其他同学呢？你们有过类似的经历吗？

生 16：我有一次去野外玩的时候，踩到了一个蚂蚁堆，我低头一看，鞋子上有几只蚂蚁，吓死我了，我怀疑蚂蚁爬到我鞋子里面了，我就脱鞋下来狂拍一顿。后来我就继续玩了，但总感觉有很多蚂蚁爬到我的鞋子里，所以我心里一直担心，那天玩得不怎么开心，也总感觉脚痒痒的。

师：后来脚真的受伤了吗？

生 16：没有，回到家后，我就用肥皂洗脚，拿出鞋子非常非常仔细地检查有没有蚂蚁，发现一只蚂蚁都没有，所以我就放心了，感觉脚也不痒了。

师：不需要涂药，脚就好了？

生 16：因为检查完，我知道是我自己的心理作用导致的，以为自己被蚂蚁咬了，所以才觉得脚痒。

师：你的自我觉察能力不错哦。

生 17：我也有过这种经历，有一次回老家，老家比较脏，我去翻一间废弃的房间的旧柜子，找到了一些钱，我就很开心地拿去给爸爸，爸爸说不能去乱翻，有些东西不能碰的，万一有脏东西缠着我，说得很神秘可怕，我有点害怕，几天之后，我就真的发烧生病了。

师：你觉得自己为什么会生病呢？

生 17：我之前觉得是那天翻柜子，有些细菌病毒进入我身体。但是今天上这节课，我觉得也可能是我那几天有点担心害怕，心理作用导致的。感觉这两个都有可能导致我生病。

师：同学们，为什么前面两个同学没生病，他生病了呢？

生 16：因为我们两个最后都有验证自己担心害怕的事情是不是真的存在，验证不存在之后我们就没有再胡思乱想了，但是他没有。

师：说得有道理，从中你们领悟到什么吗？

生 16：遇到害怕的东西或事情，我们一定要查清楚、看清楚，验证它是否真的存在，如果自己一直乱想，就会有心理负担，会越想越害怕，也有可能会生病。调查清楚，我们就不会乱猜测，也就不会害怕了。

生18：有时候我们害怕、担心的东西其实不存在的，都是我们自己猜测，所以不用害怕。

生19：可是如果调查之后，发现害怕的东西真的存在呢，怎么办？

师：这个问题提得好，这就考验我们怎么面对害怕了，后续我们再一起来讨论这个问题。我们现在先来看一下县令应郴知道这件事后，是怎么处理的。

（三）呈现第三段故事内容

县令应郴回到官署里，思前想后终于明白这位朋友所说的蛇一定是倒映在酒杯中的弓影。于是，他再次把杜宣请到家中，像那天一样摆上酒墙上弩的影子又映入杯中，宛如一条游动的小蛇，惊得朋友目瞪口呆。这时，县令应郴指着墙上挂着的弩，说："你看到的'蛇'，只是墙上弩的倒影罢了，不是什么奇怪的东西。"杜宣疑窦顿开，压在心上的石头被搬掉，病也随之而愈。

> **分享与讨论**
> 他的病是怎么治好的？你从中得到什么启发？

生20：县令治好了他的病，因为县令带他去验证了他喝下去的酒里没有蛇，他就放心了。心情好了，身体就好了。

师：正所谓"心病还需心药医"。

生20：我想起了以前我们上过的一节课，我们的想法会决定我们的心情。他认为自己喝的酒里有蛇，所以很害怕和担心，后来发现那是弓的倒影后，他的想法就改变了，认为自己喝下去的是酒，所以心情就变好了。

师：老师太感动了，你竟然还联想到我们之前的课，说明你上课很认真哦！调整情绪的一个好方法，就是改变我们的想法。

生21：但是要让他改变想法，就要去调查清楚，让他相信，他才能改变想法啊。

- **教师小结**

你补充得很好! 如果发现内心的害怕情绪已经影响到生活和健康了,我们就应该及时调查清楚,把未知变成已知,看清楚其真面目,可以降低我们的害怕。如果实在不知道怎么办,也可以寻求专业人士,比如心理老师、心理咨询师等,帮助我们解开心结。

- **意图解析**

由于故事篇幅较长且比较有结构,因此采用渐入式故事呈现法将成语故事分段呈现,让学生慢慢地融入故事中,体验主人公的情绪、情感。设置问题引导学生一步步思考和分享,搜集、倾听学生对于恐惧的不同看法并一一进行回应,抓取较为独特的问题进行回应,运用澄清、释义等心理辅导、咨询技术,帮助学生调整对于害怕的认知。

心灵激荡

游戏:二摸盲盒

1. 教师把盲盒里的东西一一拿出来,让学生看清楚,然后再放进去。

2. 让学生再摸一遍,摸之前为自己的害怕值打分。

3. 摸完不要拿出来,安静地感受摸盲盒的心理感觉。

> **分享与讨论**
>
> (1) 三次的害怕值发生了什么变化?
>
> (2) 这次摸盲盒的感觉和第一次有什么不同?

生 22: 我的害怕值从 10 分降到 0 分。我之前以为里面有小动物,担心会被咬。看完后发现那个毛茸茸的东西竟然是一只兔子玩偶,所以一点都不害怕了。

师: 你觉得今天的体验给了你什么启发?

生 22: 不要自己乱猜测,自己吓自己,要弄清楚。

生 23: 我也是 0 分了。第一次摸的时候有点害怕，这次摸的时候很开心，很想把它们拿出来。

生 24：我第一次摸很期待，第二次很失望，因为没有我喜欢的玩具。

师：你的想法影响到心情了，怎么办呢？

生 24：自我安慰一下，反正就算有喜欢的玩具，也没办法带回家。

师：脑袋转得很快哦！其他同学呢？你们的害怕值发生了什么变化呢？

生 25：第一次 8 分，第二次 4 分，第三次 0 分。

师：你的害怕是怎么一次次减弱的呢？

生 25：第一次很害怕，害怕里面有尖锐的东西，会刮到手。摸了一次后，感觉里面没有尖锐的东西，但是有毛茸茸的，所以还有一点点害怕。老师展示给我们看完，完全知道里面是什么了，一点也不害怕。

师：未知的东西在心中越来越清晰了，所以害怕值就慢慢降下来了。

生 26：这次的盲盒体验让我想到我自己，我怕野生动物。

师：为什么怕野生动物？

生 26：因为我怕被它们咬。特别是那些野生的，不是圈养的，他们没有绑着，而且性情不稳定。

师：你有被动物咬过吗？

生 26：没有。

师：那么为什么害怕他们？

生 26：平时看新闻，被动物咬到可能会受伤很严重甚至死亡。尤其是最近看到很多孩子被狗咬到，看了觉得很可怕。

师：老师和你一样，最近看到这些新闻之后就更害怕狗了，每次看到狗总觉得它是不是要过来咬我了，我非常能理解你的这种感受。外界传言会加深我们的害怕，你回想一下，如果给你的害怕值打分，你会怎么打分？

生 26：以前是 5 分，看了这些新闻后就变 9 分，现在大概 6 分。

师：为什么现在害怕分值没那么高了？

生 26：因为我去查资料，了解动物的习性和遇到这些动物时我们可以怎么做才能保护自己。

师：查了这些资料，为什么能降低这种恐惧感，能具体说说吗？

生 26：了解动物的生活习性之后，我感觉它们其实也是一种生命存活在这个世界上，它们和人一样，这就拉近了我和它们之间的距离。而且动物的一些生活习性很可爱，了解完就觉得它们其实也没那么可怕。还有，了解完它们的习性，我就知道它们在什么情况下会攻击别人。这点很重要，我以后遇到动物，不去触碰它们的愤怒点，可以尽量避免被它们攻击。这样想，我就感觉自己对动物有了一定的掌控感，就没那么害怕了。

师：哇，你的观点非常有意思，而且思维逻辑很清楚，帮我们从另一个角度看待害怕。我也从你的分享中学会怎么面对害怕。刚才，你还说到会去查资料，学习遇到这些动物时要怎么保护自己，能具体分享下吗？

生 26：比如我每次遇到狗狗，我就很害怕，后来我就去了解遇到狗狗攻击时我可以怎么做。看完后，我还会想象下次如果遇到狗狗冲过来，我应该怎么做，一步步想象，知道了应对方式，我感觉就没那么害怕了。

师：也就是有了保护自己的方法，心里就有安全感了？

生 26：对，就是这种感觉。

师：所以主动学习、掌握保护自己的方法，可以缓解我们内心的害怕。

生 27：但是我觉得害怕动物，我们就不会去接近它们，这样也可以减少自己被它们伤害的概率，也是保护自己的一种方法啊。

师：所以你觉得害怕本身也可以起到保护我们的作用。这是一种辩证的思维方式，谢谢你，给我们开启了一个新的思维方式。其他同学呢？你们觉得害怕一定要克服吗？**

生 28：如果能克服就克服，克服不了也没关系，我觉得害怕有时会让我们做事情更小心。比如我们害怕被车撞，所以我们在走路时就会更小心，不是也挺好的吗？

师：很高兴你们能辩证地看待，害怕有它存在的价值。

生 27：盲盒可以验证里面的东西是什么，但是我害怕鬼，我要怎么验证是不是真的有鬼呢？

师：鬼真的存在吗？

生 28：这个世界没有鬼，那些都是人编的鬼故事。

生 27：可是我真的有遇到！有一次我回老家，半夜做噩梦，我就跑到妈妈房间，我刚一进去，我妈就大喊一声："有鬼啊！"我吓得全身都软了，我妈说她看到我身后有个影子，那个影子很瘦，肯定不是我，我这么胖，所以肯定是鬼啊！从此，我晚上都不敢起来了！

师：你有亲眼见到鬼了吗？

生 27：没有，是我妈看到的。

师：同学们，他的这个经历和"杯弓蛇影"的故事有点像哦。他的妈妈说看到一个影子，觉得是鬼，从此他晚上就不敢起来。你们有什么看法吗？

生28：我觉得他妈妈看到的可能就是他的影子，我不相信这个世界上有鬼，我相信科学。

生27：我觉得说不定是真的，科学的尽头就是玄学啊！

生28：你妈妈是否说过鬼的样子呢？

生27：没有，就说了一个影子。

生28：只是一个影子怎么能证实她看到的是鬼呢？每个人的影子在不同光影下，胖瘦是不一样的，你妈妈看到的可能就是你的影子。

师：这位同学的分享引起了老师的回忆，我以前在散步的时候，人离路灯不同距离、不同方向时，我的影子的长短、胖瘦都不一样。

生28：对，你妈妈看到的影子可能是你的，也有可能是你经过时旁边某个物品闪过的影子。我自己也遇到过这种情况，有一次我走出家门，突然有个影子闪过去，我以为是鬼，吓得狂跑。后来，我仔细观察门口，发现有个柜子，在我开门时，如果有阳光照射进来，我一转身就会有影子。所以我那天看到的是影子，不是鬼。

师：你通过现场观察，验证自己害怕的东西并不存在。你从他的经历

中，有得到什么启发吗？

生27：我原本是认为世界上没有鬼的，自从我妈看到影子的那个晚上开始，我就觉得有鬼，到了晚上就很害怕，我觉得我下次回老家也可以现场验证一下。

师：除了回老家现场验证，还有什么方法能帮助他面对害怕呢？

生29：我觉得他今晚回去就可以在灯光下做个小实验，观察身体距离灯光不同、方向不同，人的影子是否会发生变化。

师：这个建议很好，更快、更方便。那么你今晚回去做做这个小实验，明天过来和大家分享你的发现吧。

生26：我还有一种方法，就是我刚才说的查找资料，我除了怕野生动物，以前也怕鬼和妖怪，那是因为之前看过恐怖电影。后来我查找了资料，发现我们很多时候看到的"鬼"其实是一种错觉，或者是一种光影的变化。所以我现在不怕了，因为它们并不存在。

师：从大家对这个问题的探讨，我们发现了，我们害怕的东西不一定存在，或许是不存在的东西。我们没必要如此害怕。

● **教师小结**

我们的生活中存在很多未知的东西，对未知的东西产生害怕的情绪是正常的。但是我们可以调查清楚，把未知变成已知，降低内心的猜测和质疑，这样害怕的感觉也会慢慢减少。

- **意图解析**

在第二次的摸盲盒体验并打分中，盲盒里面的东西全部呈现在学生眼前，消除了他们的猜测。通过三次分值的变化，学生体验到通过探究真相可以减少我们内心对未知的害怕。

🔆 灵光一闪

教师邀请学生分享：上完这节课，你对"我们害怕的东西真实存在吗"有什么新的看法或观点？

生 25：我觉得我们害怕的东西有些是真实存在的，有些是不存在的，是我们自己胡思乱想造成了害怕。但是我们可以经过调查，验证害怕的东西是否存在，如果不存在，调查清楚后，可以消除内心的害怕。

生 26：如果我们害怕的东西真的存在于这个世界上，比如刚才说的"害怕被动物咬"，我觉得可以寻找自我保护的方法，提高自己的安全感。有时候我们还可以自己想象那个害怕的画面，模拟一下自己遇到那个害怕的东西时如何应付，心里熟悉了那个画面，以后遇到就不容易慌，内心也不会那么害怕。

- **教师小结**

今天，我们一起讨论了这么多关于"害怕"的内容，老师很开心，大家能放开自我进行思维碰撞，产生了这么多有意思的想法。害怕的东西是否存在，我们可以努力调查清楚，消除内心的猜疑。如果是不存在的，我们或许可以慢慢缓解内心对它的害怕；如果是真实存在的，我们也可以想办法保护自己，增强内心的安全感。同时，害怕是人类的基本情绪，它可以帮助我们提高防卫意识，起到保护我们的作用。

● **意图解析**

邀请学生上台进行总结和分享，目的是想要了解经过一节课的讨论后，他们形成了哪些新的观点或者更加认同哪些自己原有的观点。同时，这样的总结和分享还能起到收尾和升华的作用。

教学反思

1. 要为学生呈现整个故事的背景，如果只呈现原典和成语故事，学生的理解不够透彻，思维就容易被限制住。

2. 我这次采用两种上课模式，第一种是当班级学生对这个成语故事已经很熟悉的情况下，我就直接展示原典和成语故事，展示完再进行探讨。第二种是在班级学生对这个成语故事不了解的情况下，我将故事内容进行分段展示。两种模式对比下来，我感觉第二种模式更能将学生带入故事的情境中，分段式呈现、渐进式讨论、沉浸式体验，从而促成深度思考和学习。

3. 本节课当学生能够辩证地看待害怕情绪、学会验证害怕的东西是否存在、寻找保护自己的方法时，学生的害怕情绪自然就会减少，这三个要点我们借助故事的内容来引导他们讨论，最终也要回归学生的生活。所以，在课上一定不能只讨论故事的内容，要引导学生将思路迁移到生活经验中。

4. 本次用盲盒体验串联整节课，采用心理课"体验"和"活动"的教学理念。当学生有了身体上的真实体验，认知上就会产生深度思考。活动促体验，体验促思考，亲身体验加深了他们对成语故事的思考，培养了他们的哲学思辨能力。

附：《杯弓蛇影》学习单

原典选读（略）　成语故事（略），见前文第 71—73 页。

任务一

请你把摸盲盒的害怕值根据老师的要求填写在下面的横线上。

害怕值 1：＿＿＿＿＿＿＿＿＿＿＿＿＿

害怕值 2：＿＿＿＿＿＿＿＿＿＿＿＿＿

害怕值 3：＿＿＿＿＿＿＿＿＿＿＿＿＿

三次数值的变化，给你带来什么启发？

＿＿＿＿＿＿＿＿＿＿＿＿＿＿＿＿＿＿＿＿＿

＿＿＿＿＿＿＿＿＿＿＿＿＿＿＿＿＿＿＿＿＿

＿＿＿＿＿＿＿＿＿＿＿＿＿＿＿＿＿＿＿＿＿

任务二

小组分享与讨论：（1）为什么这位客人会病得这么严重？（2）你有过类似的经历吗？当时发生了什么？你是怎么做的？

把你的想法写在下面的横线上。

我的想法：

＿＿＿＿＿＿＿＿＿＿＿＿＿＿＿＿＿＿＿＿＿

＿＿＿＿＿＿＿＿＿＿＿＿＿＿＿＿＿＿＿＿＿

＿＿＿＿＿＿＿＿＿＿＿＿＿＿＿＿＿＿＿＿＿

任务三

　　我们害怕的东西真实存在吗？上完这节课，你对此有什么新想法？请写在下面的横线上。

_____

_____

_____

生命教育

樗栎庸材
可不可以做个只对自己有用的人？

朝生暮死

——活多久才"够久"?

（苏淑玲　厦门市集美区曾营小学）

　　蜉蝣是最原始的有翅昆虫，成虫寿命极短，不会进食，一般只活几小时至数天，所以有"朝生暮死"的说法。古人常常用蜉蝣来寄托对于时光流逝的叹息。然而，生命的价值不止于它的长度，蜉蝣们用自己稍纵即逝的生命完成了一生中最精彩的起舞。小学阶段是认知发展的一个关键期，高年级学生的情感力、思维力逐渐发展和丰富，培养学生对生命的积极情感，学会欣赏和感受生命的美好是很有必要的。通过《朝生暮死》成语故事探究，帮助学生发现生命的意义在于不断地追求自己的梦想和价值，同时为他人带来幸福和快乐。我们每个人都应该找到自己真正热爱的事情，为之努力奋斗，并把爱无私地奉献给那些需要我们的人。

课标依据

培育学生珍视生命的心理品质。

——《全面加强和改进新时代学生心理健康工作专项行动计划
（2023—2025 年）》

本课目标

（认知）知道生命的意义是多维的，感知生命需要充满爱，理解生命的意义。

（情绪）帮助学生体验生活中的美好，激发热爱生命的积极情感，树立正确的
价值观。

（行为）在今后的学习生活中多角度探索对自己来说真正重要且有意义的事
情，并为之规划努力，活出自己的人生。

儿童特征分析

小学阶段是认知发展的关键期，高年级学生由于生活经验不足，存在遭遇挫
折时容易失去信心的现象，还有学生对生命缺乏探索和理解，时常处于无聊、
迷茫的状态，难以发现生命的意义。此时，培养学生对生命的积极情感，学
会欣赏和感受生命的美好是很有必要的。

核心概念

生命教育是帮助学生认识生命、珍惜生命、尊重生命、热爱生命，提高生存
技能和生命质量的教育活动。生命教育是以"生命"为核心开展的，不仅与
孩子的世界观、价值观、人生观的树立密切相关，也包含着如何理解生命过
程，如何处理与周围事物、环境之间的关系，如何悦纳自我等重要课题，是
一门系统的学问，其意义在于让人明白如何使用学到的知识更好地生活。

教学准备

教师准备：《朝生暮死》多媒体课件及翻页笔，学习记录单，绘本故事《蜉蝣
的一生》《活了 100 万次的猫》等。

学生准备：黑色水笔一支，积极参与、认真倾听、尊重他人。

探究启航

☾ 游戏互动

游戏：脑筋急转弯

● **游戏规则**

题目：地球上谁活得最久，猩猩、人类、乌龟和大树？

答案：地球。

● **教师过渡揭题**

要好好爱护我们的地球。但活多久才算"够久"？今天让我们一起来聊聊成语《朝生暮死》。

● **意图解析**

通过脑筋急转弯迅速破冰。从活得最久开始，引入活得短暂的"朝生暮死"，帮助学生快速进入课堂。

☀ 成语共读

教师借助多媒体设备介绍成语故事。

● **原典选读**

朝菌不知晦朔，蟪蛄不知春秋。

——《庄子·内篇·逍遥游》①

鹤寿千岁，以极其游；蜉蝣朝生而暮死，尽其乐。

——《淮南子·说林训》②

● **成语故事**

有一种叫蜉（fú）蝣（yóu）的昆虫，虽然幼虫可以在水里静静

---

① 方勇(评注) . 庄子[M] . 北京: 商务印书馆, 2018: 4.
② 刘安, 陈广忠(译注) . 淮南子[M] . 北京: 中华书局, 2023: 1018.

地生长很久，但变成成虫后的寿命特别短，有的只活了一个白天就死去了。如果你问这只只活了一个白天的蜉蝣"你更喜欢白天还是夜晚"，它一定很困惑，因为它不知道什么是夜晚，也不会理解"白天"的概念，因为对它来说太阳一辈子都是照在头顶的。又有一种叫蟪（huì）蛄（gū）的蝉，成虫只能活三个月左右。你要是问这只只活了三个月的蟪蛄"你更喜欢一年中的哪个季节"，它一定也很难回答你，因为它一辈子都生活在同一个季节里，自然不知道"四季变化"是什么意思。那么，"朝生暮死"的蜉蝣会不会觉得自己生命太短暂呢？能活五六十年的仙鹤又会不会觉得自己的生命过于漫长呢？

（黄睿　改编）

分享与讨论
"蜉蝣"记者会

师：其实，"朝生暮死"这个词汇是蜉蝣的代名词。蜉蝣是最原始的有翅昆虫，它的一生需要经历卵、稚虫、亚成虫和成虫四个阶段。稚虫在水里可以待上1—3年的时间，但成虫寿命极短，羽化之后不会进食，一般只活几小时，最多不会超过7天。如果"寿命"两字在昆虫中是指成虫生活的天数而言，那么蜉蝣是昆虫中最短命的，可以说是朝生暮死。

师：如果今天这只小蜉蝣来班级开一场记者会，你会想问它什么

问题？

生1：明知羽化会死，为什么要羽化？

生2：如果不羽化会怎样？

生3：如果不当蜉蝣，你想当什么？

生4：你会羡慕活得比你长的生物吗？

生5：生命有什么意义？

生6：你对生命有遗憾吗？累吗？

生7：那一天你都在做什么？

生8：你最想做的事情是什么？

生9：这一天的意义是什么？

师：同学们在刚才的"头脑风暴"

中，从意义、遗憾、动机等多方面对小蜉蝣进行提问，你想回答哪个问题？

生 10：我知道蜉蝣羽化后的一天都在做什么。它们在不停地交配、繁衍。

师：由于蜉蝣弱小，天敌极多，为了繁衍后代，蜉蝣采取了以多取胜的方法，它们借用"飞婚"这种形式，让这个物种在地球上延续了至少两亿年。

生 11：或许这就是这一天的意义，尽情释放，然后繁衍后代。

师：蜉蝣延续生命的方式是繁衍，那我们人类呢？

生 12：人类也是啊，通过生孩子让生命延续。

生 13：器官捐献，也是让生命延续的一种方式。我看过一个故事，有人去世后无偿捐献眼角膜，然后获得捐赠的另一个人得以看到这个世界。

生 14：古代的名家名人，他们都已经作古，但是其诗歌和著作一直被传颂着。

生 15：我们国家建设发展中的很多无名烈士，他们把生的希望给了战友、小孩，这也是一种延续。

师：是啊，在我们人类世界中，除了基因的延续，精神的传承也是让生命常青的方式。同学们已经回答了关于"意义"这个部分的提问，关于这些"提问"还有人想说些什么吗？

生 16：我很佩服蜉蝣，它明知道羽化之后就是走向死亡，却还是选择了羽化。

生 17：如果我是还没羽化的蜉蝣，蛰伏在水里两三年了，我一定也会很期待飞翔的感觉。

师：是的，羽化之后，蜉蝣转变了生命形态，对它而言也是新鲜的改变。

生 18：我认为，蜉蝣不会羡慕活得长的生物，因为它们只看到了自己的生活，时间太短，看不到别人的生活，自然不会羡慕。

生 19：它们对生命的认识是很少的，因为只有一天的时间，看不到太多世界。

师：蜉蝣的生命确实很短暂。在《蜉蝣的一生》这个小绘本里，两个小男孩遇见了它，很怜惜，为了帮助蜉蝣充实地度过剩下的时间，陪它去做了很多有意思的事情，直到它的生命结束。

（教师出示绘本图片。）

师：如果你是这只蜉蝣，你对哥哥弟弟安排的这一天满意吗？如果是你，又会怎么去帮助蜉蝣过最后的生命呢？

生20：我不止带它玩水、放风筝，还会带它来上学。

生21：我想带蜉蝣去博物馆里走走，博物馆里有很丰富的历史资讯。

生22：我想教它上网，了解各种有趣的事情。

生23：我想把我的秘密跟它说，这样就不用担心别人会知道了。

生24：蜉蝣的一生只在那片河里头，我会带它去旁边的草地、树林走走，看看不一样的世界。

生25：我哪里都不会带它去，它看了世界或许会觉现在过得不好，会不开心，就不能继续原来的生活了。

生26：也有可能它看完世界，还是会回来完成它的使命啊。

师：的确，每一种改变都会引发不同的变化。

师：假如你的生命只有最后一天，你想做什么？

生27：我要打游戏打到爽，谁都不能阻止我。

生28：我会在家里，跟家人一起待着。

生29：我想去剪个头发，让自己更帅一点地过最后一天。

● **教师小结**

或许生命的长度可以为我们提供更多机会去探索更多的可能性，但认真过好每一天才是最充实、最有意义的事情。接下来，我们通过一个绘本故事分小组进行练习和分享。

● **意图解析**

真正的儿童哲学活动，要触及儿童的内心，直抵儿童的现实生活。本环节设置"蜉蝣记者会"，用游戏的形式让学生对"朝生暮死的小虫子"提出问题，再借由学生的回答去探索答案。同时，通过绘本故事《蜉蝣的一生》引入如何帮助蜉蝣充实度过剩下的时间，再由人及己地说出自己想如何度过生命的最后一天，此时，学生对充实意义的理解会和自己的生命发生交互反应，辐射到现实生活中。

💗 心灵激荡

生命故事会：《活了100万次的猫》

1. 欣赏绘本故事。

2. 以小组为单位，针对问题，把自己或成员的观点写在记录单上。

3. 组内交流，充分讨论观点，相互启发。

> **分享与讨论**
>
> （1）为什么虎斑猫不在乎死亡？
>
> （2）虎斑猫最后一世为什么再没有醒来？
>
> （3）你想成为哪一世的猫？

师：怕死是本能，为什么虎斑猫不在乎死亡？

生1：因为虎斑猫活着的时候并不快乐。

生2：反正死了还会活过来。

生3：因为猫并不喜欢它的主人们，它没有感觉到生命的价值和意义。

师：你觉得国王、水手、魔术师等这些主人喜欢这只虎斑猫吗？

生4：我认为他们都很爱虎斑猫，因为猫死了以后，他们都哭得很伤心。

生5：我认为他们虽然喜欢虎斑猫，但更多是把它当成自己的玩具、宠物，猫没有自由和权利，所以它不快乐。

生6：是啊，他们都以为自己很爱它，但是并没有真正理解这只猫想要什么，所以猫不在乎死亡。

师：能具体说说吗？

生6：猫不喜欢打仗，国王总是爱打仗，他还带猫出去打仗导致猫死了，国王不是好主人，他不顾猫的感受。

师：如果你是国王，你会怎么对待虎斑猫？

生6：我会让它待在皇宫里，让它在大花园里自由溜达。

生7：我认为这只猫不知道活着做什么，前几世都是别人的猫，它不知道生命的意义。

师：虎斑猫最后一世为什么再没有醒来？

生8：我认为这一世猫很自由，它是自己的主人，它真正活过来了，所以就可以坦然接受死亡。

师：你认为，认真地活能帮助我们更好地接受死亡这件事。

生9：因为虎斑猫遇见了白猫，它们一起生活，一起养育下一代，它找到了生命的价值和意义了。

师：你认为虎斑猫找到的生命的意义是什么？

生9：爱自己，做自己的猫很自由；然后是爱白猫，它们照顾彼此；最后还有爱小猫，它让小猫各自成为自己的猫。

师：生命的价值在于爱己和爱人。

生10：我看到虎斑猫哭泣的时候很悲伤，它一定很爱白猫。

生11：我认为虎斑猫不应该追随白猫去死，它还有许多小猫要抚养，这样有点不负责任。

师：你认为虎斑猫应该怎么做？

生11：它可以哭，但是哭完以后，还是要勇敢地活下去。

师：你们想成为哪一世的猫？

生12：我想成为遇见白猫之前的猫，不用哭，还可以无数次重生。

师：故事中的猫似乎并没有感觉到快乐，我很好奇你这么选择的原因是什么？

生12：每一次重生就有了新的经历。如果是我，快乐并不是最重要的追求，活得很久，可以有很多的经验和收获。

师：生命的长度本身就是一种价值，因为可以体验到无数的变化。

生13：我想当国王的猫。虽然结局是死亡，但是它被供养在金色的笼子里，感觉特别尊贵。

师：你喜欢这个感觉？要不要试一下？

（邀请学生13和另外两个学生代表上台，两个学生代表两手握住举高当笼子，另外两手握住放在学生前面当笼子的门。）

师：现在，你是最尊贵的国王的猫。感觉怎么样？

生13：和想象中有点不一样。

师：现在，笼子走到哪里，你就得跟到哪里，感觉怎么样？

生13：有些想走出笼子试看。

师：试试看。

（两位学生代表略做阻挡，学生13挣脱出笼子。）

生 13：现在觉得，好像当自己也挺好。

生 14：我想当最后一世的猫，它遇见了爱，组建了家庭，这样很幸福。

- **教师小结**

刚刚大家说到了，或许我们可以选择多一些积极和勇敢，去强大自己、去面对问题，这样就不会"滋养"烦恼，而是"滋养"我们自身。

- **意图解析**

借助绘本故事《活了 100 万次的猫》，引入"活得很久"来与"朝生暮死"对比，产生认知上的冲突，在这样的冲突下设置问题，并用互动问答的形式让学生更好地理解、体会生命的内涵。

灵光一闪

教师拿出两把椅子，一把椅子代表蜉蝣，一把椅子代表虎斑猫。请学生自由上台，依次选择椅子，并说明选择这个角色的理由。

选择蜉蝣：

生 1：活得好的前提是先有兴趣地"活下去"，蜉蝣虽然活得短暂但有意义。

生 2：单调的重复不如放肆地活着。

生 3：生命短暂，痛苦也短暂。痛苦 10000 次太惨了。我选蜉蝣。

选择虎斑猫：

生 4：虽然虎斑猫的前 10000 次都活得不开心，但它的确经历很丰富的人生。

生 5：虎斑猫遇见了白猫，有了自己的家庭，度过了幸福的一生。

生 6：最后一世的虎斑猫很自由，想去哪里就去哪里，它属于自己。

师：感谢同学们勇敢地说出自己的声音，不管你选择哪一项，也许都在告诉大家你重视的是什么，也许是自由，也许是价值感，也许是情感……

师：上完这节课，你对"朝生暮死"有什么样的看法或观点？

生 1：并不是活得越长就越有意义，哪怕只有一天生命，只要拼命飞翔就很值得。

生2：我认为朝生暮死形容的这种短暂的生活很勇敢，我们的生命比小蜉蝣都长，更应该用心去体会每个时刻。

生3：要是可以把每一天都当成"朝生暮死"，我们一定会更珍惜彼此相守的时光。

● **教师小结**

这个想法特别棒，通过小蜉蝣和虎斑猫的故事，同学们现在对"朝生暮死"思考得更深刻了。希望同学们能够把每一个今天当成新的一天，睡前原谅一切，醒来即重生，用心地拥抱此刻，体验生活。

● **意图解析**

将蜉蝣和虎斑猫的故事结合起来，以戏剧的方式让学生通过演绎加深对讨论主题的认识和理解；再请学生说出对于生命内涵的看法，不仅包含了生命的长度，还包含了深度和广度。由此，学生通过"朝生暮死"的探索，间接达成了对生命内涵的探索。

教学反思

本节课试图运用心理技术和教育戏剧表达的形式进行儿童哲学讨论。教育戏剧在课堂中可以帮助学生通过想象来步入蜉蝣和猫的角色，探索复杂的问题、想法和感受。学生们在教育戏剧中沉浸体验，或许能经历故事里最深刻的部分，进而产生深刻的感受和思考。这些感受和思考可以迁移、应用到现实生活中，帮助他们最大限度地从生命历程中学习；他们在蜉蝣和猫的故事中思考并感受，可以帮助他们体验"生命"这一意义深远的概念，促进他们形成自身生命维度上的个性化、社会化、情感、智力和身体的发展。[1]

① 杨阳.以戏剧促进心灵成长——应用戏剧在心理健康教育中的运用实践手册[M].长春:长春出版社,2016:109.

　　将教育戏剧融入儿童哲学团体探究，既可以在以"讨论"为主的授课形式中娱乐益智，又可以调动肢体解放身心。在扮演蜉蝣和虎斑猫的过程中，学生的合作联结更强，一方面在生命教育主题内容上增加了更多的互动；另一方面增强了角色意识，明确了角色定位，提高了学生的沟通和表达能力，使其学会在演绎的过程中换位思考，提升人际交往能力。

　　除此之外，儿童哲学未必仅针对单一文本进行团体探究。引入《活了100万次的猫》绘本，与《蜉蝣的一生》故事共同组成本节课的一体两面。《蜉蝣的一生》和《活了100万次的猫》，它们的生命一短一长，两个极端，对比鲜明，从短与长两个方向来探讨"朝生暮死"这个成语。学生通过不断地表达，去叩问自己对生命的看法，加深他们对于生命的理解。

　　授课后，有两个方面值得反思：第一，表演并不是教育戏剧的最终目的，利用戏剧的元素进行一系列活动，帮助学生走近探究故事、理解探究故事、融入探究故事是非常重要的。这一过程一定是教师和学生一起在探究和演绎中创造出来的，并非教师预先设定的。第二，在刺激物的选择上还需要精简，特别是当引入新的刺激物作为原有刺激物的补充时。后续，可以将两个绘本酌情删减，只选取部分作为课堂内容。比如，在《活了100万次的猫》这一绘本中，保留虎斑猫活着的100万次及其扮演的诸多角色，否则学生了解刺激物已经需要一些时间，以提问和讨论的方式理解刺激物又需要占用一部分时间，最终课堂教授时间过多，会占用学生更贴近自我的表达和体验的时间。

附：《朝生暮死》学习单

原典选读（略）　成语故事（略），见前文第 88—89 页。

任务一
　　蜉蝣记者会

　　　　（1）你想问小蜉蝣什么问题？
　　　　_____

　　　　（2）你会如何帮助蜉蝣度过生命的最后时光呢？
　　　　_____

任务二
　　生命故事会：《活了 100 万次的猫》

　　　　（1）为什么虎斑猫不在乎死亡？
　　　　_____

　　　　（2）虎斑猫最后一世为什么再没有醒来？
　　　　_____

　　　　（3）你想成为哪一世的猫？
　　　　_____

任务三
　　你选择成为谁？为什么？

　　　　_____

　　　　_____

薪火相传

——生命的意义在哪里？

（郑羽轩　厦门市新翔小学）

　　火苗、树枝与灰烬展开对出生和死亡的探讨，在一来一回的对话中，谁也不知道自己到底是什么时候出生，又在什么时候消亡。这个故事似乎意味着：生命对每个人来说都是无常与不确定的。生命虽然无常，但每个人的生命都与周遭的人、事、物紧密依存，找到并实现生命意义可以帮助人在无常的生命历程中获得确定感。在小学阶段，由于学习和成绩充斥在学生的主要生活中，加之其生活常常被大人掌控和规划，导致他们感受不到生命的意义。通过《薪火相传》成语故事探究，儿童发现生活中的很多小事，一点一滴彰显着自己生命的意义与价值；立足这些点滴小事，可以让自己的生命更有确定性和掌控感。

课标依据

培育学生珍视生命的心理品质。

——《全面加强和改进新时代学生心理健康工作专项行动计划
（2023—2025 年）》

本课目标

（认知）认识到生命的起始和消亡虽不能自己掌控，但能把握生命的过程及其
意义。

（情绪）体会生命的历程和意义掌握在自己手中的确定感。

（行为）学会思辨生命的意义，并立足小事实现生命的价值和意义。

儿童特征分析

社会高速运转下，价值取向日趋多元，学生的生命教育问题日益凸显。学生
欠缺对生命现象和生命发生发展规律的认知，很难真正意识到生命的唯一性
和不可逆转性，导致一部分学生对生命的终结——死亡概念模糊，或缺乏对
死亡应有的畏惧感，或表现得漠不关心。[1]

小学阶段的学生正处在认知发展的初级阶段，思维能力和接受能力也正在启
蒙和孕育中，对其进行生命教育依赖于教师教育的主导作用，因此这一阶段
的生命教育应重在"培育生命情感"，培养学生对生命的认识与理解。要让学
生认识到自我生命的独特性和有限性，引发学生对自身生命的认知和思考。[2]

核心概念

生命意义在弗兰克的意义疗法中是这样被阐述的：人对意义的寻求是其生命
的初级动机，而不是本能驱力的二次合理化。只有这个意义实现时，个人追
寻生命意义的愿望才能够得到满足。人们可以用三种不同的方式来发现生命
的意义：（1）进行某项工作或从事某种职业；（2）体验某种事情或面对某个
人；（3）在忍受不可避免的苦难时采取某种态度。[3]

教学准备

教师准备：多媒体课件、《薪火相传》故事、学习单等。

学生准备：黑色水笔一支，积极参与、认真倾听、尊重他人。

① 杜裕川. 小学生命教育的现实困境与突破路径探究[J]. 新智慧, 2023(19)：56—58.

② 张晓伟. 大中小学生命教育内容一体化研究[D]. 南宁：广西大学, 2023.

③ [美] 维克多·E. 弗兰克尔. 活出生命的意义[M]. 吕娜, 译. 北京：华夏出版社, 2018: 180—204.

探究启航

游戏互动

游戏：生日排序

- **游戏规则**

（1）以列为单位进行阳历生日（月、日）排序，由小到大。

（2）排序过程中不能发出声音，发出声音即认定失败（每组一位监督员）。

（3）看哪组排得又快又准。

教师确认学生了解规则后组织活动。

- **教师总结揭题**

我们都很清楚地知道自己的生日，但是今天故事里的主人公却对自己的生日日期犯了难，好像不知道自己的生日在什么时候。发生了什么呢？让我们一起来看看《薪火相传》的故事吧。

- **意图解析**

设计"生日排序"这一游戏，提高学生的课堂参与度，再通过"有人不知道自己的生日"，引起他们的好奇心，调动学生阅读故事、参与课堂的兴趣，以此顺利衔接故事，开始阅读。

成语共读

教师借助多媒体设备介绍成语故事。

- **原典选读**

指穷于为薪。火，传也，不知其尽也。

——《庄子·内篇·养生主》①

---

① 方勇(评注).庄子[M].北京：商务印书馆，2018: 54.

● 成语故事

那是一年冬季里最冷的一天。干完农活，人们纷纷躲进屋里，围在火堆边烤火。火焰中散发出的温暖让笑容重新回到了大人小孩的脸上。他们在火上烤着地瓜、玉米，聊着白天发生的有趣的事。

火堆旁，被人们砍下来准备当柴火烧的一根根干树枝在做着自我介绍。

——我叫桃树枝，我的生日是十一月一日，因为我是那一天从桃树上被砍下来带到这里的。

——我叫李树枝，我的生日是十一月二日，因为我是那一天从李树上被砍下来带到这里的。

——我叫枣树枝，我的生日是十一月三日，因为我是那一天从枣树上被砍下来带到这里的。

……

树枝们一起抬头看着火苗，问：你呢，你是哪一天出生的？

火苗听了，稍微扑闪了一下，呼出一阵热气，问：什么叫出生？

桃树枝解释说：出生，就是你的生命开始的那一天。在那一天之前，你是不存在的。

过了一会儿，火苗缓缓地说：那这么说的话，我大概……没有生日。来这里之前，我是隔壁邻居家煮饭用的火。有一天你们家主人要生火，需要一点火种，就带一根柴到邻居家，我在那根柴上烧啊烧，不知不觉就被带来这里了。从此以后我就一直燃烧着，为这家人取暖、做饭。

桃树枝笑着说：每个人都有生日，你一定也有。你再想想，邻居家煮饭的火是怎么来的？

火苗说：两个月前，秋天最干燥的那一天，山上燃起了巨大的山火，当时漫山遍野烧着的都是我。后来山火向四面八方蔓延开，变成了我的许多兄弟姐妹。它们现在还在烧吗？它们烧到哪里了？我也不知道。我只知道有一天邻居家想要生火，就去山上找了一根还在燃烧的树枝带回家。那就是我。

李树枝问：可是，山火又是怎么烧起来的？

火苗又扑闪了一下，呼出一长串热气。过了一会儿，它慢慢地说：对不起，我不记得了。时间过得越久，过去的事情就越模糊。我想在那以前，也许我还在什么地方燃烧过。也许在蜡烛上燃烧过，也许在火把上燃烧过。有些地方是大海边，也有些地方是大城市。可惜，我脑海里现在只有模模糊糊的印象，我也说不出究竟是怎么一回事了。至于我还不存在的时候是什么样……我怎么会知道呢？

这时，李树枝突然陷入了沉思。想了一会儿，它对火苗说：可是，漫山遍野的山火，肯定也点燃了一些别的东西吧？也许有另一个农民从山火中取了一根树枝回家做菜、烤火、点蜡烛？也许看守长城的士兵拿山火点燃了烽火？也许富人拿去点燃了家里的油灯？

火苗说：有可能。

李树枝问：那，你跟那些火是什么关系？它们是你吗？

火苗说：我……我不知道。我觉得它们是我，因为我们曾经是同一片山火。但我觉得它们也不是我，因为现在我不知道它们在哪，也不知道它们怎么样了，它们有它们自己的生命了。

突然，火苗反问树枝：你说生日就是你的生命开始的那一天，在那之前你不存在。可是你们从大树上被砍下来之前，那棵树不是你吗？你还在树上的时候，结出过那么多果子，那些果子被鸟儿和人类播撒到别的山上，长出新的桃树、李树、梨树，它们不是你吗？那时候你们不存在吗？

树枝们陷入了沉思。它们想起自己曾经是一棵大树，这棵大树又是从一颗种子长出来的。种子先前长在另一棵大树的果子里，而另一棵大树长在一个它们也想不起来的地方了。

枣树枝说：你这个问题我们答不上来。不过，我们可以想一个比较简单的问题。虽然你说不出你的生命是哪一天开始的，但我们每个人都知道生命是哪一天结束的。对于我们树枝来说，就是被烧成灰烬的那一天。对于你们火来说，就是熄灭的那一天。在那一天之后，你肯定就不存在了。

火苗说：可是，如果我死了，我发过的光，发过的热，也都不存在了吗？被我烧熟的菜，小孩子吃到美味饭菜的笑容也不存在了吗？被我温暖的房屋里，人们的欢声笑语也不存在了吗？

树枝们都回答不上来：我们谁都没死过，谁都不知道死了之后是什么样。不如我们问问死过了的同伴吧！

大家一起看了一眼火苗下方，那里有昨天被烧光的上一批树枝留下的灰烬。树枝们一起大声喊灰烬，想吸引它的注意力：灰烬！灰烬！你好呀！能听见我们说话吗？

灰烬轻飘飘的，被风一吹就飘起来一点，用轻飘飘的声音说：你们好，我叫灰烬，我可以当肥料用呢！

树枝们齐声问：你还记得你昨天是树枝吗？

灰烬飘起来绕了一圈，仿佛在摇头：不记得，不记得。我叫灰烬，我可以当肥料用。肥料是个好东西，它可以让小小的种子长成大树呢！

火苗想了一会，对树枝们说：那，如果你们变成了灰烬，灰烬变成了肥料，肥料中长出了桃树、李树、枣树，那……　　（黄睿　改编）

分享与讨论

（1）为什么火苗说自己没有生日？

（2）火苗死了后会变成什么？

生1：因为火苗不知道自己是什么时候出现的。

师：你觉得火苗有生日吗？

生1：有，它出现的那一天就是它的生日，只是它不记得了而已。

生2：我觉得火苗没有生日，因为它可以是任何物质，不过是这些物质被点燃了，产生了火苗而已，火苗只是这些物质的另一种形态。

师：火苗在意它的生日吗？

生3：不在意，它之前都不知道生日是什么。

生4：火苗在意的是它能给别人带来什么，比如文中那段话："被我烧熟的菜，小孩子吃到美味饭菜的笑容也不存在了吗？被我温暖的房屋里，人们的欢声笑语也不存在了吗？"

师：在这段话中，你感受到的火苗的心情是什么样的？

生4：它很自豪，觉得自己很有价值。

师：我可以这么理解吗？只要自己有价值，什么时候出生，其实并不重要。

生4：我认为是的。

师：为什么树枝会这么在意生日是哪一天呢？

生5：树枝生日的这一天，其实是它有自己独立意识的时候，它成为一个个体，不再依附在大树上，所以对它来说很重要。

师：所以当树枝成为一个个体的时候，生命只属于它自己吗？

生6：不是的，它曾经是种子，变成大树，又变成树枝，它们之间有联结。

师：你认为这些树枝是怎么看待这种联结的？

生6：树枝似乎也没什么感觉，它只记得它是树枝。

生7：老师，我认为树枝此时的生命只属于它自己，就像灰烬并不记得之前自己是什么，它们感受到的就只是现在的自己，这个生命如果以后又变成别的，也就是另一个生命了。

师：你似乎更在意的是，生命个体在当下的感受。

生7：是的，我认为认真感受当下是最重要的。就像火苗更在意的是它在每一个地方做的事情是什么，它会认真做好它应该做的事情，不考虑它在什么地方，不考虑生日，也不考虑死亡。

生8：生7给了我很大的启发，其实人的生命就是根据之前的人生经验，不断地做新的尝试和挑战，运用之前的经验，解决当下的事情，又获得新的经验，成为一个更新迭代的我，又继续感受当下、学习经验、运用经验。

师：这样看，生命是一直在改变的，什么时候出生并不重要，重要的是我做了什么，有没有过好当下这一时刻。比如我今天快不快乐，是否完成我该做的事情，等等。

生9：老师，我想到一个词，"出生"和"初生"。"出生"是我们被生下来的时候，而"初生"是我们做了一些有意义的事情，或者说我有独立的意识，对自己的生命有了一些思考和感悟的时候。

师：哇，你的思考太美妙了，让我想到了人经历磨难，并能勇敢解决之后，可以称之为"新生"，生命可以在我们的不断成长中变得多姿多彩。你的"初生"是什么时候呢？

生9：我感觉还没达到那个境界，不过有很多厉害的人，我感觉他们的成就就像"初生"一样，比如袁隆平爷爷研究出超级杂交水稻的时候。

师：嗯，生命不止于当下做的事情和感受，还可以努力为社会做出我们的一点贡献。同学们，我们探讨了生命的起始和过程后，想问大家第二个问题：你认为火苗死了后会变成什么？

生10：会变成灰烬，灰烬变成肥料，肥料再滋养种子，种子长成大树，大树长出树枝，树枝又可以燃烧出火苗。老师，这是一个循环。

师：是呀，以各种各样的形态，发挥各种各样的作用，认真地活着。所以这样看，生命似乎没有终结的时候呀！把握过程、感受当下更重要。

生11：老师，您的话让我想到，我们都会生老病死，生命的过程中也可能遭遇突发意外或者疾病。我们应该在活着的时候好好孝顺父母、认真读书、和好朋友玩、多吃点好吃的、多做自己想做的事情。

师：我特别认同你的观点，我们应该像你说的一样，认真过好每一天。

生12：我也很认可刚才同学说的话。同时，我想到一句话："星星之火，可以燎原"，我觉得火苗熄灭，会变成星火。它即使熄灭，还是可以发挥光和热，和别的物质结合，继续燃起新的火苗。所以即使我们消亡，也许我们做过的事情也在影响着别人。

师：从你的话语中，我感受到了火苗生生不息的生命力！有没有谁的生命历程让你同样感知到这样的生命力呢？

生 12：残奥会中的那些运动员，还有苏炳添！他很厉害，是第一个站上奥运会男子百米决赛的中国运动员！

生 13：张桂梅，她在大山里教书，带领大山里的女孩子一个一个走出了大山，让她们有更好的生活，我还看过这个电影，她的这种坚持和无私也是生命力的体现。

- **教师小结**

从同学们的话语中，我感受到了火苗生生不息的生命力！我们发现，生命的起始和终结很难被人们所掌控，我们能把握和改变的是我们生命的历程，小到每一天我快不快乐，每一天想做的事情完成得如何，大到我们可以为社会做出贡献，就像火苗发挥着它的光和热一般。

- **意图解析**

先引导学生一起探讨火苗的生日，层层深入去思考世间物质的起始和消亡，发现不管是出生还是死亡，都不是人们可以完全掌控的，我们更能够把握住的是生命的历程，应该充分地利用和感受每一天，感受生命的美好，以此引发学生对于生命的思考和珍惜。

心灵激荡

1. 以小组为单位，针对问题，把自己或成员的观点写在记录单上。

2. 组内交流，充分讨论观点，相互启发。

> **分享与讨论**
>
> （1）"薪火相传"，传递的是什么呢？
>
> （2）我要如何把握生命的过程，做到"薪火相传"呢？

师："薪火相传"，传递的是什么呢？

生 1：我认为这个成语本身讲的是可燃物之间的传递，让火能够一直燃烧。而这个成语寓意传递的是一种精神。

师：可以具体说说传递的是什么精神吗？

生 2：比如说 3 月我们刚学习的雷锋精神，虽然雷锋死了，但他的精神一直影响着现在的人们，要像他一样乐于助人、无私奉献。

生 3：老师，我们组想到为国家独立研制"两弹一星"做出贡献的科学家们，他们热爱祖国、艰苦奋斗的精神影响着一代又一代的航天人和祖国的科研人员，也让我们明白只有学会创新，造出属于自己的东西，才不会被人欺辱。

生 4：周恩来总理提出的"为中华之崛起而读书"，也是一种薪火相传，让我们知道要用功读书、报效祖国。

生 5：我有一个朋友，虽然她没有这些伟人做的事情那么厉害，但我觉得她好像也在做着"薪火相传"的事情。她从小在农村长大，偶尔会有一些城里人到农村去游玩，她总能感受到城里人对于农村人那种若有似无的嫌弃、瞧不起，于是她去城里读书后，总会跟同学们宣传农村人的朴实、农村的好处，希望大家不要歧视，希望获得平等的感觉。

师：她做的事情看起来没有那么高大上，但我能感受到你朋友的努力，这也是她自己小小世界里的一种"薪火相传"，一种勇敢，特别棒。

同学们，我们要如何做才能更好地把握生命的历程呢？

生 6：作为一个学生，现阶段的任务是学习，我应该努力地在学校储备知识，等到未来应用这些知识，做对社会有贡献的事情。

师：老师相信你一定能很好地运用知识的。

生 7：我想如果我每天坚持练习弹钢琴，是不是有一天也能像郎朗那样走出国门，成为国家的骄傲，这就是把握和感受生命的过程。

师：如果未来你没有达到自己的预期，会不会认为生命被浪费了？

生 7：不会的，只要我尽力了，做到什么样我都能认可自己。

师：老师为你骄傲，祝你成功。

生 8：有任务就认真完成，有不好的情绪就勇敢释放，只要不打扰别人，想打游戏就把游戏打好。

师：哈哈，老师感觉到你是个洒脱的人。是的，遇到消极情绪，每

个人都有能量去克服的，我们学过很多方法，大家都可以课下探讨起来。

生 9：多陪伴家人，特别是爷爷奶奶，他们年纪大了，我要把握好能与他们相处的时光，少惹爸妈生气。

师：真是个孝顺的好孩子呀！

- **教师小结**

老师听到了大家对于"薪火相传"的独到见解，感受到了大家内在的生命力、各自的想法和追求。"薪火相传"传的是精神、是智慧，是一种代代相传的使命和责任。柴火可能有烧完的那一天，但它们化为火种，总有再次燃烧的一天，将永远地点亮光明。

- **意图解析**

通过对成语"薪火相传"中"传"字的挖掘和思考，迁引到生活中我们应该专注于当下，比如关注"我"的情绪、任务、家人等，把这些小事一点点做好，慢慢地向榜样学习，做对社会有贡献的事情，活出生命的精彩。

灵光一闪

教师布置课后任务：请学生在课后做一件事，能感受到生命和生命价值的事。也许是跑 100 米，也许是练一次琴，也许是为自己的未来做个规划，等等。完成后，请学生写在学习单上。

教学反思

读到这个故事的时候，我惊喜万分，黄老师把"薪火相传"这一成语，用故事的形式演绎得淋漓尽致，让人读得津津有味，同时不断思考生命的意义。在上这堂课前，我不断地思考应该设立一个什么样的目标，应该让学生从这堂课中收获什么。在和学生共同探讨的过程中，我发现小学生对于生命的思考并没有那么深奥，他们知道"珍爱生命"，但却不知道如何去做，所以课堂中最能打动他们的是发现生命的起始和消亡并不能被人们所掌控，我们不能决定什么时候来到世上，无法预知在生活的过程中何时会遭遇意外和疾病，何时会失去我们的生命，所以我们要做的是把握当下，从小事出发，比如自己支配和控制每一天的心情、任务、想做的事情、兴趣爱好等。我们只有努力做好当下的事，才能慢慢地学会更多的技能，懂得更多的道理，感悟生命更深层的奥义，学着去为社会做出自己的贡献。

本课通过《薪火相传》故事的引入，让学生探讨火苗、树枝、灰烬的生日和消亡。接着通过讨论让学生对未来有憧憬、有目标，更加珍惜当下，珍爱生命。

附：《薪火相传》学习单

原典选读（略）　成语故事（略），见前文第 100—103 页。

任务一

　　请你围绕这则故事思考以下两个问题，可以将你的想法记录下来。

　　　　（1）为什么火苗说自己没有生日？

　　　　_____

　　　　_____

　　　　_____

　　　　（2）火苗死了后会变成什么？

　　　　_____

　　　　_____

　　　　_____

任务二

　　请记录这节课后，你做的让自己感到有生命价值的事。

　　_____

　　_____

　　_____

樗栎庸材
——可不可以做个只对自己有用的人？

（林跃发　厦门五缘实验学校）

　　匠石在齐国看到一棵樗栎树，觉得它长得弯弯曲曲，不适合做家具，于是问道："这树长成这样有什么用呢？"而庄子通过这个故事表达了"无用之用"的哲学思想，即看似无用的东西，实际上可能有其特殊的价值。这个故事似乎在告诉我们：人虽然没有明显的才能或用处，但可能在某些特定情况下不可替代。在传统教育中，很多学生从小就被要求树立远大的社会理想和价值，即要做对他人、对社会有用的人。随着年龄增长，这样的外部要求逐渐内化为学生对自己的要求。但每个人对他人和社会的贡献程度都有所不同，其产生的价值也有差别。当学生发现自己达不到预期时，就会产生心理冲突，进而引起一定的心理困扰。通过《樗栎庸材》成语故事探究，学生能意识到有时候不必追求对外界的贡献，做个仅对自己有用的人也可以，进而降低学生的心理冲突，减少学生的心理困扰。

课标依据

帮助学生建立正确的角色意识，培育学生对不同社会角色的适应。
　　　　——《中小学心理健康教育指导纲要（2012年修订）》
培育学生珍视生命的心理品质。
　　　　——《全面加强和改进新时代学生心理健康工作专项行动计划（2023—2025年）》

本课目标

（认知）知道自己对于"有用"和"没用"的判断。
（情绪）体会"对他人有用"和"对自己有用"产生的不同价值感和理智感。
（行为）学会辩证思考"有用"和"没用"对个人的意义。

儿童特征分析

作为人格重要组成部分的自我价值是经过漫长的成长过程不断发展完善起来的。根据自我价值的发展阶段理论，自我价值在儿童早期刚刚开始发展，在儿童期和青春期基本形成。[1] 由此可见，小学阶段是自我价值发展和形成的重要时期，在此阶段对儿童进行恰当引导，对其自我价值的形成、自我价值感的提升至关重要。以往研究表明，自我价值发展形成的最重要来源是他人的评价和反馈[2]，因此通过教学让学生合理看待他人的评价，学会辩证思考"有用"和"没用"对个人的意义，是提升学生自我价值感的重要途径。

核心概念

自我价值是指个人生活和社会活动中，自我对社会做出贡献，而后社会和他人对我们的一种肯定关系，其对个体的情绪、认知、意志都有积极影响，对心理的健康发展起保护作用。

教学准备

教师准备：多媒体课件、玩具鸭、鼠标、签字笔、纸巾、《樗栎庸材》故事及翻页笔、学习记录单（每人一张）、海报纸（每组一张）、记号笔若干。
学生准备：黑色水笔一支，积极参与、认真倾听、尊重他人。

[1]　覃崚. 城乡寄宿制与非寄宿制小学生自我价值感、时间管理倾向现状与学业成绩的关系研究[D]. 西南大学, 2020.
[2]　黄希庭, 杨雄. 青年学生自我价值感量表的编制[J]. 心理科学, 1998(4)：289-292+382.

探究启航

游戏互动

游戏:谁最有用

● **游戏规则**

(1)教师呈现四样物品:玩具鸭、鼠标、签字笔、纸巾。

(2)学生投票选出最有用的物品,每人只能投 1 票,并给出理由。

● **师生互动**

师:你们认为什么最有用?理由是什么?

生 1:纸巾,生活中很多地方都需要用到纸巾,特别是在疫情来临的时候,如果没有纸巾,很容易交叉感染。

生 2:但是纸巾用一次就不能用了,我认为签字笔最有用,它可以用来记录东西,如果没有它我们很容易遗忘一些事。

生 3:我觉得鼠标最有用,有了它我们玩电脑会更顺畅,而且基本不会坏。

生 4:鼠标也会坏的,我爸爸买了一个鼠标就被我弟弟压坏了。

师:那你觉得什么最有用呢?

生 4:我觉得是签字笔,因为它让我们记录东西变得更方便。

● **教师总结揭题**

在刚才的讨论中,大家觉得鼠标是有用的,但是可能会被压坏;笔也是有用的,但是可能会用到没水;纸巾也是有用的,但是用完一次可能就不能再用了。到目前为止,玩具鸭没有被用过,因为没人觉得它是有用的。我们今天要分享的故事和这只鸭子有点类似,我们就带着这份神秘感一起读完这个故事再感受。

● **意图解析**

设计与"樗栎庸材"这则故事相关的游戏,拉近学生与教师的距离,同时教师可以倾听学生对"有用"和"没用"的初步理解，为后续回应学生的分享做好准备。

在这里可以发现，预设中理应受学生欢迎的玩具鸭子却不被学生青睐，这可能说明学生在事物是否有用的判断中，更多以其是否能为他人做出贡献为标准，而忽略了其带来的情绪价值。最后教师出示课题、揭示主题，为后续授课做铺垫。

🐌 成语共读

教师借助多媒体设备介绍成语故事。

● 原典选读

匠石之齐，至于曲辕，见栎社树。其大蔽牛，絜之百围；其高临山，十仞而后有枝；其可以为舟者，旁十数。观者如市，匠伯不顾，遂行不辍。弟子厌观之，走及匠石，曰："自吾执斧斤以随夫子，未尝见材如此其美也。先生不肯视，行不辍，何邪？"曰："已矣，勿言之矣！散木也，以为舟则沉，以为棺椁则速腐，以为器则速毁，以为门户则液樠，以为柱则蠹（dù），是不材之木也。无所可用，故能若是之寿。"

匠石归，栎社见梦曰："女将恶乎比予哉？若将比予于文木邪？夫柤梨橘柚果蓏之属，实熟则剥，剥则辱；大枝折，小枝泄。此以其能苦其生者也，故不终其天年而中道夭，自掊击于世俗者也。物莫不若是。且予求无所可用久矣，几死，乃今得之，为予大用。使予也而有用，且得有此大也邪？且也若与予也皆物也，奈何哉其相物也？而几死之散人，又恶知散木！"

——《庄子·内篇·人世间》[1]

---

[1]　方勇(评注).庄子[M].北京：商务印书馆，2018：73—74.

● 成语故事

有个名叫石的木匠到齐国去，到了曲辕这个地方，看见有棵被称为社神的栎树。这棵树大到可以供几千头牛遮阴，树干有百尺粗，树身高达山头，好几丈以上才生枝，可以造船的枝干就有十几枝，观赏的人像集市里一样多，可是匠伯不瞧一眼，停也不停就直往前走。他的徒弟却看了个够，然后赶上匠伯问道："自从我拿了斧头跟随先生以来，还没有看见过这么好的木材，先生不看一眼，就直往前走，是为什么呢？"匠伯回答说："算了吧！不要再说了，那是没用的散木，用它做船则船要沉，用它做棺材则很快就会腐烂，用它做器具则很快就会折毁，用它做门户则会流脂，用它做房柱则会遭虫蛀。这是不能做材料的树，正因为它没有用处，所以才能有这么长的寿命。"匠石回到家，夜里梦见栎社树对他说："你要把我比作什么呢？把我同那纹理匀称的树木相比吗？那山楂树、梨树、橘树、柚树以及瓜果之类植物，果实熟了就要被采落，采落就要被扭折，大枝被折断，小枝被扭下来，这都是由于它们的才能害苦了自己的一生，不能享尽天年就中途夭折，这都是自己招来的世俗的打击。一切事物没有不遵循这样的规律的。我追求做到无所可用的地步已经很久了，几乎被砍死，到现在我才保全了自己，这正是我的大用。假若我有用，还能长得这么大吗！而且你和我都是物，为什么要互相看可用不可用呢？你是几乎要死的散人，又怎么知道散木呢？"

（黄睿 译）

分享与讨论

你们赞同大树的话吗？你们觉得有用是好事，没用是坏事吗？

生1：有一些很聪明的人，如果不把他的聪明才智用在为国做贡献，反而去做一些坏事，这时候他的聪明就是坏事，因为没有用对地方。

师：他用他的聪明去做坏事，你认为这是有用的，但是却是坏事。

生2：没用有时候也是好事，就像树一样，它自己一个人活着，虽然别人觉得这是没用的，但是它自己心里觉得这是很好的事。

师：你觉得这样对它来说就够了吗？

生2：对，因为它可以一直活着，不会被砍掉。

生3：没用也是个坏处，它的朋友、伙伴全部被砍了，就它一个活着，这样的活法没有意义。

师：你觉得活得太孤单是不好的。

生3：对，如果它被砍掉了，还能去天堂见兄弟姐妹，现在它太孤单了。

生4：每件事情都有两面性，所以有用可以是好事也可以是坏事，比如核武器，如果拥有者是追求和平的国家，那这是好事，如果给一些侵略性强的国家，这就是坏事，因为它会去攻占其他国家，会造成不好的影响。

师：所以你觉得事物的好坏取决于使用的人。

生5：没用有时候是好事，比如流感时期待在家里就不容易被传染，不会危及生命，但是出去就会有生命危险。

师：你认为"宅在家"这个看似没用的行为实际上大有用处，因为可以保护我们的生命安全。

生6：我们小组的观点是，有用和没用都是好的，有用的话可以为国家做贡献，但是自己可能会牺牲一些东西，没用的话可以给自己增添幸福，但是你对国家没有贡献。

生7：没用是坏的，假如你不会一些防身技巧，遇到火灾不知道如何应对，可能会直接被烧死。

师：你认为不懂防灾的知识是没用的，其他同学怎么看，你觉得学哪些东西会让你成为有用的人，哪些东西不会？

生8：学军事知识，在打仗的时候可以为国争光，让老百姓免于受苦，这是有用的。

生9：学习一些前沿的科学知识，像科学家一样，探索人类还没发现的东西，这是有用的。

生10：我们认为有用分两种，一种是对自己有用，一种是对大家有用。

师：你做了一个区分，有用分两种：一种是为了自己，一种是为了大家。你觉得大树属于哪种？

生 10：有一部分为了自己的生命，可以让自己活得更久；一部分是为了大家，因为它可以创造文旅价值。

生 11：没用的人只会靠社会福利生存，不会对社会做出贡献；有用的人不仅能够自己独立生活，在自己有多余的钱和时间的时候也会为社会做贡献。

师：前面同学提到，像你说的依靠社会福利，不对社会做贡献，这样的生命是没有意义的，你是什么观点？

生 11：我认为每个人活在这个世界上总有一些意义，只是个人理解不同。

师：想象有这么一个人，每天很辛苦地为社会做贡献，而且做出的贡献非常大，但是他的生活很差，他一分钱都不敢多花，想要留给其他人，而且他不休息，他觉得休息就是没有帮到大家，你觉得这个人的生命有意义吗？

生 12：他的生命是有意义的，尽管他在不断压迫自己，但也是为了帮助大家。

师：如果他是被迫的呢？

生 12：如果是被迫的，那他会过得很不快乐，这样就是没有意义的。

- **教师小结**

从大家的讨论中我学到了很多，第一个是"有用"和"没用"都有可能是好事和坏事，这取决于谁来用、怎样来用，也就是说怎么用比有没有用更重要；第二个是没有一个人是完全没用的，因为人的创造力是无限的，也许你现在觉得自己没用了，但是将来可能就有用了。接下来我们补充一个和刚才不一样的故事，看看大家的理解和观点会不会有变化。

- **意图解析**

在阅读成语故事后，抛出问题链接学生的生活经验，启发学生思考"有用"和"没用"的好处及坏处。搜集、倾听学生对"有用"和"没用"好坏的看法，对"有用"和"没用"充分激荡，在脑力激荡中明晰自己的价值判断和价值选择。

🥤 心灵激荡

1. 阅读一篇古文并翻译。

2. 结合古文，组内交流，充分讨论观点，相互启发。

> **分享与讨论**
>
> （1）为什么不能叫的鹅被杀掉了？
>
> （2）如果你是庄子，会怎么回答弟子的这个问题？

● 原文

夫子出于山，舍于故人之家。故人喜，命竖子杀雁而烹之。竖子请曰："其一能鸣，其一不能鸣，请奚杀？"主人曰："杀不能鸣者。"明日，弟子问于庄子曰："昨日山中之木，以不材得终其天年；今主人之雁，以不材死。先生将何处？"

——《庄子·山木》①

● 译文

庄子出了山，来到县邑，住在老朋友的家里。老朋友很高兴，准备酒肉，叫童仆杀一只鹅款待他。童仆请示道："一只鹅会叫，一只鹅不会叫，请问杀哪只？"主人说："杀那只不会叫的。"第二天，弟子向庄子问道："昨天山里的树因为不成材而得以终其天年，现在这位主人的鹅却因为不成材而被杀死，先生您将在成材与不成材这两者间处于哪一边呢？"

（黄睿 译）

师：可以结合这则故事来说说看，为什么在这个故事里不能叫的鹅被杀掉了？

生1：因为不能叫的那只鹅是没用的，主人想把有用的留下来，没用的杀掉，吃的时候不管它能不能叫。

---

① 方勇（评注）. 庄子[M]. 北京：商务印书馆, 2018: 246—247.

师：为什么鹅要会叫才有用？

生1：当有坏人来的时候，鹅能够发出叫声预警，可以看家护院。

师：如果你们是庄子，会怎么回答弟子的问题？

生2：因为那棵大树没有被别人养，所有人都没有损失什么，所以可以活很久，而那只鹅不会贡献，主人还要损失粮食去喂它，主人才会把它杀掉。

师：很有趣，你觉得它们是处在不同情形之下，大树是自己养自己，鹅是要别人养它。

生2：大树是被土壤养的，大树和鹅都是被控制住的，大树是被土，鹅是被人，控制者不一样。土一般是没有生命的，人类是有生命的，不会叫的鹅可能不健康，会叫的本领大，可以留下来看家护院。

生3：这棵树没有用，所以没有人砍；鹅不会叫，对主人来说没有用，才会被杀掉。

生4：树不好的话，用来做家具会被投诉；鹅不会叫，但肉好吃，不会被投诉。

师：大家的讨论让我想到一个很深刻的问题，大家都认为鹅和大树是不一样的：树没有人养着，它没有用也没关系；鹅被人养着还没有任何作用，就会觉得这是不好的，就会被杀掉。所以你们觉得要做一个有用的人还是做没用的人呢？

生5：我觉得我们要尽量去做一个有用的人，为社会做贡献，如果不能做到的话，也要自己养自己，不去拖累别人。

师：根据你的观点，要争取为社会做贡献，如果做不到，也不要去拖累别人。

生6：我也觉得要做个有用的人，但是不能太委屈自己，不能像刚才老师提到的例子一样，一点都不享受。

师：做个有用的人，但是也不能一味付出，让自己太委屈。

● **教师小结**

刚刚大家说到了，我们要尽量去做一个有用的人，为社会做贡献，在做不到的情况下，也要做到自给自足，不去连累别人。

● **意图解析**

呈现另外一则古文，一方面梳理学生在不同语境下产生的观点，增加其认知弹性；另一方面鼓励学生充分表达自己的观点和看法，进一步厘清"有用"和"没用"的差别与注意点。

✸ 灵光一闪

教师邀请学生分享：上完这节课，你对"有用"和"没用"有什么看法或观点？

生1：大家认为"有用"和"没用"都有可能是好事和坏事，这主要取决于用的人和方式。大家还提到了有些人可能对社会没什么贡献，但是他们本人活着就是对自己有用的，我们也要去尊重这个人。

生2：在第二个故事的讨论中，大家都觉得树没有用但是没被砍是因为它没有被人养着，但是鹅却是被人养着的，如果被人养着还没有贡献，就可能被杀掉，因此大家觉得

如果自己没办法成为一个对社会有贡献的人，那也要尽量不给其他人添麻烦。

生3：通过今天的讨论，我们知道了"有用"和"没用"是辩证的，对同一个事物，大家对其是否有用的看法是不同的，所以有时候对于很多事物，我们只要像大树一样，觉得自己是有用的就好，不用太关注别人的看法。

- **教师小结**

正如刚才同学们提到的，"有用"和"没用"的好与坏是辩证的，对不同的人来说是不一样的，诚然我们要尽量做个"有用"的人，对社会有所贡献，如果做不到，我们也可以做个仅对自己"有用"的人，接纳自己。

- **意图解析**

邀请学生进行总结和分享，以口头报告的表现性评价方式对本节课的学习效果进行评价，了解学生通过这堂课的学习对"有用"和"没用"产生的新观点、新思考和新理解，同时回应主题。

教学反思

"要做一个对社会有贡献的人"，我们似乎从小就不断被灌输这个观

念，不论是日常与长辈的交往，还是在教师的教育教学中，这句话反复被提及。当你认真寻根溯源，会发现我们的长辈也是在这样的熏陶下成长的，他们的长辈也同样如此，因为这样的观念在中国传统文化中占据重要地位。孔子曾经说过，"君子疾没世而名不称焉"（《论语·卫灵公篇》），也就是说"君子引以为憾的，是死后名声不被人们称许传扬"。"立德""立功""立言"这"三不朽"也就成为中国人的价值追求，也是很多人的生命意义之所在。

在本节课学生的发言中，我们也能明显感受到该观念的影响和作用。在导入活动中，明明很多学生最喜欢的是玩具鸭，但是却没有人觉得它有用，因为相比于其他物件，小鸭子对他人的贡献是比较低的。在活动中，我们就能感受到，学生的价值判断就是"对他人有没有贡献"。在后续的发言中，很多学生也表达了"要保家卫国"和"要学习前沿的科学知识"，才能做个对社会有用的人。听到这些回答，我们不得不感慨价值教育的成功，"要做一个对社会有贡献的人"的想法已经逐渐从对他人的要求变成学生对自己的要求。

但是，我们也需要警惕，因为并不是每个人都能成长为对社会有突出贡献的人的，当学生发现自己达不到要求时，他又该如何自处？根据弗洛姆的期望理论，个人的积极性是由个体对取得目标的信心程度和该目标的重要程度共同决定的[1]，即当个体发现自己很难达到目标时，即使目标的重要性再强，也不会激发他们的积极性。该理论同样适用于我们今天讨论的主题。随着个体的成长，其可能会意识到自己的能力似乎很难对社会有突出贡献，于是在初中、高中学段就会看到不少孩子在学习和生活上没有积极性，甚至破罐子破摔；也有不少孩子在大学毕业后不愿意就业，因为他

---

[1] [美] 肯·G. 史密斯，迈克尔·A. 希特 . 管理学中的伟大思想——经典理论的开发历程[M]. 徐飞，路琳，苏依依，译 . 北京: 北京大学出版社，2016: 191—204.

能做的事与他的预期相去甚远，而这样的现象似乎也与很多教育者的初心相去甚远。

鉴于此，我们不得不反思，一味向学生灌输"要对社会有贡献"这样价值观的恰当性，"达则兼济天下"固然是我们最理想的目标，但是也不要忘记告诉孩子"穷则独善其身"，由此本课的重要意义也就愈发凸显了。通过本节课的探讨，我们可以告诉孩子，人生的意义是多元的，可以对社会有贡献，也可以仅做一个对自己有用的人。当他们有了这样的想法时，期待与现实的矛盾就会降低，心理冲突也会减少，对其生活会有良性的推动作用。

"立德""立功""立言"，可以使生命变得有意义和不朽，但是悦纳自我、做个对自己有用的人，同样也是生命意义所在。生命的意义，在于绽放自己的独特价值，当学生拥有这样多元的价值观，他们的人生价值感也会随之提升。

附：《樗栎庸材》学习单

原典选读（略）　成语故事（略），见前文第 114—115 页。

任务

　请你针对这则故事尽可能提出你的问题（可参考下面的提问范例）。

　　　　故事里的＿＿＿＿＿＿会怎么看？

　　　　＿＿＿＿＿＿后来会怎么样？

　　　　如果＿＿＿＿＿生活在现在，＿＿＿＿＿？

　　　　假如＿＿＿＿＿，那么＿＿＿＿＿？

　　　　除了＿＿＿＿＿之外，还可以怎样？

　　　　如果你是＿＿＿＿＿，你会＿＿＿＿＿？

　　　　＿＿＿＿＿＿＿＿＿＿＿＿＿＿＿＿＿＿＿＿

　　　　＿＿＿＿＿＿＿＿＿＿＿＿＿＿＿＿＿＿＿＿

　　　　＿＿＿＿＿＿＿＿＿＿＿＿＿＿＿＿＿＿＿＿

第四辑

人际交往

五十步笑百步
可以嘲笑别人吗？

曾参杀人
——什么样的人值得信任？

（郑羽轩　厦门市新翔小学）

曾参的母亲相信传闻，以为曾参杀人。曾参最终通过机智应对，澄清了误会。这个故事似乎意味着：人们不要轻信谣言，要明辨是非。然而，在儿童与人的相处过程中，信任会受到方方面面的影响。在小学阶段，如果同伴之间的关系开始受到流言的影响，相互之间的信任感就会降低。通过《曾参杀人》成语故事探究，儿童会发现在学校与同伴交往的过程中，预防或减少消极流言的产生，对学生之间形成融洽的友情氛围、共筑相互信任的集体显得尤为重要。

课标依据

树立集体意识，善于与同学、老师交往。

——《中小学心理健康教育指导纲要（2012 年修订）》

本课目标

（认知）知道诸多因素会影响人们的信任，广为流传的消息不一定是正确信息。

（情绪）体会消极流言对人际信任感的影响。

（行为）学会预防流言的发生，并且不随意传播消极流言，增强人际信任感。

儿童特征分析

有研究表明，从儿童期至青春早期，个体传播流言的行为逐渐增多直至普遍，在 6—7 岁和 11—12 岁的儿童中，流言发生的频率较高，并且大部分儿童只会使用消极流言。而流言是儿童学习社会领域知识的一个重要信息源，可以影响儿童对于他人的评价及后续的人际信任。[1]

核心概念

信任是一种稳定的信念，维系着社会共享价值和稳定，是个体对他人话语、承诺和声明可信赖的整体期望。

教学准备

教师准备：多媒体课件、《曾参杀人》故事、学习单等。

学生准备：黑色水笔一支，积极参与、认真倾听、尊重他人。

---

[1] ［美］蕾切尔·西蒙斯 . 女孩们的地下战争：揭秘人际关系交往中的隐性攻击[M]. 徐阳，译 . 海口：海南出版社，2022.

探究启航

🎬 游戏互动

游戏：悄悄话传递

● 游戏规则

（1）从前往后依次用语言传递，传话内容只允许第一个人看。

（2）第一传话人看完传话内容，传给第二个人，依此类推，最后一个人将自己听到的内容说出来。

（3）传话声音不能过大，只允许传接话的两个人听到。

（4）传话过程中只能传递一次，传话人传完话后要面朝前，不得再说话或者使用体态语言暗示。

纸条内容：小明数学考了90分，他是佳欣的同桌，有同学看见他下午放学在教室帮佳欣补习。

教师确认学生了解规则后组织活动。

● 师生互动

悄悄话游戏告诉我们什么呢？

生1：听到的信息不一定是真实发生的，可能是别人乱传的。

生2：消息经过很多人传播后就跟原来不太一样了，我们要学会求证。

● 教师总结揭题

有的人在传话时添油加醋，根据自己的想法猜测，让说法更加戏剧性、更加引人注目，但原话的意思就变了。因此，这些话可能不经意间就伤害了某些同学。有时候，事情未经求证，大家就将事情散布开来。传播流言让伙伴之间的信任度慢慢降低。今天我们要讨论的故事里的主人公，就经历了这样的事情，让我们一起来看看《曾参杀人》的故事吧。

- **意图解析**

设计"悄悄话传递"这一游戏，调动学生参与课堂的兴趣，营造氛围的同时，让每个学生亲身感受一件事情经过多人的传播，也许不再是原貌，初步体验流言传播对信任感的影响，并揭示主题，为后续的故事做铺垫。

🐛 成语共读

教师借助多媒体设备介绍成语故事。

- **原典选读**

昔者曾子处费，费人有与曾子同名族者而杀人，人告曾子母曰："曾参杀人！"曾子之母曰："吾子不杀人。"织自若。有顷焉，人又曰："曾参杀人！"其母尚织自若也。顷之，一人又告之，曰："曾参杀人！"其母惧，投杼逾墙而走。夫以曾参之贤与母之信也，而三人疑之，则慈母不能信也。
　　　　　　　　　　　　　　　　　　——《战国策·秦策二》①

- **成语故事**

战国时代流传着这样一个故事：孔子有一个特别优秀的学生叫曾参。曾参年轻的时候，有一天出门去了，太阳快下山了都没回家。曾参的母亲敞开着门在家里织布，有人从门口走过，见到她，便好心提醒她："你儿子杀了人，你怎么还不赶紧逃？不怕被株连（古时候常对犯罪者的家属和邻居也进行惩罚，称为'株连'）吗？"她说："怎么可能？"邻居说："到处都传开啦，说有个叫曾参的杀了人，而且就是住在你这一区的，不是你儿子还能是谁？"曾参的母亲笑了下，说："我儿子是不会杀人的。"于是她神色自若地继续织布。

过了一会儿，另一个人经过他家门口，又说："曾参杀人了，你

---

① 王延栋.战国策译注[M].北京：中华书局，2019：51.

还不快跑！"她没有说什么，只是继续低头织布。

再过了一会儿，第三个人经过他家，说："哎呀，你怎么还织布呀，你儿子曾参杀人了！"

曾参的母亲皱起了眉头，丢下手里正在织的布，不敢走前门，准备从后院翻墙逃走。就在这时，曾参回到了家，他母亲才发现是虚惊一场。原来，是另一个同名同姓叫曾参的人杀了人。

战国时代的哲学家韩非子很喜欢这个故事，他把这个故事收录在他的书中，并写下了这样一句话：很多人都说曾参绝对是个好人，而曾参的母亲也非常信任自己的儿子，可是一旦有三个人说曾参杀了人，连这样一位好母亲也不相信自己的好儿子了，这到底是怎么回事呢？

（黄睿　改编）

分享与讨论

（1）曾参母亲为何在前两次那么淡定，相信曾参，却在第三次骤然紧张且逃走？

（2）你认为曾母逃走时，可能在想什么？会做什么？

生1：这个很像"三人成虎"的故事。前两次曾母还是相信自己的儿子的，但听到又有人说，她就觉得大家都这么讲，那一定是真的。

师：所以你认为当一件事情有多人重复的时候，它就会被人们所相信。

生1：是的。

师：那么假设现在有10个人来告诉你1+1=3，你相信吗？

生1：不相信，因为这是有人验证过的。

师：是的呀，似乎有科学依据的事情，不太容易被谣传。还有同学有其他观点吗？

生2：也许第三个报信的人是曾父，或者是曾母比较相信的人，所以曾母第三次才会这么紧张。

师：是呀，因为曾父相比其他人，与曾母的关系更为紧密和亲近，所以他说的话曾母更相信。你们平时生活中，谁说的话，你们更愿意相信呢？

生2：爸爸妈妈。

师：在我们的世界里，父母是与我们关系紧密的人，所以我们会更倾向于相信他们。

生3：老师，还有可能是孔子。因为他那么有名望，教别人儒学，不会乱说话。

师：对。平时品性、行为举止比较正派的人，说的话别人更容易相信。老师在这里有个疑问了：都说曾参贤德，那么他的为人处世在当时应该被挺多人所了解的，为什么报信人这么确定贤德的曾参杀人了呢？这个问题我们暂且放到后面来探讨一下。

生4：老师，前两个人肯定是杀人的曾参派来的，有可能神情很慌张、鬼鬼祟祟的，所以曾母不相信。第三个人可能把事情描述得很详细，让曾母相信的确是自己的儿子杀人了。

师：嗯，你认为报信人的神态和描述事情的逻辑性会影响人们的信任。

生5：老师，我认为曾母是害怕秦朝的连坐制度伤害到她，所以她逃走了。

师：哇，我很欣赏你懂得战国时期的历史，我被你科普了。我很好奇，如果你犯了错误，你的父母也会这样丢下你不管吗？

生5：那不会。

师：当你犯错误了，你的家长会做什么呢？

生5：他们会跟我讲道理，告诉我哪些地方做错了，让我承认错误。

师：同学们，请你们继续联想一下，曾母逃走时，可能在想什么？会去做什么？

生6：她可能想，这么多人说曾参杀人了，也许是真的，不过肯定是有原因的，她的儿子这么贤德，不会平白无故杀人，所以她逃走要去找到曾参，亲自听他说发生了什么事。

师：嗯，我们刚谈到关系亲密的人让我们更加信任，再加上曾母很相信儿子的品行，因此她虽然逃了，但也许并不相信儿子是坏人，而是要和本人求证。老师很好奇，如果老师向你爸妈告状，说你在学校做了坏事，你爸妈会不会立刻就相信是你做的？

生6：我觉得我爸妈不会，他们应该会在我回家后问我发生了什么事情，听我讲清楚经过。

师：看来你的父母对你还是很信任的，一定是你平时的品行也让人很放心。

生7：老师，我认为曾母会想"眼见为实"！要去现场看一下，是不是真的是她的儿子杀了人，如果她儿子被冤枉了，她就和官府打官司。

师：她不仅去了解情况、寻求证据，还很有法律意识呀。

生8：她还可以去质问报信人："为什么是我儿子杀人了？你们有什么证据？"

师：听上去曾参的妈妈很信任他。你家里人有这样为你做过吗？大家的家里人有这样为你做过吗？

生8：我记得有一次去一个姐姐家玩，她说丢了一支喜欢的笔，就怀疑是我拿的。我妈妈就很相信我，后来她在床底下找到了那支笔，是不小心滚进去的。

生9：我记不清家人有没有为我做过，但我的好朋友被冤枉，我就帮她打抱不平。

师：可以说一说具体的事吗？

生9：有一次，有个人的水杯自己掉地上了，他说是某同学碰倒的，可是下课的时候那位同学都和我们一起玩，根本没在班级，我们就质问他碰倒的时间，有没有其他人看见，他自己都回答不出来，就跟那位同学道歉了。

师：听起来你们处理得很不错。如果当时那位同学没和你一起玩，你还相信他吗？为什么？

生9：相信呀，我了解那位同学，如果是他碰倒的，他肯定会捡起来的。

师：做你的朋友一定特别幸福，能够让你如此信任。

● **教师小结**

在刚才的探讨中，老师感受到了同学们的才思如泉涌，有很多观点。我们也发现了什么样的人值得我们信任：原生家庭，比如我们与父母；关系亲密的人，比如父母之间、好朋友之间；权威的人，比如老师、文中的孔子。接下来，我们针对刚才探讨中出现的问题，再进行深入探讨。

● **意图解析**

学生在分析曾母的行为时，认知到人们对信息的选择可能受到信息重复次数、传播信息者的权威性等诸多因素的影响。接着通过猜测曾母可能产生的行为，联想在生活中如果听到不确定的信息时，自己可以通过向当事人求证、反问等方法求证信息的真实性，加强人与人之间的信任感。

心灵激荡

1. 以小组为单位针对问题把自己或成员的观点写在记录单上。

2. 组内交流，充分讨论观点，相互启发。

> **分享与讨论**
>
> （1）曾参贤德，为何报信人认为此曾参就是杀人的曾参呢？（流言是如何发生的?）
>
> （2）如何在人际交往中预防流言的发生？

生1：他们肯定是嫉妒曾参的地位，嫉妒他的名声，想给他泼脏水，让他身败名裂。

师：身为当地较有名望的人，可能更容易因为被嫉妒而出现与之相关的流言。

师：人和人相处时是否有过类似的流言呢？

生2：我就听到过有些人会故意说别人的坏话，比如别人成绩好，就说别人考试都是抄的。

师：如果有某个平时成绩不好的同学考得好，你会不会怀疑他是抄的？

生2：如果那个同学最近很努力，应该就不会怀疑，如果他不太努力突然考好就会。

师：如果你怀疑，你会跟别人讨论吗？

生2：可能会跟好朋友讨论。

师：为什么会想讨论呢？

生2：这是作弊行为，不诚实的表现，就不喜欢。

师：那为什么只跟好朋友讨论呢？

生2：因为我不确定，也不能乱说，万一说错了，那我就变成乱传话的人了。

师：但你能保证好朋友一定不会传出去吗？

生2：也不能完全保证吧……

师：其实，人和人的相处总是会有各种各样的流言蜚语，或许流言蜚语的出现有其原因，但是我们也都会在做一件事的时候考虑对他人的影响，例如我们即使觉得某人是抄袭的，也不会大张旗鼓地去宣扬，只会和关系好的人私下议论。这些都反映了你是一个有原则的人，也说明你在和人的交往中对待周围的同学很审慎。但正如我们暖身环节的"悄悄话传递"活动一样，这种私下议论最后大概率会变成谣言传播出去，而且谣言可能越来越夸张，就会给当事人造成不小的伤害，最后让人与人之间的信任崩塌。

生4：对的，老师！我们隔壁班有个同学，三年级的时候大家都说他们家开公司的，他爸爸是大老板，大家都很好奇，叫他"富二代"。

师：如果你真是"富二代"，你会不会希望同学这样叫你？

生4：不希望，因为我觉得家里有多少钱是一种隐私，而且这是爸妈挣的钱，也不是靠我努力得来的。

师：所以我们在面对这种流言时，可以怎么做呢？

生4：找当事人问清楚，不要随意传播。

师：谢谢你对大家的指点。其他同学是否遇到过流言影响信任的例子呢？

生5：每当有流感的时候，大家都在

传板蓝根对治病有用，然后就赶紧去买，结果药店里的板蓝根都被抢光了。我们家所有人当时都很害怕，担心万一生病了没药吃，吓死了。

师：嗯，俗话说"病急乱投医"，这件事与人的生命息息相关，于是流言就快速被散播开来了，让买不到的人更恐慌了。刚才同学们谈到的流言其实都是消极流言，对人与人之间的信任会造成影响，那我们如何预防流言的发生呢？

生6：我们小组认为每个人都不要传播流言，就是阻止流言的最好方法，我们还总结了一个顺口溜：你不传，我不传，流言就玩完！

师：哈哈，这个小组太幽默了，但不得不说，这是一个好方法，而且我一下子就记住了，掌声送给这个小组。

生7：多跟同学沟通，积极参与各项活动展示自我，让同学们全方位了解了你的为人处世后，就不会随便造谣了。

生8：老师，我们组有补充，我们也是和他们组差不多的观点，我们认为还要帮助别人，多做善事，博得更多同学的信任与喜欢。

师：是呀，树立一个积极形象，让同学们充分相信你。

生9：我们组还认为平时与别人相处的时候，要能够说到做到、不撒谎。

师：做到言行一致很重要。

- **教师小结**

通过同学们的回答,老师发现,如果你和同学关系更好,平时品行得到大家的认可,那么大家就更信任你,就像故事中曾参的母亲那么信任他一样。因此,在日常生活中,一定要做到品行端正,积极乐观,同时,在听到一些不确定的信息时,我们也要明辨是非,不传谣不造谣。

- **意图解析**

通过成语故事中曾参被人误会的事情,牵引到生活中可能出现的流言,由此去体会流言对信任的影响,以及造成的伤害,从而学会与他人相处融洽,端正品行,避免自己成为流言的受害者,同时也不随意传播流言,让人与人的交往充满信任。

灵光一闪

教师邀请学生思考:当流言发生时,我该怎么做?需要通过自证清白获取别人的信任吗?

教学反思

现如今,随着时代的快速进步,人们进入了信息爆炸的时代,各种消息层出不穷,小学生都能轻而易举地接触到网络,但面对各种各样的信息,他们还没有能力快速分辨是非。在校园中,不少学生不免觉得学习枯燥,于是学校、班级里的大小事,成了学生学习之余感兴趣和议论的话题,这些话题传播迅速,且信息未经求证再加以传播,最终失去本应有的样子,甚至与事实背道而驰,伤害到部分学生。

因此本课通过《曾参杀人》的引入,让学生感受到矛盾点:一个如此贤德的人，竟也能传出杀人的消息，并且他慈爱的母亲似乎也在多人的确认声中，失去了对他的信任。由此勾起学生一探究竟的好奇心——难道流言竟那么强大，连母亲对孩子的信任都能摧毁吗？继而提出问题："曾参母亲为何在前两次那么淡定，那么相信他，却在第三次骤然紧张且逃走？""你认为曾母逃走时，可能在想什么？会做什么？"让学生发散思维认真思考。通过学生的回答，加上教师的不断追问，联系学生自身经历，让他们更深刻地意识到原生家庭、关系亲密之人以及有权威的人的可信度相对较高，但一定可信吗？由此让学生发现，要加强人际关系的信任，最终还是只能依靠自己在人际相处中认真求证、探寻真相，否则就会伤害他人；也要多与他人交流，在交往中做到乐于助人、言行一致、诚实守信，从而在获得大众认可的同时也能最大限度地得到他人的信任。

附:《曾参杀人》学习单

原典选读(略)　成语故事(略),见前文第 129—130 页。

任务
请你围绕这则故事思考以下两个问题,可以将你的想法记录下来。

(1)曾参母亲为何在前两次那么淡定,相信曾参,却在第三次骤然紧张且逃走?

_____

_____

_____

(2)你认为曾母逃走时,可能在想什么? 会做什么?

_____

_____

_____

千里送鹅毛
——为什么要送礼物？

（叶兰馨　厦门市集美区杏东小学）

　　唐代一位边陲小官忠诚于皇上，派人进贡天鹅，途中天鹅逃跑，送天鹅的人以天鹅羽毛献诗表达心意，皇上被诗句中的"千里送鹅毛，礼轻情意重"感动。这个故事表达出了深厚的情谊。然而，在实际生活中，许多长辈对儿童互赠礼物持反对意见，把文具、玩具当作礼物，也确实在儿童的人际交往中造成一些问题。在小学高年级，"送礼物"是常常出现在人际交往中的很矛盾的事件。送礼物既有可能让人际关系更进一步，也有可能成为关系破裂的导火索。通过《千里送鹅毛》成语故事探究，儿童发现在与同伴交往的过程中有许多方法可以用来表达情感、增进友谊，比如陪伴、一起经历共同回忆、一起分享，等等。

课标依据

帮助高年级学生扩大人际交往的范围。

——《中小学心理健康教育指导纲要（2012 年修订）》

本课目标

（认知）知道礼物是可以用来表达情感、态度和想法的，了解礼物的意义不仅有其物质价值，也包括它背后的情谊。

（情绪）体验送礼物和收到礼物的愉悦感。

（行为）学会在生活中用礼物表达，并能在生活中自觉主动去感受礼物背后想要表达的情谊。

儿童特征分析

小学高年级学生在与同伴的交往过程中经常会有送礼物的行为。但在送礼物和收礼物时，有不少学生会过度在乎礼物的物质价值而忽略礼物背后传达的意义，使礼物的情感价值和人际价值没有得到完全的实现；甚至严重的可能因为礼物的价格而产生矛盾，使人际关系受损；还有些学生没有意识到礼物是一个表达情绪情感和提升人际关系质量的媒介。

核心概念

送礼，传统意义上都是送实物。送礼是普遍存在的社会现象，它存在于人类社会的各个时期、各个地区。一件理想的礼品对赠送者和接收者来说，都能表达出某种特殊的愿望，传递出某种特殊的信息。

教学准备

教师准备：多媒体设备及课件、音乐《送你一朵小红花》、学习单、骰子、双面卡。

学生准备：至少 5 朵亲手做的小红花（材料、造型不限）。

探究启航

🪶 游戏互动

游戏：送你一朵小红花

- **游戏规则**

（1）学生带着提前亲手制作的小花在班级里随机走动，教师播放音乐《送你一朵小红花》。

（2）音乐停止时，送给最靠近自己的人一朵小红花。

（3）音乐开始时，继续在班级里随机走动，再一次听到音乐停止时重复上述送花行为。

教师确认学生了解规则后组织活动。

- **师生互动**

收到了来自谁亲手制作的小红花？你的心情如何？（采访送出的人）

对方的某种心情是因为你送出的那朵小红花，那你的心情呢？

- **教师总结揭题**

刚刚同学们在这个"送你一朵小红花"的小活动中体验了一下送礼和收礼的感觉，不少同学从中感受到了开心，也有的同学表示对这朵花没有太大的情绪起伏。今天，我们将一起在心理课上体验一下《千里送鹅毛》这个关于"礼物"的故事。

- **意图解析**

通过小游戏迅速活跃课堂，吸引学生对课程的关注，让学生在活动中获得对"送礼物"和"收礼物"这两件事情的体验感，教师运用心理咨询技术中的情感反应和情感表达回应学生的感受，拉近师生之间的距离，导入主题，为后续授课做铺垫和准备。

🏔 成语共读

教师借助多媒体设备介绍成语故事。

● **原典选读**

　　鹅毛赠千里,所重以其人。

——欧阳修《梅圣俞寄银杏》①

　　将鹅贡唐朝,山高路远遥。沔阳湖失去,倒地哭号号。上覆唐天子,可饶缅伯高?礼轻人意重,千里送鹅毛。

——徐渭《青藤山人路史》②

● **成语故事**

　　欧阳修和梅圣俞都是北宋知名的文学家,两人有很深的情谊。有一次欧阳修收到梅圣俞寄来的一包银杏,便写了《梅圣俞寄银杏》这首诗答谢他,其中有"鹅毛赠千里,所重以其人"诗句。欧阳修觉得:银杏虽然不是很昂贵的礼物,但因为是重要的人送的,所以值得重视。只要是自己重视的人,哪怕千里迢迢送来的是一根鹅毛,也是珍贵的礼物。后来可能从这里演变出了"千里送鹅毛"这个成语,用来比喻礼物虽轻但情意深重。

　　在明朝徐渭的《青藤山人路史》中,另外记载了一个跟"千里送鹅毛"有关的故事。传说在唐朝的时候,云南藩属进贡了一只天鹅,护送天鹅的使者缅伯高途经沔(miǎn)阳湖时,想帮天鹅洗澡,结果不慎让天鹅飞走了,只剩下一根鹅毛。缅伯高只好将这根鹅毛献给唐朝皇帝,又写了一首诗请求皇帝原谅。皇帝看了他的诗之后,就原谅他了。

(黄睿　改编)

---

① 欧阳修.欧阳修全集(第一册)[M].北京:中华书局,2001:88.
② 徐渭.青藤山人路史[M].四库全书存目丛书(明刻本影印本).

分享与讨论

（1）云南藩属为什么要送礼物给大唐？为什么送白天鹅？

（2）缅伯高为什么如此小心照顾"鹅毛"这个礼物？

（3）鹅毛和白天鹅本身差太多了，为什么唐太宗能原谅缅伯高？

生1：当时云南是大唐的藩属，他们是来进贡的。选择白天鹅是因为它很贵很贵。

师：他们送礼物给大唐，就只是给个东西而已还是想要借礼物表达什么吗？

生2：可能是对大唐的尊敬，毕竟他们是藩属国。而且因为白天鹅太贵了，所以选它可以证明，送这么贵的礼物，他们很重视大唐。

生3：这份礼物不仅仅只是这只白天鹅，还包括了他们的态度。

师：什么样的态度呢？

生3：可能是"我们两个国家别打仗了""我们国家想和大唐当朋友"这样的态度。

师：确实很有可能。假如云南藩属的使者直接跑来大唐，和大唐的君臣说这两句话，这是一种什么样的感觉？

生4：感觉有点不礼貌，还很奇怪。

生5：感觉很突兀，突然来了个人说这样的话，听起来像在提要求似的。

师：确实，好像有点生硬了。送了点礼物，又是一种什么样的感觉呢？

生6：感觉会好一点，感觉像朋友一样，是一种开开心心的场景。

师：哇，你的描述很有画面感，我突然想起了我生日时，收到朋友送的礼物时的场景。你们在生活中，有收到过礼物吗？是什么礼物？那是一种什么样的感觉呢？

生7：很开心，我今年的生日，我爸爸给我买了个乐高。

生8：我也很开心，我妈妈说我只要期末考语、数、英科目都能得到优，就带我去游乐园。结果我真的得到了，我们今年暑假就特地去了上海，这是我收到的礼物。

师：你们收到的礼物，听起来都好宝贵、好有价值呀！原本云南藩属准备的礼物是珍贵的白天鹅，他们想要将这贵重的宝贝献给大唐皇帝，但天鹅飞了，只剩下鹅毛。为什么缅伯高还如此小心地照顾"鹅毛"

这个礼物？鹅毛好像没有什么价值了。

生 9：有价值的是天鹅，但是很可惜天鹅飞了，只有鹅毛了，总不能什么都没有吧，至少还有一个代表在，好过两手空空。

生 10：鹅毛是天鹅的一部分，它代表的是天鹅。

师：确实。但是，鹅毛和白天鹅实在是差太多啦！本来唐太宗可以得到很名贵的白天鹅的，但现在只剩一根鹅毛了。为什么唐太宗原谅了缅伯高，难道他能从这个鹅毛中得

到什么吗？

生 11：得到被尊重的感觉。

师：什么意思？能具体说说吗？

生 12：唐太宗觉得，只剩下一片鹅毛了，云南藩属的人都这么珍惜，那一定是对我们国家很重视吧！

生 11：天鹅的价值是它很贵，它很值钱，鹅毛的价值是它代表了云南藩属的人很尊敬唐太宗的这种情感。

师：我听懂了。原来，这个鹅毛，不仅仅象征着天鹅这一个礼物，还象征了送礼人和收礼人之间的情感。

● **教师小结**

送礼物是希望送礼人和收礼人之间的关系可以更好，所以礼物的价值是我们在选择礼物的时候一定会考虑的，也是我们在收到礼物的时候，很可能会在意的。但是礼物不仅仅有它"值多少钱"的价值，更有它"代表多少心意"的情感包含在里面。

● **意图解析**

通过对成语故事的讲解，围绕教学目标提出几个问题。通过学生的分享讨论和教师的提问引导，逐步达成本课在认知方面的目标，使学生能看到礼物价格背后的情感价值。

💧💧💧心灵激荡

1. 以 6 人为一个小组，每组获得道具 1 套。道具包括：骰子、双面卡牌 5 张（一面是数字、一面是题目）、笔、单面空白卡牌 1 张（一面是数字、一面空白）。

2. 针对故事，组内讨论出一个感兴趣的问题。

3. 把你们提出的问题写在空白卡牌的空白面。

4. 轮流掷骰子，并完成掷出数字所对应的卡牌任务。

5. 完成任务时，关注内心的体验和感受。

表1　任务清单

卡片任务清单	
1	分享一个你记忆中一次收到礼物的经历
2	尝试送出一朵你自己做的小花给组内的同学
3	你觉得礼物的意义是什么
4	收礼物的时候你最看重什么
5	送礼物的时候你最在意什么
6	空白卡牌

分享与讨论

（1）你刚才抽到了什么任务，怎么完成的？（备用问题：你刚才听到、看到的印象最深刻的任务是什么？追问：完成这个任务的时候是什么感觉？追问：你在生活中有遇到类似的情况吗?）

（2）你们小组刚才讨论出来的问题是什么？

【以下为不同任务的学生回答节选】

生1：抽到了任务1，一次收礼物的经历。

师：你愿意分享一下具体是什么情况吗?

生1：可以。我一下子想到今年生日，我最好的朋友送我的一个手工杯子。

师：手工杯子?

生1：对。就是用那种湿湿的泥巴做出来的。

师：我明白了，是陶土做成的杯子。你刚才说你一下子想到了这个礼物，我可以理解为，在此时此刻给你印象最深刻的一个记忆是这个礼物，对吗?

生1：是的。会想到它是因为那天我特别开心。其实因为这个杯子是手工做的，它并没有那种店里购买的杯子那么精致好看。但是我每次用到它就好像看到我朋友正在小心翼翼地为我捏这个杯子的画面。

师：你的描述太有代入感了，我仿佛也看到了这样一个认真、专注地做着陶土杯子的画面，叶老师之前其实也去做过杯子，看着很简单，但是我没做成功，因为太需要耐心和心力了。看来这位送礼物的朋友真的很用心，你刚才说是谁送的来着？

生1：是我最好的朋友。

师：这位同学在我们班吗？

生1：是的，她就是梁同学。

师：哇！（班级同学有一些细微的欢呼声和掌声）我可以采访一下梁同学，刚才她分享了你送她的礼物，而且我从她的分享中听出了喜悦、珍惜，你听到这些的时候，你的心情或者你的想法是什么呢？

生2：我觉得很开心。我是很认真地送出这个礼物，送给我最好的朋友，她能收到我的心意，我觉得很开心！

师：嗯，从你们两位脸上的表情，我感觉到了你们之间的友谊，让老师突然觉得非常感动，也感受到了这份快乐。瞧，收到礼物是快乐，

感受到对方的心意是快乐，送出礼物的心意被感受到，更是快乐！让我们把掌声送给这对好朋友。

生3：我抽到的是"你觉得礼物的意义是什么"。

师：嗯，你觉得呢？

生3：是让对方感受到我的心意。

师：什么样的心意？能为大家举几个简单的例子吗？

生3：这个可能因人而异。可能是祝福，可能是感谢，可能是道歉，等等。

师：你给出了很丰富的答案，这些心意对送礼物的双方关系来说是一种增进还是衰退呢？

生3：应该是增进。

生4：我印象深刻的是"收到礼物的时候最看中什么"这个任务。

师：喔？是你在小组里听到的对吗？能说说看为什么印象深刻吗？

生4：可以。这是我们组的人抽到的，她说她最看重这个礼物的心意。

师：原来如此，那你是对她的回答印象深刻还是对这个问题印象深刻呢？能具体说说吗？

生4：是这个回答。因为我和她的想法是一样的，虽然我没有抽到这个题目，但如果是我来回答，我也会说我更看重礼物的心意。

师：这样啊？怎样的礼物会让你觉得很有心意呢？为什么呢？

生4：自己做的。

师：可是自己做的东西有时候不够精致，很可能比不上外面买的成品那么好看，这样你也觉得很有心意吗？

生4：对。

师：那如果两个礼物让你选：一个是自己做的、不太精美的，一个是比较贵的、花了大价钱的，你会更喜欢哪个呢？

生4：自己做的那个，我们都还是

小朋友，不能花太多父母的钱。

生5：我有不同意见，那个贵的我也喜欢。

师：为什么呢？

生5：因为他花那么多钱给我买礼物，其实也是很有心意的。

生4：嗯。但是我还是会比较希望是自己做的，因为我不能花别人家长的钱。自己做的东西虽然没那么精致，但是很有心意的。

- **教师小结**

刚刚我们听到了几位同学对于礼物的描述，有同学感受到礼物承载的心意，有同学对那份礼物记忆犹新，还有同学对礼物的价值产生自己的思考。

- **意图解析**

通过桌游的方法，给小组成员充分的讨论时间，结合游戏增加环节趣味性，将问答变得有趣生动。在小组内和成员就着问题进行思考、回答和倾听，分享的学生在思考和探索自我，倾听的学生参考别人的说法对自己的想法进行区分。教师在全班分享环节通过追问、互动、反馈等方式，对学生的想法进行调整和引导。

🔆 灵光一闪

教师邀请学生思考：

（1）上完这节课，你对"送礼物"这件事的看法发生了什么变化？

（2）邀请在热身环节觉得"收到小花没有什么心情起伏"的学生分享。

生1：礼物不仅仅是一个贵或者不贵的东西，还是一个对方对我们之

间的关系的表达。以前我过生日的时候，很希望收到贵一点的礼物，

觉得贵的东西肯定是好的东西。但是现在突然觉得，贵确实是好，但是礼物的意义不仅仅是贵，更是代表着友谊和感情。

生2：这朵小花是这个同学亲手做的，虽然它可能只是一张纸，它可能没有真的花好看，也不是很名贵的材料，但它是我的朋友、我的同学送给我的，这是他给我的礼物，这也是他想和我当好朋友的表示。

● **教师小结**

我发现同学们对礼物的价值有了新的看法，或许那份情谊才是"送礼"中最有价值的方面。

● **意图解析**

在总结环节设计让学生对关键核心问题"送礼物的意义"进行澄清。在热身环节没有什么心情起伏的同学很可能是原本对礼物的感触不大、对礼物的意义理解不多，因此最后再次邀请他们，一来他们是最需要这节课的人，在最后的复盘也是一种强化；二来可以了解他们的转化程度，如果有课程未尽的部分可以做及时补充调整。

教学反思

本课在认知和情感层面的目标达成较好，学生在第一个热身环节就开始体验送礼物和收礼物，但是这个时候的体验感是初级的，并且已经对礼物有认识的同学体验感强，对礼物的意义理解还不足的同学体验感弱。随着课程的推进，在成语故事环节，学生通过对故事的理解和分析，能基本达成认知目标，对于礼物背后的意义和所代表的情感也能通过这个故事体验到。

哲思探究环节以一个小组的桌游活动为主要活动。在这个环节，学生通过抽任务来完成。虽然没有办法让所有人都抽到所有的任务，但是在小组成员中互相听取对方的想法，其实就是在对自己的观念进行比照和参考。学生能说出自己的看法，更能了解其他人在同一个问题上有什么不一样的做法。在这个环节，目标的达成不仅仅依赖活动，更依赖师生的互动情况。教师在这个环节要有很及时的反馈和引导，对学生的想法及时提问，并且紧扣教学目标进行提问，这样才能达成目的，引导学生在这个活动中重新梳理自己的想法。

在学生分享"印象最深刻的任务"这一环节里，很多学生做了精彩的回答。他们不仅会解释自己新的看法，更会对同学的观点进行思考。我们不需要达成统一的意见，而是要在互相输出想法的过程中，不断更新和筛选自己对礼物的观点。这是我个人最喜欢的也是本课最精彩的部分，学生熠熠生辉，可以反映出他们在这个环节中的思考和认同。

本课的不足之处在于行为目标中"学会在生活中用礼物表达"。在这一点上，整个教学过程没有明确的语言化说明，其中一个重要的原因是，礼物是情感的表达还是人际交往的技巧？如果我们指导学生在生活中遇到人际问题的时候，使用送礼物来解决，是否会带他们进入另一个误区——不能解决的问题可以靠送礼来处理。初定教学目标时，我希望达成的是"在我们和其他人的相处中可以用这样一些送小礼物的办法，让我们的朋友、家人感受到我们的关心与关爱，也能在一些纪念日或者重要的时间里送上这样具象化的祝福"。但是在实际上课的过程中，由于对这个部分的解释方向还不是很明确，因此选择了弱化处理，这是本节课目前的不足之处。

附:《千里送鹅毛》学习单

....

原典选读 (略)　成语故事 (略),见前文第 141 页。

任务
　请你围绕这则故事思考以下问题,可以将你的想法记
　录下来。

　　(1)云南藩属为什么要送礼物给大唐?为什么送
　　　　白天鹅?

　　——————————————————————

　　(2)缅伯高为什么如此小心照顾"鹅毛"这个
　　　　礼物?

　　——————————————————————

　　(3)鹅毛和白天鹅本身差太多了,为什么唐太宗
　　　　能原谅缅伯高?

　　——————————————————————

五十步笑百步
——可以嘲笑别人吗？

（许惠欣　厦门市同安区美林小学）

在战场上，逃跑五十步的士兵嘲笑逃跑一百步的士兵，孟子用这个五十步笑百步的故事来比喻梁惠王虽然嘴上说着爱百姓，但是一直在打仗。这种做法和邻国国君不管灾荒年间百姓的生活是一样的，梁惠王不顾战争给百姓带来的灾难，一样是不爱百姓的国君。这个故事意味着：自己没有做好却嘲笑别人没做好。然而，儿童在成长过程中出现嘲笑的行为是难以避免的。嘲笑问题也是小学生面临的一个人际交往问题。通过《五十步笑百步》成语故事探究，儿童明白嘲笑带来的影响，学会辩证看待别人和自己，从而学会尊重他人，与他人友好相处。

课标依据

帮助学生促进学生的亲社会行为。

——《中小学心理健康教育指导纲要（2012 年修订）》

本课目标

（认知）认识嘲笑带来的影响，明白不管什么时候都不能嘲笑别人。

（情绪）同理嘲笑给对方造成的情绪感受。

（行为）学会辩证地看待一个人，每个人都有长处和短处，学会尊重他人。

儿童特征分析

五年级学生的自我认知发展水平较为局限，自我评价和对同伴的评价容易出现片面性，看不到全面的自己，看到别人某一部分的缺点就出现嘲笑的行为，以期增进对自己的自我评价。此时的学生又喜欢把关注点放在同伴身上，也喜欢开玩笑，容易把同伴的缺点放大进行嘲笑，而来自同伴的嘲笑会增加自我的消极评价，降低自尊水平。嘲笑是一种攻击性行为，严重影响学生人际交往关系以及亲社会行为的发展。

核心概念

自我评价，指一个人对自己的身心状况、能力和特点，以及自己所在的地位、与他人及社会关系的认识和评价。自我评价会影响人们看待他人、关系的视角。

教学准备

教师准备：多媒体课件、《五十步笑百步》故事及翻页笔、学习记录单等。

学生准备：黑色水笔一支，积极参与、认真倾听、尊重他人。

探究启航

✐ 游戏互动

游戏："你笑起来真好看"游戏

- **游戏规则**

  （1）教师出一些和笑有关的词语，请学生根据词语的内容做出相应的
  表情和动作，并定格 5 秒。

  （2）课件上轮流呈现这些词语：微笑、大笑、傻笑、尴尬笑、调皮
  笑、嘲笑。

- **师生互动**

  师：作为笑的人，你最喜欢哪一种笑？为什么呢？

  生 1：我最喜欢调皮笑，很好玩。

  生 2：我最喜欢大笑，大笑代表我的心情很好，遇到好事。

  生 3：我最喜欢嘲笑，哈哈哈。

  师：为什么呢？

  生 3：因为嘲笑时有一种得意的感觉，感觉自己占上风。

  师：作为旁观者，你最讨厌哪一种笑？

  生 4：嘲笑！被嘲笑是一件很难过的事，也很让人讨厌！

  生 3：嘲笑，虽然作为笑的人，我觉得嘲笑可以给我带来快乐，但我也不喜欢被嘲笑。

- **教师总结揭题**

  生活中的笑有很多种，很多笑会让我们开心、快乐，但是也有一种笑会让人不舒服，甚至发生矛盾，那就是嘲笑。今天，我们一起来学习《五十步笑百步》的成语故事，这也是一个关于嘲笑的故事。

- **意图解析**

  设计让学生体验各种笑的感觉，通过表情和身体的动作，调动学生的积极性及课堂氛围，然后通过提问，引发学生思考，初步了解学生对嘲笑的看法，并引出主题。

🔱 成语共读

教师借助多媒体设备介绍成语故事。

● 原典选读

梁惠王曰:"寡人之于国也,尽心焉耳矣!河内凶,则移其民于河东、移其粟(sù)于河内,河东凶亦然。察邻国之政,无如寡人之用心者。邻国之民不加少,寡人之民不加多,何也?"

孟子对曰:"王好战,请以战喻。填然鼓之,兵刃既接,弃甲曳兵而走,或百步而后止,或五十步而后止。以五十步笑百步,则何如?"

曰:"不可!直不百步耳,是亦走也。"

曰:"王如知此,则无望民之多于邻国也。不违农时,谷不可胜食也;数罟(gǔ)不入洿(wū)池,鱼鳖(biē)不可胜食也;斧斤以时入山林,材木不可胜用也。谷与鱼鳖不可胜食,材木不可胜用,是使民养生丧死无憾也。养生丧死无憾,王道之始也。五亩之宅树之以桑,五十者可以衣帛矣。鸡豚狗彘(zhì)之畜无失其时,七十者可以食肉矣;百亩之田勿夺其时,数口之家可以无饥矣;谨庠序之教,申之以孝悌之义,颁白者不负戴于道路矣。七十者衣帛食肉,黎民不饥不寒,然而不王者未之有也。

"狗彘食人食而不知检,途有饿莩(piǎo)而不知发。人死则曰:'非我也,岁也。'是何异于刺人而杀之曰:'非我也,兵也'。王无罪岁,斯天下之民至焉。"

——《孟子·梁惠王上》①

● 成语故事

梁惠王说:"我对于国家的治理,是非常尽心尽力的啊!黄河西

---

① 金良年.孟子译注[M].上海:上海古籍出版社,2004:4—5.

边收成不好，没有粮食，我就把那里的人民移到黄河东边，把东边的粮食再送到西边；如果东边收成不好，我也会做同样的事。我观察邻国的治理，没有比得上我这么用心的。但是邻国的人民没有变少，我的人民没有变多，这是为什么呢？"

孟子回答说："大王喜欢打仗，我就用打仗来比喻吧。假如在战场上大声敲鼓让士兵们出战，交战开始后，士兵们就丢盔弃甲地撤退逃跑，有的人跑了一百步才停下，有的人跑了五十步就停下了。跑了五十步却嘲笑跑了一百步的人，大王觉得这些人怎么样？"

梁惠王说："那不行！这些人只是没有跑一百步，但也还是逃跑啊。"

孟子说："大王既然懂得这个道理，那就不能指望人民比邻国的更多。不违背种田的时节，粮食就能多得吃不完；不用细网把鱼捞光，鱼也能多得吃不完；按照季节去砍树，木材也能多得用不完。粮食和鱼吃不完，木材用不完，人民就能幸福安乐地过完一生了。能让人民幸福安乐地生活，那就是成为贤明君主的起点了。五亩大的土地种上桑树，产出的丝能让五十多岁的人穿上丝绸衣服；各种家畜按照时间养殖，七十多岁的老人也能吃上肉；一百亩那么大的田地，如果好好按照季节种粮食，人很多的家庭也能吃饱饭了；在学校里好好教育孩子们，跟他们说明孝敬尊老的道理，就不会有头发花白的老人不得不背着很重的包裹在路上走了。让七十多岁的人能穿上好衣服，又能吃上肉，老百姓不挨饿不受冻，做到这样却不能让天下人臣服的王还从没有过呢。"

"猪和狗吃起了人的食物，却不知道制止，路上有人饿死，却不知道开仓放粮，是不对的；有人因此而死却说：'不是我的责任，是今年的年景不好'，这跟用刀杀死了人却说：'不是我，是刀子杀了

人'，又有什么区别？大王不怪罪年景不好，那天下的人民都会来投靠

您了！"

(刘洋　译)

- **情景体验**

同桌一组轮流扮演，一个扮演逃跑五十步的士兵，一个扮演逃跑一百
步的士兵，体验人物当下的感受和想法。

分享与讨论

(1) 你觉得那些跑了五十步的士兵，可以嘲笑跑了一百步
　　的士兵吗？为什么？

(2) 为什么五十步的士兵要嘲笑一百步的士兵？

生1：我是扮演一百步的士兵，我觉得对方没资格嘲笑我，因为他自己也是逃兵，只是他还没逃跑到我这里而已。

师：你觉得他会继续逃跑到你那里吗？

生1：会，他也是怕死的逃兵。

生2：我是扮演五十步的士兵，我不会继续逃跑，既然都嘲笑对方怕死了，为了自己的面子，我会返回战场。

师：返回战场是为了证明什么？

生2：证明我比他勇敢。

师：为了证明自己更优秀，勇气一下子爆发出来了。

生3：如果是我，我不会返回战场，留得青山在，不怕没柴烧，活着比面子值钱啊！

师：既然都是逃兵，为什么五十步的士兵要嘲笑一百步的士兵呢？

生4：我作为五十步的士兵，我很害怕所以逃跑，觉得自己很胆小，但此时看到还有人跑得比我还快，心里就很开心，竟然还有人比我还胆小。

师：所以嘲笑他的那一刻，你觉得自己不是最弱的？

生4：对，甚至还有点骄傲。

师：嘲笑对方给你带来了"我更勇敢"的感觉，你觉得你真的更勇敢吗？

生4：对啊，因为对方跑得比我快，说明他比我更怕死。

生5：你没有更勇敢，你只是为了找到自我安慰的理由而已，你也是逃兵啊。

师：那你觉得"更勇敢"的感觉是可以通过嘲笑别人来获得吗？

生5：不行，那样的"勇敢"是虚假的，作为士兵，真正的勇敢就应该在战场上杀敌。

师：你的意思就是通过贬低别人获得的自我优越感是虚假感觉，那真正提升自信感的方法有哪些呢？

生5：用自己的实际行动证明给自己看。

生6：还可以看到自己那些好的方面，每个人都有优点和缺点，多看自己的优点，自信感就有了。

生7：我觉得可以做些成功的事情或者做自己擅长的事情。

师：这些成功的体验会提升我们的自信心。在平时的生活中，会出现这种五十步笑百步的情况吗？

生5：一个考58分的人嘲笑一个考55分的人，一样都是不及格，58分的那个人以为自己比较厉害。

师：你觉得这些人真的比较厉害吗？

生5：当然不是，他们没有看清楚自己的情况，对自己认识不到位就去嘲笑别人。

生8：我觉得五十步的士兵嘲笑一百步的士兵是感觉找到伴了，很开心有人和自己一样。

师：生活中有没有遇到过类似的情况？

生5：有，就像被老师罚站时，看到另一个同学也被叫过来罚站，就很开心，感觉自己不是最惨的那个，至少还有人和我一样惨。

师：此时，我想采访下扮演一百步士兵的同学，听完他们说的，你有什么感受和想法呢？

生6：我觉得他们没资格笑我们啊，要证明比我们勇敢，那就返回战场打仗啊！

师：用实际行动来证明自己的实力！有道理哦！

生7：我觉得很生气。第一，他们也是逃兵，没资格嘲笑我们。第二，本来就害怕打仗，被嘲笑后我觉得自己更像胆小鬼了。

生8：被嘲笑后，我突然有一种想冲回去打仗的感觉。

师：为什么被嘲笑反而会激发你的斗志呢？

生8：为了证明我比他强。

师：如果你变得比他强了呢？

生8：换我嘲笑他！

师：嘲笑他时，你是什么心情？

生8：开心，谁让他之前嘲笑我，有一种报复的感觉。

师：那你觉得你能一直处于比他强的位置吗？

生8：不行，除非我一直努力练习。

师：当有一天他又比你强，你觉得

他会怎么做？

生 8：他肯定又会来嘲笑我。

生 9：这样互相嘲笑就是恶性循环。不停地互相嘲笑，两败俱伤。

● **教师小结**

你总结得很到位。嘲笑别人的同时也是在为自己埋下被嘲笑的伏笔。今天我们借助《五十步笑百步》的成语故事来思考一下"嘲笑"这件事，接下来请以小组为单位进行讨论。

● **意图解析**

在阅读成语故事后，进行情景体验，体验嘲笑者与被嘲笑者的感受，在亲身体验后再抛出问题，启发学生思考嘲笑背后的动机。搜集、倾听学生对于嘲笑动机的不同看法，抓取较为独特的问题进行回应。

心灵激荡

1. 以小组为单位，针对问题把自己或成员的观点写在记录单上。

2. 组内交流，充分讨论观点，相互启发。

> **分享与讨论**
>
> 可以嘲笑别人吗？为什么？

生 10：我们小组认为当自己地位升高了，才有资格嘲笑别人。

师：能具体说说，你们理解的地位升高是指什么吗？

生 10：比如成绩好的同学在班上地位就比较高呀。

师：其他同学也赞同这个观点吗？

生 11：我不赞同，成绩好不能代表地位高，只能说他们在学习方面做得比较好。

生 12：我也不赞同，成绩不好的同学也有他们的长处，成绩好的同学也有他们自己的缺点，每个人都有自己的长处和短处，不能单看学习成绩。

生 13：我也不赞同，这个观点太看

不起人了。

师：大家对于这个观点的反应很大，看来大家都不赞同成绩好代表地位高，那你们觉得班级里有地位高低的说法吗？

生11：有，比如班长的地位是最高的，因为他是一班之长，他要负责管理整个班级。

师：按照你这种说法，班干部有地位高低之分，那没当班干部的人就是地位最低的？

生11：好像也不是这样，我自己也不是班干部，我也没觉得自己地位有多低。

生14：我是班干部，我觉得自己有时候地位也很低，还会被他们怼呢。

师：那班干部是地位的象征吗？

生15：我觉得是，毕竟能当班干部的人都是比较优秀的。

师：那就不就是刚才说的优秀的人在班上地位就比较高？

生15：不是不是，我也说不来。

师：班干部是一种职位，不同班干部的工作内容不同，有的人擅长画画就当宣传委员，有的人擅长整理卫生就当劳动委员，有的人擅长管理就当班长，是用每个人擅长的方面去安排职位的，这样解释，你们赞同吗？

生16：赞同，根据每个人擅长的事情来安排班干部的职位，这样就没有地位高低之分了，只是每个人擅长的方面不一样，职责也不一样。

生17：所以班级里没有地位高低之分，每个人擅长的方面不一样，只是负责做的事情不一样而已。

师：谢谢你的补充，解释得很清楚。那我们已经明白成绩高不代表地位高，班级没有地位高低之分。既然这样，你们觉得存在某些背景下可以嘲笑别人的情况吗？

生16：如果是往前冲的士兵就有资格嘲笑逃兵。

生17：我不赞同，往前冲的士兵就像生活中的强者，逃兵就像生活中的弱者，强者也不能嘲笑弱者。

师：你这么激动，似乎你亲身经历过，能再多说一些你的想法吗？

生17：首先，我觉得逃兵会逃跑，可能有他迫不得已的原因。比如，家里上有老下有小，他不能就这样战死了，他心里惦记着家人。

师：你很有同理心啊，能换位思考，但是从维护国家的角度来说，他们是逃兵。

生17：可是从家庭角度来说，他们是爱家的人。从不同角度思考，问题就不同了。再说，强者很厉害，但不能因为自己厉害就嘲笑弱者啊。我们每个人都有自己的弱点，再厉害的人也有他的弱点。比如，我们班陈同学之前就嘲笑过我，他数学比我好，就嘲笑我"哎呀，这个这么简单的题目你怎么也做错啊"。

师：你当时什么感觉？

生 17：很不爽，我就下定决心要努力学数学，超过他。

师：被嘲笑反而激发了你的斗志，那你真的努力了吗？

生 17：对啊，我那阵子就很认真地学数学，我还买了课外练习来做，那一次考试就超过他了！有一种反败为胜的成就感。

师：那你赢了之后嘲笑他的吗？

生 17：没有，我再去嘲笑他，下次我输了，他又得来嘲笑我，而且我也不可能每次都赢他，不过今天我要对他说"骄傲使人退步，请你反省一下"。

师：我来采访一下这位同学的感受。

该同学：我忘记这件事了。我经常和她开玩笑，所以我不知道她竟然记得这么清楚。

生 18：老师，他经常开别人玩笑，他自己很开心，别人不开心。

师：被他开过玩笑的人能举下手吗？

师：这么多人！谁能来表达自己的感受？

生 19：他嘲笑我成绩太差。

生 20：老师，陈同学虽然成绩好，但是他体育不行！

生 19：和我相反，我虽然成绩不太好，但我擅长体育。

师：你们两个都站到台上来吧，我看大家这么激动，你们刚好可以给大家上一节课。请你们来找找他们两个的长处和短处。

生 20：一个学习成绩好，一个体育健将，区田径短跑第一名呢！

师：哇！你的体育成绩如此亮眼啊！我们来采访下陈同学吧。

陈同学：我错了，真的错了，他虽然成绩不好，但体育真的很厉害。我虽然成绩好，但是体育不行，每个人都有长处和短处。

师：陈同学果然是好学的孩子啊，听完大家的心声，马上就醒悟过来了，老师相信你，你很多时候是开玩笑的，不是真心要嘲笑别人的，但是有一句话叫"说者无意，听者有心"。

陈同学：下次我开玩笑之前会先思考一下。

师：我相信你会改过来的，你虽然有这个缺点，但是在班上的人气还这么高，说明大家还是很喜欢你的，相信你不会辜负大家今天提到的希望。对于我们的问题，其他小组还有不同的想法吗？

生21：我们小组觉得不管什么时候都不要去嘲笑别人，因为嘲笑别人会伤害到对方，甚至还会给别人留下心理阴影。

师：你们有亲身体验过吗？

生21：我们小组很多人都有过被嘲笑的经验，我们都不喜欢嘲笑这个行为。

师：正因为自己感受过，因此更能体会被嘲笑者的痛苦，从而更能约束自己的行为，为你们点赞！

生22：我们小组也觉得不管任何时候都不能嘲笑别人，假如我们处于强者的位置，我们更应该去帮助那些弱者。

师：你们不仅不嘲笑，还愿意去帮助，能举个例子吗？

生22：比如说自己成绩好的同学可以去帮助那些成绩差的同学，这样他们的成绩提高了，班级的排名就往前进了。

师：在这个过程中，强者收获了什么？

生22：给别人讲解题目的过程中，我们也复习了，也可以提高自己的成绩。

师：除了提高自己的成绩呢？你在讲解的过程中，你是什么心情或者感受？

生22：会有一种成就感。

师：还能收获成就感、自我价值感。如果班级里大家都这么做了，你们觉得我们班会有什么变化？

生23：班级成绩就会大大提高，变成年段最强的班级。

师：除了成绩变好了，还有呢？

生24：变成一个有爱的班级，大家每天都会很开心。

师：相信我们班会有越来越多的强者站出来帮忙，班级的强者就越来越多，班级就会越来越棒！

- **教师小结**

  我们的讨论像一场辩论赛，通过刚才辩论性的讨论，我们发现了嘲笑别人有时候会带来一种"我比他厉害"的错觉。但实际上，每个人都有自己的长处和短处，真正的厉害是通过自己的实力来证明。不管什么时候都不要去嘲笑别人，看到别人的短处，伸出手来帮忙，更是自我价值感的体验方式。

- **意图解析**

  通过分享与讨论，鼓励学生思考是否可以嘲笑别人，继而充分表达自己的观点和看法，进一步深化他们对于自我评价和对他人评价的理解。

灵光一闪

教师邀请学生分享：上完这节课，你对"是否可以嘲笑别人"的看法或观点是什么？

生1：我认为任何情况下都不能嘲笑别人，每个人都有自己的长处和短处，当我们看到别人的短处时，反思下自己，说不定自己某些方面也做得不好，如果在这个时候嘲笑别人，就是五十步笑百步了。认识一个人要全面，不能被表面现象误导了。

生2：我认为每个人都没有权利嘲笑别人，嘲笑别人不仅没办法提升自己的价值，相反地，还会败坏自己的人品。没有人愿意和人品差的人交朋友，所以我们要努力提高自己的人品，要学会尊重别人。

- **教师小结**

  今天很开心和大家一起探讨这么多关于"嘲笑"的想法，嘲笑不仅会伤害到别人，也会破坏自己的人际关系。不管在什么情况下，我们都要学会不嘲笑别人，要尊重别人，多看到别人的长处，多给别人一些积极的评价，这样，我们才能成为一个受欢迎的人。

- **意图解析**

  邀请学生上台进行总结和分享，目的是想要了解经过一节课的讨论后，他们形成了哪些新的观点或者更加认同哪些自己原有的观点，同时起到收尾和升华的作用。

教学反思

这个成语故事的原文和译文内容对小学生来说，理解起来比较难，教师要先和学生介绍当时的背景。战国时期，很多国君喜欢打仗，百姓受难，孟子为了救助百姓摆脱战争，他四处游说各国国君不要再打仗。最后要和学生解释孟子用这个故事来比喻梁惠王虽然爱百姓，但是一直在打仗，也是对百姓的残害。这种做法和邻国国君不管灾荒年间百姓的生活是一样的，梁惠王这是不管战争给百姓带来了什么灾难，一样是不爱百姓的国君。这样才有利于学生理解整个成语故事及其寓意。

从学生的分享中，我们感受到学生嘲笑行为背后的动机是多样的，有的学生是通过嘲笑别人而获得自我肯定，增强自己的自尊心，凸显自己的优越感，这种通过拉低别人来抬高自己的行为是自卑的一种外在表现。有的学生出现嘲笑行为是一种无知和简单的反应，他们认为这是开玩笑，以此来娱乐大家，认为开玩笑是人际相处的一种润滑剂。这是对人际交往的错误认识，这种无知和简单的反应不仅会导致误解和误导，还会破坏人与人之间的关系。有的学生是由于对别人的认识不全面，只看到别人不足的一面或者表面现象就出现嘲笑行为，没有看到对方优秀的一面或者真正的本质现象，不管是哪一种原因的嘲笑，都会影响学生的社会情感的培养和人际关系的发展。我们要在一节课的时间里解决这么多情况的嘲笑是不切实际的。在本节课中，我们只需要带着学生去思辨这些类型的嘲笑，提出自己的想法，通过追问将学生往正面方向引导，从而认识嘲笑这个行为带来的影响，学会不嘲笑别人。

虽然在儿童哲学课中，我们没办法通过一节课解决学生嘲笑行为背后的多种动机问题，但通过本节课，我们看到了嘲笑行为背后的动机，这是一个很有意义的开端，接下来我们可以借助专职心理教师的力量，让心理教师根据这些动机设计一个"嘲笑"的单元主题心理课，培养学生的心理品质，帮助他们学会不嘲笑别人，学会看到事物的本质，正确评价自己及他人。

附：《五十步笑百步》学习单

原典选读（略）　成语故事（略），见前文第 153—155 页。

任务一

请你思考是否可以嘲笑别人，为什么？把你的想法写在下面的横线上。

我的想法：

_____

_____

_____

任务二

请你把讨论过程中，你觉得比较有趣的同学的想法记录下来。

_____

_____

_____

任务三

对"嘲笑别人"的行为，你有什么新看法？

_____

_____

_____

郑人买履
做选择要看自己感受还是客观标准？

三思而行

——要不要把所有可能性都考虑到？

（林跃发　厦门五缘实验学校）

　　对于同一个事情，季文子要三思而后行，把所有可能性都考虑到，孔子却认为只要思考两次就可以了。这个故事在现代常常被用来教导人们：做事要经过反复考虑，再去做这件事，不能凭空妄断。然而，有时候考虑太多，反而会患得患失、疑惑不定。三、四年级的小学生处于一个易于变化、易于塑造的阶段，他们的认知从弥散性、间断性到系统的、有组织的、综合性的思想转变，正好是进行社会适应能力培养的最佳阶段。通过《三思而行》成语故事探究，儿童能够明白，凡事多加考虑，总体来说是利大于弊的，但要找到一个平衡点，不因考虑过多而战战兢兢，也不能没有任何考虑就盲目行动。相比于要不要把所有可能性都考虑到，更重要的是遇到事情的时候能够从容不迫地找到解决方案。

课标依据

培养学生自立的健康人格。

——《中小学心理健康教育指导纲要（2012 年修订）》

本课目标

（认知）知道任何事情都无法顾及方方面面。

（情绪）体会遇到事情需要权衡和考虑时的矛盾和冲突心理。

（行为）辩证看待思考和行动，学会找到适合自己的思考节奏。

儿童特征分析

小学生的认知发展逐渐从弥散性、间断性的想法过渡到系统的、有组织的、综合性的思想，同时他们也处于一个易于变化、易于塑造的阶段，对一切充满好奇。有强烈的思维的基本特点是，从以具体形象思维为主要形式逐步过渡到以抽象逻辑思维为主要形式。四年级以后以逻辑抽象思维成分为主，尽管思维不断发展，但充满探求欲，活泼好动，思维活跃，正是进行适应社会能力培养的最佳阶段。[1] 研究表明，冲动型与沉思型儿童之间的差异，表现在对错误的关注或焦虑方面。[2] 这种关注，在一定程度上反映了他们对自身能力评判的敏感性。冲动型儿童把反应速度视为反应能力的一个主要指标，而沉思型儿童则把正确率视为反应能力的一个主要指标。

核心概念

认知方式是指个体在认知过程中所经常采用的、习惯化的方式，它是联系认知和个性的理想桥梁之一。[3] 认知方式可以从不同的维度来研究，其中沉思—冲动型认知方式维度是其中一个重要成员。

沉思型：在做出反应前深思熟虑，认真思考所有可能的选择，犯错误相对较少

冲动型：对各种可能的选择做出简短的回顾后，迅速做出决定，往往出现较多的错误。

教学准备

教师准备：多媒体课件、《三思而行》故事及翻页笔、学习记录单（每人一张）、海报纸（每组一张）、记号笔若干。

学生准备：黑色水笔一支，积极参与、认真倾听、尊重他人。

---

[1] 林崇德 . 发展心理学[M] . 北京：人民大学出版社，2012：287—288.

[2] Gullo, D. An investigation of cognitive tempo and its effects on evaluating kingdergarten children's academic and social compentencies[J] . Early Child Development and Care, 1988（34）：201—215.

[3] 金玉华，李寿欣 . 沉思—冲动型认知方式的研究与进展[J] . 山东理工大学学报(社会科学版)，2006(01)：80—83.

探究启航

▭ 游戏互动

游戏：逢"7"过

● 游戏规则

（1）以班级为单位进行顺序数数，如 4、5、6……如此数下去。

（2）遇到 7 的倍数（7、14、21……）和含有 7 的数字（17……）不能喊出来，只能用手敲下桌子。

（3）如果遇到逢 7 的数字却数出来，就算输；没逢 7 就敲桌子（喊过）的，也算输。

● 师生互动

相比于平时的顺序报数游戏，在这个活动中你的反应有什么不同呢？

生 1：会比之前思考的时间久一点，担心出错。

生 2：之前数数都不用思考，这个还要思考会不会逢 7。

● 教师总结揭题

刚刚同学们提到了，在这个游戏中，为了不出错，会花更多时间思考。这和我们生活中面临陌生情景时的反应是一致的，那么凡事多思考真的是有利于我们的行动吗？我们一起来看《三思而行》故事吧。

● 意图解析

设计与"思考"相关的活动，让学生充分动起来，拉近师生之间的关系。最后出示课题、揭示主题，为后续授课做铺垫。

❀ 成语共读

教师借助多媒体设备介绍成语故事。

● 原典选读

季文子三思而后行。子闻之，曰："再，斯可矣。"

——《论语·公冶长》①

秋，季文子将聘于晋，使求遭丧之礼以行。其人曰："将焉用之？"文子曰："备豫不虞，古之善教也。求而无之，实难。过求何害？"

——《左传·文公六年》②

● 成语故事

春秋时期，有一年鲁国的大臣季文子被派去晋国进行外交访问。季文子出发前，对手下的人说："帮我准备一些适合在葬礼上用来慰问死者家属的礼物。"

手下的人说："啊，要做什么用？"

季文子说："古人教导我们说，要把各种可能的情况都考虑到。如果等到要用的时候再来找，又找不到，就不好办了。我们多做些准备，就算到时候用不上，又有什么坏处呢？"

手下人只好乖乖去准备。季文子带着礼物上了路，过了大约一个月，当他刚走到晋国的时候，晋国的国君就去世了，于是他准备的礼物正好用上了。

后来，季文子成了鲁国最重要的官员，大家都说他"三思而后行"，也就是遇到事情先思考三次，把各种可能的情况都考虑到，再去行动。

几十年后，有人在孔子面前说到季文子"三思而后行"，孔子却说："需要想那么多吗？我看，想两次就可以了吧！"　　（黄睿　改编）

---

① 杨伯峻. 论语译注[M]. 北京: 中华书局, 2015: 73.
② 杨伯峻. 春秋左传注[M]. 北京: 中华书局, 2018: 470.

分享与讨论
请大家想一想，你们看完这个故事后，想问什么问题？

生1：后来孔子的"思考两次"有没有成功？

师：孔子说思考两次就可以，这样做会不会成功？

生1：拿那些礼物被误会了怎么办？

师：你能具体说一下是怎么被误会的吗？

生1：别人看他带着葬礼的礼物，可能猜想他要去参加谁的葬礼。但是没有死人的话，他也送不出去，就会被误会。

师：假如没有死人，可是别人发现他们带着葬礼的礼物，就会被误会，好像他们诅咒别人死似的。

生2：为什么季文子带着葬礼的礼物，恰好就遇到晋国国君死了呢？

生3：季文子为什么要准备葬礼的礼物？

生4：会不会是季文子自己派兵谋杀了晋国国君？晋国国君是怎么死的？

生5：为什么走到晋国需要一个月？

生6：为什么季文子的手下这么听话，让他们带礼物就带了？

生7：孔子比季文子聪明，为什么他只需要思考两次，而季文子却需

要三次？

师：你觉得孔子比季文子聪明，但是他只需要思考两次，而季文子却需要三次？

生7：季文子说必须思考三次，孔子说必须得思考两次，但是我认为可能需要很多次。

师：我们这样问好不好，遇到事情究竟应该思考几次？是两次、三次还是很多次？

生7：可以的。

生8：为什么季文子要走路去晋国？

生9：为什么选季文子去访问？

师：你想问的是不是为什么要选季文子这个人去访问？

生9：对。

生10：孔子为什么要这么说？

师：我也很疑惑孔子为什么要这么说。

生11：他们说的三思而后行，结果却是把所有可能性都想到了才去行动，也就是说存在一些前后矛盾。

师：你觉得这个矛盾是什么呢？

生11：文章中说季文子遇到问题要思考三次，把各种可能性都考虑

到。思考三次怎么把所有问题考虑到呢？

师：你的意思是说可能性会有三个以上，比如会有五个可能性，思考三次的话没办法把五个都考虑到。

生 11：是这个意思。

师：我这样记你的问题：思考三次能把所有情况都考虑到吗？这样可以吗？

生 11：可以的。

生 12：为什么孔子听到有人讲季文子的故事却要说大话？有可能他也做不到。

师：你为什么觉得孔子说的是大话？你是说孔子思考不到三次，还是做不到两次呢？

生 12：就是孔子在面临问题的时候可能需要思考多于三次。

师：你觉得思考两次比思考三次还难是吗？

生 12：要难一点，因为思考两次就把问题的所有可能性想到，这很难，一般会遗漏一些东西。

师：我大概明白你的意思了。我觉得你这里面有两个问题值得探究：第一个是思考两次和思考三次，哪一个更难。以前我觉得思考三次更难，因为需要多思考一次，但是你却觉得思考两次更难。第二个就是你提到的，思考两次会不会有什么坏处，会不会疏忽一些东西？

- **教师小结**

刚才大家提了很多有意思的问题，接下来我们一起来选择一下本节课要进一步探讨的问题。

- **意图解析**

在阅读成语故事后，让学生以自主提问的方式重新梳理故事内容。针对故事的提问，既通过问题了解学生对故事的掌握情况，也为后续进一步探究做好铺垫。

??? 心灵激荡

1. 以小组为单位针对问题把自己或成员的观点写在记录单上。

2. 组内交流，充分讨论观点，相互启发。

分享与讨论

为什么季文子到晋国的时候，晋国国君正好死了？

师：通过刚才同学们的投票，我们接下来依次探讨一下你们感兴趣的话题。首先是：为什么季文子到晋国的时候，晋国国君正好死了？

生1：有可能是吃饭的时候，鱼刺卡到喉咙，出血没法呼吸。

生2：季文子可能很幸运，晋国国君可能仅仅是意外死去的。

师：为什么你觉得他幸运呢？明明是一个死人的事，用幸运似乎不太好。或者说你觉得季文子在这里面赚到了什么呢？他幸运的地方是什么？

生2：他的东西刚好可以派上用场。

师：你是不是觉得如果国君没死，礼物就白费了，所以觉得他很幸运是因为这些礼物正好能发挥作用。

生2：对的。

师：这让我联想到一个问题，假如我是一个不喜欢下雨的人，今天出门的时候，我猜到可能下雨，于是带了雨伞。请问：对我来说，今天是真下雨比较幸运，还是不下雨比较幸运呢？

生3：真下雨。

师：你的理由是什么呢？

生3：因为刚好可以派上用场。

师：这样伞就不会白带了，对吗？其他同学有没有什么不同意见。

生4：如果没下雨的话，也可以用来当遮阳伞。

生5：如果没下雨，又是阴天，这把雨伞就真的没用了。

师：假如你是我的话，今天你带了一把很重的伞，又是阴天，你会觉得自己幸运吗？

生5：不幸运。

师：你是不是希望现在赶紧下雨，这样伞就能派上用场了。我迁移一下，在带伞这个例子中，你既然带了伞，就希望今天下雨。如果你是季文子，你带了葬礼的礼物，你会不会希望他们国家的国君死掉？

生5：会希望吧。

师：你会希望他死掉。其他同学怎么看呢？

生6：如果到的时候还没有人死掉，我会把礼物丢掉。

师：你不会想着把礼物带回去，等到下一次出国的时候再用吗？

生6：因为礼物太重了，搬来搬去太麻烦了。

生7：下雨了有可能幸运，也有可

能不幸运。

师：为什么呢？

生7：有可能下雨的时候，你刚好已经走进家门了，这就很幸运，也有可能刚走出去没多久就下大雨了。

师：我想问大家一个问题，有没有同学觉得今天既不是晴天，也没有下雨，只是一个很舒服的阴天，结果我还带着伞，这时候我也是不亏的？

师：有两位同学，请两位同学说一下你们的理由。

生8：如果别的地方下雨，可以借给别人。

师：在别人需要的时候可以借给别人对不对？

生8：对的。

生9：做人要乐观一点，假如像这种很舒服的天气，我们也不能觉得它一定不下雨，如果有阵雨的话，伞就能派上用场。如果到家了确实没有下雨，也可以乐观地想，这一天幸好没下雨。

师：可是我的伞没用上，那位同学都气得要把礼物丢掉了。你怎么会乐观地觉得幸好没下雨呢？

生9：如果下雨的话，比如说暴雨，即使你有伞，鞋子踩着水，鞋子也会湿掉。如果是毛毛雨的话，回家也不会把伞扔掉，下次还能用。

师：你说的也是我平时的感受，下大雨即使撑着伞鞋子也会湿。还有同学要发表想法吗？

生10：伞也可能用得上，比如走到有喷泉的地方，或者有小孩子拿手枪射你，就可以拿这个来挡。

师：你真的把所有情况都想到了，连小孩子拿水枪射你，你都想到了。你的回答我觉得很有趣。我问大家一个问题：在文章中季文子说我们要把情况都考虑到再行动，现在你帮我们想到了其中的很多情况，比如有人打水仗、会遇到喷泉等，假如今天100%不会下雨，也不会是大晴天，是一个很舒服的阴天，那我出门还要不要带伞呢？因为按照刚才同学的说法，也可能会遇到小朋友泼我水，这时候也需要雨伞。想听听大家的看法。

生11：我认为还是要带。

师：你的理由是什么呢？

生11：因为可能会遇到风，可以拿出来挡风，就不会冷了。

师：可以用来挡风是不是？其他同学的看法呢？

生12：天气预报虽然说100%不会下雨，而且刮风不大，但是天气预报又不一定准。

师：你觉得天气预报可能会出问题。

生13：要是看了天气预报，它说不下雨，但你又担心会下雨，可以带一把轻一点的伞。而且可以看情况，要是走路过去，就可以带一下，要是开车的话就可以不用带，只要把车停在目的地门口就可以了。

师：要是我去的地方三公里内不能停车，那我停完车之后还要走很远的，那要怎么办？

生13：停车的问题也要考虑进去，要先看一下导航，全都准备好之后，不带的就尽量不带，可以减少重量。

师：你真的是三思而后行，刚才说的都是要带的，有没有同学认为今天不下雨我就不带的？

生14：我认为不用带，既然天气预报都说了，那大概率是不会下了。如果真的下雨的话，也可以跑到屋檐下躲雨。

师：你认为大不了就去屋檐下躲雨，等一会儿。

生14：如果树会漏雨的话，也可以找一个不会漏雨的地方躲。

师：他看得很开，如果下雨了，我就去找个地方躲一下就可以了。其他人认为不带的理由是什么呢？

生15：因为书包已经很重了，带它很累赘。

师：你觉得只要觉得重，就不要带了。

生16：如果没下雨，带雨伞要干吗呢？

师：但是要考虑到所有情况，就像刚才有同学说的，可能有小孩泼你水。

生16：如果有人泼水，那我跑就好了。

- **教师小结**

刚才我们一起探究了晋国国君为什么死亡，带了伞之后是下雨幸运还是不下雨幸运，天气预报报道100%不下雨之后还要不要带伞等问题。通过对这些问题的探究，我发现很多同学有一些很有意思的想法，当然也发现了想法中的一些矛盾，接下来我们继续探究。

- **意图解析**

选择学生感兴趣的问题，引导他们进行团体探究，在探究中运用追问、具体化等心理咨询技术帮助学生继续深化对于"思考几次"的考量和权衡。

灵光一闪

教师邀请学生分享：在今天我们探讨的故事中，我们可以看到一个冲突：季文子要三思而后行，孔子说两次就够了，不需要想太多。在你们刚才的讨论中，我们也能看到这样的分歧，有的同学是三思而后行的，要带个伞以防小朋友泼我水等突发情况；也有同学觉得我不用想太多，如果真的有人泼水我就跑，下雨了就找地方躲一下。所以你们觉得遇到事情到底是三思而后行，还是简单一点直接动手就好了？

生1：如果小朋友泼你水，你可以直接把小孩带去找家长。

师：你觉得还有办法可以应对泼水的情况，所以不用过多担心。那么回到我们的问题，你觉得要三思而后行还是两次就好呢？

生1：两次就可以了。

师：你觉得两次就可以了的理由是什么呢？

生1：一次也可以，我们可以根据当场的情况来随时调整，比如真的下雨了，可以直接跑回来，淋湿了回家泡点感冒药喝一下，然后赶紧洗完澡去睡觉就可以。

师：所以你觉得一开始不用思考太多，临场随机应变就够了。我们提到的三思和两思可能不太好理解，接下来我们换一个方式来问，就是遇到问题时要不要把所有情况都考虑到呢？就像文章中的季文子一样。

生2：不需要把所有情况都考虑到，因为想得越多，脑子会越乱。

生3：不需要想太多，想太多会占用很多时间。

生4：假如多想一下就不会发生意外，比如下暴雨。

师：你是说想了之后它就不会下吗？

生4：你想到了之后，如果它下了，你就有防备，不会一时反应不过来。

生5：我也觉得需要，因为如果真的下雨的话，可以以防万一。

● 教师小结

我很喜欢刚才同学说的一个观点，那就是如果你提前想一下就不会出现意外。这里的不出现意外不是说不会下雨或者晋国国君不会死，事情该发生还是会发生，但是你将所有可能性都考虑到之后，当事情发生时你就能有所防备，你也会更加安心、更加从容。另一方面我也很欣赏很多同学豁然大度的态度，遇到意外也没关系，总有办法解决，遇到雨我就躲，小孩泼我水我就跑。怀着这种很随意、所有问题都能解决的心态，我们也会觉得很安心。但是无论你采取要准备或者不准备的方式，只要遇到事情时你足够心安，能轻轻松松去处理，我想很多问题都能解决。

● **意图解析**

鼓励学生充分分享，联系生活，讨论前面环节中存在的分歧，即是否需要将所有可能性想到之后再行动，进一步启迪学生不论考虑多少次，只要遇到问题时能够从容不迫，就能解决问题。

教学反思

儿童哲学是一个开放的课堂，加上中小学生的思维弥散性、间断性特点突出，容易偏离课堂主题，因此如何通过课堂有效回应、提高课堂效率值得反思。在本节课中，教师通过贴合学生实际的问题设计、恰当的课堂回应以及及时引导与追问等方式提高课堂效率[1]，为后续提高儿童哲学课堂效率提供了借鉴。

小学生的社会阅历有限，有些情境的探究对他们来说有难度，很难让他们充分发表自己的想法。例如本节课所使用的季文子出访晋国带着葬礼的物品的情景，学生对该情景的理解存在差异，很难展开充分的讨论。于是教师及时链接学生生活，创设了出门要不要带伞的情景进行探究，在这

---

① 胡慧娟.心理课如何通过师生问答提高课堂效率[J].中小学心理健康教育,2019(22)：28—29.

个与学生实际贴合的问题情境中，学生能够感同身受，讨论的积极性和主动性也进一步提高，同时讨论的质量也大大提升。教师再次将两个场景进行结合，学生对本节课探究的问题理解就更加透彻，课堂效果更佳。

在本节课中，可以发现有一部分学生的回答并不如我们期待的那么好，出现这样的情况时，部分教师可能会忽略或否认学生的回答，再另外找学生回答，直到学生说出教师想要的答案为止。尽管这是一种策略，但是这可能会让学生产生挫败感，与之相对的，教师可以尝试通过引导、追问的方式来让学生更好地表达自己的想法。那么如何做好引导呢？这就要求教师要对学情、教学目标以及当前的教学环节有深刻的理解。以本课为例，在"灵光一闪"环节中，教师让学生探究遇到事情到底是三思而后行还是简单一点直接动手好，第一个学生的回答是"如果小朋友泼你水，你可以把小孩带去找家长"，由此可见，学生可能还沉浸在上一个问题的探究中没有走出，这时候教师的回应是"你觉得还有办法可以应对泼水的情况，所以不用过多担心"，这样的回应既是对学生回答的一个小结，同时也再次回到了我们要探究的问题中，这样的引导就能让学生走回"正道"，跟着教学目标推进。

附：《三思而行》学习单

原典选读（略）　成语故事（略），见前文第 169 页。

任务一

　　请你针对两则故事尽可能提出你的问题（可参考下面的提问范例）。

> 故事里的_____会怎么看？
>
> _____后来会怎么样？
>
> 如果_____生活在现在，_____？
>
> 假如_____，那么_____？
>
> 除了_____之外，还可以怎样？
>
> 如果你是_____，你会_____？

任务二

　　和你的同伴一起思考以下两个问题，并把你觉得精彩的想法记录下来。

　　　　问题 1：为什么季文子到晋国的时候，晋国国君正好死了？

　　　　问题 2：遇到事情时，是否要将所有可能性都考虑到？

_____

_____

_____

郑人买履

——做选择要看自己感受还是客观标准?

（许惠欣　厦门市同安区美林小学）

郑国一个书生因过于拘泥尺码，不相信自己的脚，导致买不到鞋子。这个故事似乎意味着：教条主义和墨守成规会把简单问题复杂化。然而，借鉴外界标准本身就是儿童成长过程中形成内在自我标准的方式之一。小学高学段学生在进行决策和解决问题的过程中，也会因"外界标准"与"个人感受"的矛盾而遇到一些困难。通过《郑人买履》成语故事探究，儿童明白独立做决定的重要性，学会辩证思考做决定的参考因素，敢于独立地做出决定。

课标依据

培养学生分析问题和解决问题的能力。

——《中小学心理健康教育指导纲要（2012 年修订）》

本课目标

（认知）明白独立做决定的重要性。

（情绪）体会独立做决定的愉悦感和成就感。

（行为）学会辩证思考做决定的参考因素，敢于独立地做出决定。

儿童特征分析

研究表明，影响少年儿童独立做决定的原因主要有三方面：父母的约束、缺乏勇气、害怕承担责任。[①] 果断而理智地做出决定，是小学生割断连接父母的"脐带"，逐步成长为一个独立个体的重要标志。提高做决定技能有助于学生全面提高自己的综合素质。学习独立地做出决定，可以增强学生的人际交往能力和与人沟通的能力，使学生懂得怎样调节自己的不良情绪，使自己的潜力得以发挥。

核心概念

决策，指决定的策略或办法，是人们为各种事件出主意、做决定的过程。它是一个复杂的思维操作过程，是信息搜集、加工，最后做出判断、得出结论的过程。

教学准备

教师准备：多媒体课件、《郑人买履》故事及翻页笔、学习记录单。

学生准备：黑色水笔一支，积极参与、认真倾听、尊重他人。

---

① 叶一舵.小学生心理健康教师指导用书[M] 福州: 福建教育出版社, 2017: 211—212.

探究启航

游戏互动

游戏："YES or NO"游戏

- **游戏规则**

（1）教师出三道选择题，请学生在短时间内快速做选择。

（2）如果选择"要"就用手比出"O"字形，并大声喊"YES"；如果选择"不要"就用手比出"X"字形，并大声喊"NO"。

选择题：

（1）学校要开展才艺秀，你有某项特长，要不要报名参加？

（2）你看中一件衣服，但是和你一起去买的同学说你穿上去不好看，要不要买？

（3）作业还没完成，同学约你去运动，要不要去？

教师确认学生了解规则后组织活动。

- **师生互动**

师：为什么做这个选择呢？

生1：站在台上，我会很紧张，所以不想报名参加。

生2：我当然要参加，我街舞学了很久了，经常上台表演。

生3：我会再看看有没有其他好看的衣服，如果实在找不到了再来买这件。

生4：先去玩一会儿再回来写作业，运动也是一种放松。

- **教师总结揭题**

刚刚大家在短时间内做出选择，这是一个勇敢的尝试，虽然有的同学在做选择时犹豫了，但这就是我们的真实状态，生活的选择题很多，值得我们一起来学习。接下来，我们要学习的成语故事《郑人买履》也和做选择、做决定有关，我们一起来看看。

● 意图解析

设计做选择的游戏，通过身体的动作，调动学生的积极性及课堂氛围，并观察学生做选择时的表情、动作，倾听学生选择的理由，初步了解学生做选择时的心理状态，为后续回应学生的分享做好准备。最后出示课题、揭示主题，为后续授课做铺垫。

🦶 成语共读

教师借助多媒体设备介绍成语故事。

● 原典选读

郑人有欲买履者，先自度其足而置之其坐，至之市而忘操之。已得履，乃曰："吾忘持度。"反归取之。及反。市罢，遂不得履。人曰："何不试之以足？"曰："宁信度，无自信也。"

——《韩非子·外储说左上》①

● 成语故事

有个郑国人想要买鞋子，他先在家量了自己脚的尺寸，可是他去市场买鞋子的时候忘了把量尺寸的结果带出来。到了市场上，他找到了自己心仪的鞋子，该选尺寸的时候，他才突然想到："我忘了带我量好的尺码了！"于是他丢下选好的鞋子，跑回家去取尺码。然而等他从家里再回来的时候，时间已经很晚，市场早就关了门。他忙了一天，也没有买到鞋子，只能垂头丧气地往家里走。有人听说了这件事，很疑惑地问："你怎么不在市场上用自己的脚试试？看不同尺码的鞋子穿在脚上的感觉如何，就知道哪个尺码合适了呀！"郑国人回答说："我还是更相信我量的尺码，不太相信自己的感觉……"

（黄睿　译）

---

① 王先慎(集解)，姜俊俊(点校).韩非子[M].上海：上海古籍出版社，2015：339—340.

分享与讨论

（1）郑人为什么不相信自己的脚，而是相信尺码？

（2）如果你是郑人，你会怎么做？

生1：我觉得他已经习惯了用尺子量，所以心里更相信尺码。

师：习惯的力量很强大，使用尺码习惯了，你觉得他对尺码产生了什么感觉？

生1：信任感、依赖感。

师：你有类似他这种情况吗，对某个人或者物或者是其他的东西有了习惯性依赖？

生1：有，写作业时遇到不懂的题目就想查手机，感觉手机的答案比较准。

生2：我也是，我写作文前都会看作文书，模仿书上的作文来写，感觉这样写出来比较好。

师：依靠手机的答案、作文书，是什么感觉？

生1：会害怕自己写错，好像越来越不相信自己的思考。

师：你想继续保持还是改变这种状态？

生1：想改变，这个习惯很不好，但又不知道怎么改。

师：嗯，虽然现在还不知道怎么做，但至少你找到正确的方向了。

生3：我是上次参加编程比赛时，带着一份图纸，我就一直想看，现场想不出来。

师：为什么想不出来？

生3：因为心里一直想着图纸，一直依赖图纸，没办法正常发挥。

师：结果呢？

生3：结果就是老师以为我作弊，取消了我的比赛资格，我感到很挫败。

师：相信这次经历肯定给你带来收获。

生3：我那次太不相信自己才会这样，我觉得郑人就是和我一样不相信自己才会想依赖那个尺码。我觉得还是要相信自己的感觉。

师：你现在回答的样子很自信，我很喜欢。如果再让你参加一次编程比赛，你想怎么做？

生3：我不带图纸了，相信自己的感觉！

师：郑人为什么不相信自己的脚，还有其他不同的答案吗？

生4：我觉得有可能是他大小脚，所以不敢把脚伸出来试，怕被别人嘲笑。

生5：我觉得可能是他袜子破了一个洞，太丑了，不敢试。

生6：还有一种可能，他脚臭！不好意思伸出来！

师：咦，你们的想法挺有画面感的，而且你们都说到一个词"不敢"，能想象一下郑人不敢时是一种什么感觉吗？

生4：不好意思、害怕吧。

生5：我觉得可能还有点自卑吧，自己的脚有问题。

师：所以听上去他好像还是不自信。如果是你呢？你的脚是大小脚，或者有脚气，或者袜子破了个洞呢？

生6：我还是会用脚试鞋子，我觉得很正常啊，我有时也会把袜子穿出破洞，还挺搞笑的。

生7：说明你很节俭，破洞了还继续穿，我也觉得很正常。

师：哇，你这句话治愈到我了，我也曾经穿到袜子破了个洞，说明我很节俭。

生8：如果是我，我也觉得很正常，因为我也有脚气，哈哈哈。不过我会拿着鞋子去角落试穿。

师：为什么想去角落试穿？

生8：因为我担心臭到其他顾客，影响老板的生意，这样老板就亏了，所以我自己去角落试，试完再

决定买哪双。

师：你这个做法既满足了自己的需求，也考虑到他人的感受，很贴心。

生9：如果是我，我还是会不好意思。我脸皮比较薄，我会叫老板拿双新的袜子给我穿，我再试，这样就不会出现破洞的尴尬了。

师：及时为自己化解尴尬。

生10：如果是我，我不会跑回去拿尺码，也不会脱鞋下来试，我会拿新的鞋子放在旧鞋子旁边量，买和旧鞋子一样大的鞋子。

生9：我不赞同，我以前也这样做过，结果买回去还是不合脚。

师：为什么买和旧鞋子一样大，买回去还是不合脚呢？

生9：可能是用眼睛看，会出现误差，还是需要根据鞋子标注的尺码或者用尺子量比较准。

师：所以你觉得眼睛看是主观的，容易出现误差，还是需要参考客观标准。

生9：对，就像我们去买菜买肉，还是需要借助秤才能准确称重，单靠自己的感觉、拿着看看几斤，不准的。

生10：不一定，这些所有的客观标准也有可能被动手脚，比如老板在秤上动手脚呢？

生9：我们可以自己带一个秤过去称。

师：请大家试想一下，如果每个人买东西都自己带秤过去，会怎么样？

生10：这样的话，生活太麻烦，人与人之间的信任都没了。我觉得还是相信老板吧，多一些信任。

师：是啊，人与人之间需要信任。

生9：我们也可以在老板称完后，再自己拿着看看，凭感觉再衡量看看。

师：所以有时候我们做决定或者选择是需要将自己的感觉和客观标准相结合。用旧鞋子来做参考物，为什么买回去还是不合脚，还有不同的想法吗？

生11：我觉得是鞋子的材质和款式不一样，所以单纯从外观看，是看不出来的，比如旧鞋子的鞋头比较宽，新鞋子的鞋头比较窄，那就要买长一点的，不能再和旧鞋子一样长，要不然会挤脚。

师：你这个想法挺有意思的，两双鞋子材质和款式不一样，无法进行对比。所以，我们要选好参考物。我想问，那你觉得生活中，除了鞋子，还有哪些情况不能进行对比？

生11：比如我的成绩不能和学霸

比，因为是不同水平的。没有对比就没有伤害。

师：那你觉得和谁对比比较合适？

生11：和那些成绩和我差不多的同学。

生12：我觉得不要和别人比较，和自己比就可以了，比以前的自己有进步就可以了，毕竟每个人都不一样。

生11：但是我觉得要和自己比也要和别人比。

师：和自己比的意义在哪里？和别人比的意义在哪里？

生11：和自己比，可以看自己有没有进步；和别人比，可以看我们之间的差距是多少，可以怎么努力追上别人，这样也有进步的动力。

师：嗯，这么一听，对比有时候还会激励我们进步。

生13：因为不同鞋子的厚薄有差异，测量的时候只能量外部，却不能量内部。而鞋子合不合脚是由内部决定的，只有脚知道。

师：生活中还有哪些情况需要凭借自己的感觉来做决定？

生13：比如交朋友，我会凭借自己的感觉来决定要和谁交朋友。

生14：比如冬天一到，我妈妈总是觉得我会冷，叫我穿多一点，但是只有我自己才能感觉到冷不冷，我会根据自己的感觉来决定要穿多少衣服。

生 13：对，我妈也总是看天气预报，然后觉得我会冷，天气预报有时不准，我相信自己的感觉。

师：确实很多东西需要凭借自己的感觉来评价，但很多人还是会受到外部测量的影响。

生 1：我觉得用旧鞋子来对比不准，因为有可能脚大了，要去买新鞋子，再用旧鞋子的标准来买，买回来肯定挤脚、不舒服。

师：旧鞋子的号码代表着旧标准，不能用旧标准来衡量新事物。这让老师想到，我如果用以前我们小时候的方法来管教我的孩子，他们也会不开心，你们觉得呢？

生 1：我想到我妈有时候也会说"我小时候怎么样，你现在怎么这样"，这让我很不舒服，时代在进步，要跟上时代，不要老是用旧标准来说我们。

师：那如果是同一代人呢？比如班上同学用他的标准来衡量你的行为。

生 1：要看情况，比如这个标准是我们通过努力都能达到的，而且也是我们应该做到的，那就可以接受。

师：比如什么事呢？

生 1：比如作业，比如搞卫生。

师：哪些是你不能接受的？

生 1：比如拿身高、外貌来衡量别人，这些事不仅要靠后天的努力，也取决于先天的基因，而且每个人的生长速度不一样。

师：说得很有道理！小小年龄，看待事情很理智哦！

生 12：我觉得新鞋买回来不合适，有可能需要多穿几次，很多鞋子刚买回来比较硬，多穿几次就软了、就合脚了，我买过几次鞋子就是这样。就算凭着自己的脚感来买，也有可能买回来走久了不舒服。

师：哇，你的意思是需要磨合期，除了鞋子需要磨合期，还有哪些东西也需要？

生 12：比如我们和新老师相处也要磨合期，像我们语文老师，今年是新来我们班的，刚开始我也不习惯她那么严格，后面磨合磨合就习惯了。

生 13：比如穿衣服也需要磨合期，刚买过来可能不好意思穿，多穿几次就习惯了。

生 14：我们同学间相处也是，尤其是新同桌，刚开始不知道彼此的习惯，可能会触犯到对方，然后吵架，后面磨合磨合就好了。

师：那郑人买鞋，如果让他改掉用尺码的习惯，相信自己的脚感，

需要磨合期吗？

生 14：需要，改变一个习惯也需要

磨合期，我们如果要改掉一个坏习惯也是需要适应的。

- **教师小结**

从《郑人买履》这个故事中，大家得到很多有趣的想法。我想请大家根据这个故事来思考下面这个问题，小组用五分钟时间进行讨论。

- **意图解析**

在阅读成语故事后，抛出问题链接学生的生活经验，启发学生思考个人感觉与外界标准的冲突与矛盾。搜集、倾听学生对于个人感觉与外界标准的不同看法回应，抓取较为独特的问题进行回应。

心灵激荡

1. 以小组为单位针对问题把自己或成员的观点写在记录单上。

2. 组内交流，充分讨论观点，相互启发。

生 15：我还是会凭借自己的感觉来做选择，因为客观标准有可能不适合自己，比如大家都说黑色的不好看，我妈说我皮肤黄，穿黑色不好看，但是我就喜欢黑色的衣服，衣服是我自己要穿的，我自己喜欢、舒服就好。

师：那你穿出来，如果大家笑你穿黑色很丑呢，你是什么感觉？

生 15：说就说，嘴巴长在他们身上，不要在意别人说的话。

生 16：我和他不一样，我会考虑别人的建议，所以有时候很纠结买哪一件。但是也会考虑自己穿着舒不舒服。

师：除了买东西，还有哪些事情？

生 17：吃药就不能按照自己的感觉来，要按照医生的标准来，医学上要求吃多少量就要吃多少，这样才能快点把病毒赶走。

生 18：做科学实验也要按照标准的量来放，如果全凭自己的感觉有可能会使实验失败。

师：根据客观标准来做，会更严谨科学。

生 19：我会根据情况来做选择。比如去买水果，我喜欢吃草莓，那平时去水果店我会买草莓，但是如果我有便秘，我会放弃草莓买香蕉，因为香蕉有助消化。

师：为什么平时买水果根据感觉，生病了要根据专业意见？

生：因为我觉得草莓好吃，吃了心

情好，但是生病了，为了让身体早点好起来，我需要克制自己的欲望，根据客观规律来做选择。

● **教师小结**

从哲学上来说，我们会区分两类选择：一类是"纯粹因为自身而选择"；一类是"为了达到某个目的而选择"。第一种情况下，你吃草莓就只是为了草莓本身好吃，那至于什么好吃什么不好吃完全是自己的主观感觉，应该自己判断；第二种情况下，你选择水果是为了达到治病的目的，这时候你要解决的是"选择哪种水果才能治病"，这就涉及客观规律，不能光靠自己判断。

● **意图解析**

继续鼓励学生充分表达自己的观点和看法，进一步深化他们对于决策的理解。

灵光一闪

教师邀请学生分享：上完这节课，你对做选择要看自己的感觉还是客观标准有什么样的看法或观点？

生1：我现在认为既要相信自己的感觉也要参考客观标准。比如写作业，我之前一直想依赖手机答案，就是不相信自己的思考，长期下去，我动脑筋思考得越来越少，学习能力肯定会下降，所以我接下来要先自己思考，相信自己的思考，等全部写完再来对照答案检查。答案就是客观标准，先相信自己的感觉，再参考客观标准。

生2：我认为要灵活变通，分清楚情况，再思考要根据自己的感觉还是参考客观标准，就算最后选择错了也没关系，每一次错误的选择就是一次经验，让我们重新思考自己的感觉和衡量标准。

- **教师小结**

今天大家的讨论很精彩,不仅讨论《郑人买履》的故事,更是讨论了很多真实的生活情况。主观感受和客观标准不是矛盾的两方,如果我们能灵活应变,就像大家讨论的那样,它们反而可以一起协作,为我们做出正确的选择提供帮助。相信自己的感觉,参考客观的标准,让我们勇敢地做决定、做选择。

- **意图解析**

邀请学生上台进行总结和分享,目的是想要了解经过一节课的讨论后,他们形成了哪些新的观点或者更加认同自己原有的哪些观点,同时起到收尾和升华的作用。

教学反思

哲学与心理学结合的课堂与常规心理课堂有一定区别,身体活动性减少,思辨性增加,非常考验学生的思辨能力及教师的教育智慧。要如何根据学生的回答提出合适的追问,引发学生更深层次的思考,以达到教学目标呢?根据这段时间的实践,我从"懵懂"到"有点感觉"再到"惊喜于学生的回答",回顾自己这种上课状态的改变,我总结了以下两点反思及收获:

第一,接纳在前,引导在后。由于我们是开放式提问,所以学生的回答是五花八门的,甚至还有些故意搞怪和捣乱的回答出现,但在心理课上,回答没有对错之分,尊重每个人的想法,所以不管学生提出什么样的问题或者回答,都先接纳,营造接纳、尊重、安全的课堂氛围,这样学生才敢继续思考下去。然后,我们再通过追问,引导其进一步进行思辨。比如有一个学生说"担心臭到其他顾客",这个回答引发大家哄堂大笑,而回答的这个学生正是平时很喜欢在课堂捣乱的，看到大家哄堂大笑，他就会很开心。所以，我先接纳并肯定他的想法，然后与其对话，通过几个问题的追问，引导学生感受到郑人当下的感受以及自己如果遇到这种情况如何处理。比如："你这个做法既满足了自己的需求，也考虑到他人的感受，很贴心。"

第二，捕捉隐喻，延伸思维。教师要先对本节课的核心问题牢记于心，但教学思维不能被困在本节课中，我们的课堂最终是要为生活实践服务的，所以教师要在课堂中敏锐捕捉学生的隐喻表达，并带着他们把思维延伸到实际生活中。比如本节课中有个学生提出："我觉得新鞋买回来不合适，有可能需要多穿几次，很多鞋子刚买回来比较硬，多穿几次就软了、就合脚了，我买过几次鞋子就是这样。就算凭着自己的脚感来买，也有可能买回来走久了不舒服。"这是典型的隐喻思维。如果用鞋子比喻我们要评价的事物，那磨合期就意味着我们也要去适应我们所评价的事物。比如，换了个新老师，让大家尽量自主学习，你一开始可能不习惯，而且新老师还不了解你，措施也不完全适合你，所以你对新老师的评价很差。但经过磨合期，你发现你的学习能力提高了，老师的措施也更适合你了，那评价就改变了。教师要及时捕捉到这个隐喻，然后提问："除了鞋子需要磨合期，还有哪些东西也需要？"引导学生把思维扩展到实际生活中，正确看待人与人、人与物之间的磨合。

附：《郑人买履》学习单

原典选读（略）　成语故事（略），见前文第 182 页。

任务一

请你思考郑人为什么不相信自己的脚，宁愿相信尺码，把你的想法写在下面横线上。

_____

_____

_____

任务二

请你把讨论过程中，你觉得比较有趣的同学的想法记录下来。

_____

_____

_____

任务三

在以后的学习生活中，做选择的时候你会考虑哪些方面的因素？

_____

_____

_____

破釜沉舟
——要不要给自己留退路？

（叶婷婷　厦门市集美区新亭小学）

　　项羽在决战前命令破釜沉舟，以示有进无退的决心，最终大破秦军。这个故事似乎意味着：下定决心，义无反顾地做事。然而，我们在做事和做任何一个决策前总是会受到很多因素的影响，有时候犹犹豫豫，有时候瞻前顾后。学生在面临任务、目标或困境时，常常想要付出努力，却因为害怕失败或不确定而选择逃避和拖延，如迟迟无法迈出第一步行动，或在过程中寻找诸多借口，产生退缩行为，没有尽力而为，这其实是一种意志的退缩行为。通过《破釜沉舟》成语故事探究，引导儿童看见"退路"背后的心理过程是情绪情感与意志动机冲突，对自己选择"退路"的模式有更多的思考，培养其意志品质。

课标依据

培养学生分析问题和解决问题的能力。

——《中小学心理健康教育指导纲要（2012 年修订）》

本课目标

（认知）知道"不留退路"的多元因果，初步思考和觉察自己面对目标或困难时的"退路"模式。

（情绪）体验"不留退路"意志行动阶段的情绪情感和动机冲突，接纳自己对"退路"的选择模式，拓宽对"不留退路"成功和失败不同结果的理解性和接纳度。

（行为）辩证看待"不留退路"，在今后的学习生活中面对困难时，有意识地采取意志行动。

儿童特征分析

小学六年级学生开始进入青春期早期，自主意识增强，喜欢用批判的眼光看待其他事物，意志的自觉性和自制性也在逐渐发展，能够明显表达出果断性，但意志力仍不够坚定，分析问题的能力还在发展中，所以遇到困难容易灰心，行动缺乏毅力，易知难而退。

核心概念

意志是能够确定目的，调节和支配行动，克服困难和挫折，实现目的的品质。意志品质包括意志的自觉性（明确行动的目的和意义）、果断性（明辨是非、抓住时机）、自制性（克服情绪、约束言行）和坚韧性（坚持行动、克服困难）。

教学准备

教师准备：多媒体课件、学习单等。

学生准备：黑色水笔一支，积极参与、认真倾听、尊重他人。

探究启航

🍲 游戏互动

游戏："回声谷"游戏

● **游戏规则**

（1）教师说一个词，学生重复回应。

（2）如果这个词是人名，全班喊"到"。

教师确认学生了解规则后组织活动，下口令，如：哈喽—你们好—我今天精神状态不错—我是自由的—我很好奇—×××（班级同学名）—×××—项羽。

● **师生互动**

今天，项羽来到了我们的教室。你对他了解多少？知道哪些关于他的成语故事？

生1：西楚霸王。　　　　　　　生3：破釜沉舟。

生2：霸王别姬。　　　　　　　生4：四面楚歌。

● **教师总结揭题**

《史记·项羽本纪》介绍项羽："籍长八尺余，力能扛鼎，才气过人。""巨鹿之战"中他一战成名，让我们一起走进《破釜沉舟》的故事。

● **意图解析**

用"回声谷"游戏营造安全的氛围，拉近师生的心理距离，同时巧妙引出"项羽"人物故事，导入主题。

〰 成语共读

教师借助多媒体设备介绍成语故事。

● **原典选读**

　　项羽乃悉引兵渡河，皆沉船，破釜甑（zèng），烧庐舍，持三日粮，以示士卒必死，无一还心。于是至则围王离，与秦军遇，九战，绝其甬道，大破之。……当是时，楚兵冠诸侯。诸侯军救钜鹿下者十馀壁，莫敢纵兵。及楚击秦，诸将皆从壁上观。楚战士无不一以当十，楚兵呼声动天，诸侯军无不人人惴恐。于是已破秦军，项羽召见诸侯将，入辕门，无不膝行而前，莫敢仰视。项羽由是始为诸侯上将军，诸侯皆属焉。

——《史记·项羽本纪》①

● 成语故事

秦朝末年，各地人民无法忍受秦的残暴统治，纷纷举行起义。公元前 208 年，秦朝的名将王离、章邯带领几十万秦军，将一支起义军围困在巨鹿。其他起义军赶来救援，但都不敢跟秦军作战，只能先建造坚固的堡垒。

这时，项羽带领自己的军队渡过黄河来救援困在巨鹿的起义军。士兵全部过河以后，项羽让士兵们饱饱地吃了一顿饭，每人带三天干粮，然后命令："皆沉船，破釜甑"，意思是说把渡河的船（古代称舟）凿穿沉入河里，把做饭用的锅（古代称釜）砸个粉碎。这就叫"破釜沉舟"。项羽用这种办法告诉士兵们：这次作战如果失败就必死无疑，没有退路。到了战场上，项羽的军队与秦军发生了九次激战，终于取得大胜。

在项羽同秦军作战的时候，其他各路起义军都在堡垒上看着，谁都不敢出兵支援。看到项羽的士兵以一当十、呼声动天，大家都感到十分害怕。等到打赢秦军之后，项羽在自己的军营召见各路起义军将领，大家进了大门就跪下来爬着往前挪，不敢抬头看项羽。从此，大家就公认项羽是天下各路起义军的领袖。

（黄睿　译）

---

① 　司马迁 . 史记[M] . 广州: 世界图书出版公司, 2020: 138—139.

分享与讨论

（1）面对秦军，项羽军和其他起义军做出的选择意味着什么？

项羽军：破釜沉舟——不留退路

起义军：坚固堡垒——留有退路

（2）对于"项羽军破釜沉舟不留退路的做法"，你有什么问题或困惑？参考"问题清单"学习单，进行独立思考，尽可能多地提出问题。时间 2 分钟。

（3）六人小组轮流分享自己的问题，选出小组最感兴趣的一个问题，写在词条上。

（4）小组代表进行全班分享，每组分享一个问题，不重复。

表 1　"问题清单"学习单

问题清单	……为什么要…… ……为什么不…… ……真的……吗	如果……会怎么样 ……之后会发生什么 ……还有哪些可能
项羽军	问题 1：项羽军破釜沉舟后一定会胜利吗	问题 5：如果破釜沉舟失败了，会发生什么
	问题 2：项羽为什么不给自己留退路	问题 6：如果将士们都战死了，项羽该如何交代
	问题 3：项羽军队真的没有退路了吗	问题 7：如果项羽不能确定是否可以获胜，为什么还要破釜沉舟
	问题 4：项羽不害怕失败吗	问题 8：如果项羽军队没有破釜沉舟，会怎么样

教师将小组提出的八个问题词条贴在黑板上，进行整理、归纳。

● **教师小结**

在同学们提出的八个问题中，我们可以把问题的关注点归纳成两大类。一类是破釜沉舟的原因（问题 2、4、7）：项羽为什么不给自己留退路，他不害怕失败吗？一类是破釜沉舟的后果（问题 1、5、6、8）：

项羽破釜沉舟后真的会胜利吗？失败了怎么办？让我们带着这两个问题关注点继续探究。

● **意图解析**

呈现《破釜沉舟》成语故事刺激物后，利用"问题清单"学习单帮助学生呈现和表达自己的问题，丰富学生的提问，并通过小组合作、互相分享，让每个学生都有发表自己观点的机会。教师在黑板上记录、整理，展示问题，并使用"问题分类"儿童哲学工具，将探究重点聚焦在"项羽为什么不给自己留退路"和"破釜沉舟真的会胜利吗"两个核心问题上，后续通过找原因和自我纠正将对话引向深入。

心灵激荡

问题一：项羽为什么不给自己留退路？

师：在战场上面对强大的秦军，项羽为什么不给自己留退路？当我们走进项羽的内心世界，也许会找到一些答案。请同学们思考，当项羽做出"破釜沉舟"的决定时，他心里可能在想些什么？请将项羽内心的想法写在学习单上。

师：我们的教室，此时此刻就是项羽的内心世界。老师会随机走到某一个同学的身边，拍一下他的肩膀，请这位同学站起来，说出项羽的内心声音，说完用一个表情和动作定格住。有一点提醒，大家扮演的是项羽的内心声音，所以要用第一人称自述，并且声音大一点，让大家都听清。准备好了吗？

生1：如果留有退路，士兵们就不会全力以赴，我要逼他们一把，才能激发潜能。

生2：虽然秦军强大，我们也不差。我对自己和士兵有信心。

生3：几十万秦军太强大了，我们必须全力以赴才有获胜的可能。

生4：如果像其他起义军一样，士兵们有退路就不会拼尽全力，就没有胜利的可能了，为了获胜，只能破釜沉舟了。

生5：来都来了，我要拼一把，就算失败了也不后悔。

生6：没有退路就只能胜不能败了，

如果失败了，我也无颜见江东父老。

生7：不做战场上的胆小鬼。没有退路才能全力以赴，万一失败了，我也和你们一起战死在沙场。

生8：我相信只要大家奋力拼搏一定会赢。

生9：整个军队的命都掌握在我手中了，只能胜，不能败！败了就没有退路全军覆没了。就算这样，也要拼一把！还有赢的可能。

师：谢谢同学们让我们听见项羽内心世界的丰富声音。在这里，我听到了项羽不留退路，是因为对自己和士兵有信心。你还听到了什么？

生1：我也觉得项羽非常有信心，他相信大家一起奋力拼搏一定会赢。

师：我喜欢你的补充，除了"信心"，还要"奋力拼搏"，付出努力行动才可能有赢的结果。

生2：他非常有决心，一定要拼一把，因为破釜沉舟后只能胜，不能败。

师：嗯，项羽的目标非常明确，只能胜利。那万一失败了呢？

生2：全军覆没后他也无颜见江东父老了。

师：此时他的心情？

生2：应该很愧疚吧。毕竟掌握着整个军队的命，失败了就全死了。

师：看来项羽做出破釜沉舟的决定，还要承担着军队生命的重任，也不轻松啊。

生2：是啊，他压力肯定很大，所以才决心一定要拼命，只能胜，不能败。

师：我能不能这么理解，不留退路"只能胜，不能败"的信念，除了看出他的决心很坚定，目标很明确，其实背后还有很大的压力在？

生2：是的。

师：项羽肩负着压力，还做出破釜沉舟的决定，他真的不害怕失败吗？

生3：他当然害怕啊，几十万秦军，太强大了。

师：是啊，面对这么强大的秦军，项羽军队需要克服很大的困难啊。

生4：他也害怕失败，担心失败，但是留有退路，士兵们就不会全力以赴，就没有获胜的可能了。

师：为了实现获胜的目标，项羽克服了害怕的情绪，做出破釜沉舟的决定，真勇敢。

生5：我也觉得他很勇敢。我听到了项羽不做战场上的胆小鬼的内心声音。

师：是啊，不给自己留退路往往需要很多的勇气。

● **教师小结**

项羽为什么不给自己留退路？走进项羽的内心世界，我们看到他勇敢地做出这个决定，可能是他对自己和士兵们很有信心，他的目标非常明确——"只能胜，不能败"，为了实现这个目标，他果断下定决心破釜沉舟，带领士兵们奋力拼搏，直面秦军这一强大对手。但同时，他也承担着没有退路的巨大压力，他也害怕失败的结果，也就是我们第二个要探究的问题。

问题二：项羽军破釜沉舟后一定会胜利吗？

生1：也可能失败，那就全军覆没了。

师：失败的原因可能是什么？

生2：几十万秦军实在太强大了，实力悬殊，破釜沉舟也没用啊。

生3：可能三天的干粮不够吃，要打更久才能赢。

生4：可能有很多士兵太害怕逃走了。

师：是啊，破釜沉舟可能大获全胜，也可能失败，因为影响破釜沉舟后果的因素，除了项羽军本身，还有很多不可控的因素。

师：在学习生活中，你是否有过类似破釜沉舟的经历？成功了还是失败了？

生4：我有一次下定决心必须考到95分，把和学习无关的东西，包括最喜欢的手账本，都交给妈妈保管，只为让自己专心复习。等结果出来了，真的考到了95分，心里很高兴，对自己以后的考试又有信心了。

师：哇，这是一次成功体验的"破釜沉舟"。我很好奇，复习过程中你有想要放弃的时刻吗？

生4：我有几次挺想把手账本拿回来玩的，但想想考试快到了，也就忍忍了。

师：你能克服诱惑，为目标坚持努力，这么宝贵的品质肯定让你再次在考场上收获成功。

生5：老师，我也下定决心要考90分，我还提前告诉同学们了，之前心理课上你说把目标公布出来让同学监督，可以鞭策自己更努力，可是我还是没达到目标，还被几个同学嘲笑我吹牛。

师：首先，我很欣赏你破釜沉舟的勇气，冒着可能考不好被笑的风险来鞭策自己努力，这一点就值得大家把掌声送给你。你觉得影响你考不好的因素是自己本身，还是外部不可控的因素呢？比如试卷太难？

生5：卷子也不会很难，我也不明白是什么原因，明明我也下定决心了，也努力复习了，甚至我考前复习到一两点，但是总感觉很焦躁、看不进去、力不从心，睡醒了也都忘光了。

师：你非常重视这次考试，甚至复习到一两点？

生 5：是啊，毕竟话都放出去了，考不好就要被笑了。我一直想着这件事，压力很大，就怕自己考不好，果然考不好，就被嘲笑了。

师：其实有时破釜沉舟了也没法做到全力以赴，心理学实验也发现成就动机与做事效率之间应该是倒 U 字形相关，且越需要思考的事情，越不能压力太大。也许你下次可以试着不给自己这么大的压力，可以把目标分数稍微调低一点，或者把你的目标只告诉你信任的几个好伙伴，可能会有不一样的体验。我们来听听其他同学破釜沉舟的经历，也许会给你一些新的启发。

生 6：我最近的一次破釜沉舟是在面临即将到来的声乐素养大赛，我全身心地投入复习中，甚至将去游乐园的机会都放弃了。

师：听起来你下定很大的决心，也付出努力了。结果呢？

生 6：还没比赛。但是自己努力过的事情就算结局不好，也没关系。

师：我很欣赏你可以全力以赴做一件事，更佩服你面对不同的结果时能够拥有坦然从容的心态。

● 教师小结

破釜沉舟不留退路会让我们坚定决心，朝着目标全力以赴做好一件事情，并且能帮助我们坚持不懈地克服困难，收获行动带来的成功体验；但也可能让我们陷入压力旋涡，反而降低做事效率，或者因为其他的因素要面对失败的结果。既然破釜沉舟不一定成功，那么，我们到底要不要破釜沉舟，要不要给自己留退路呢？

● 意图解析

围绕"项羽为什么不给自己留退路"和"项羽军破釜沉舟后一定会胜利吗"两个核心问题进行探究对话。问题一采用"角色扮演"和"表情及动作定格"戏剧策略，让学生体验"不留退路"背后的心理过程、情绪情感与意志行动阶段的动机冲突，更好地理解和澄清"不留退路"的概念。问题二引导学生联系实际学习生活，辩证思考不留退路的多元结果，初步思考和觉察自己在面对目标时的意志行动模式，在群体思维的开放性对话中，在彼此想法的基础上，拓宽对"不留退路"成功和失败不同结果的理解性和接纳度。

 ## 灵光一闪

教师邀请学生分享：你对"要不要给自己留退路"有什么看法？

生1：可以留，也可以不留，要根据不同的场景来判断。

师：你是如何判断的？可以具体说一说吗？

生1：如果遇到的是有把握的事，就不要留退路，全力以赴一定能成功。如果没把握，就可以为自己留条退路，这样即使失败了，也不会太难堪，还有一条路可以走。

师：你对"要不要留退路"的标准也可以理解为"能不能成功"，是吗？

生1：是的，我喜欢做有成功把握的事情。

师：机会是留给有准备的人，祝愿你有更多的成功体验。同学们有相同的观点补充，或者要反驳的吗？

生2：我的想法不一样，我觉得有把握的事情不用全力以赴也能做好，没有把握的事情才需要付出更多的决心和努力，不留退路逼自己一把。

师：很有意思，标准不一样了。还有其他的想法吗？

生3：我以前总是不留退路，今天我知道了可以给自己留退路，这样不会有太大的压力，轻松一点会更好，不要把自己逼得太紧张。

师：很开心你拥有了更多选择的可能性。

生4：凡事有利有弊，不留退路也不一定会成功，但至少努力过了。

生5：不留退路的话，可以激发出自己的最大潜能，但是，输了的话，就一无所有了。

师：输了的话就真的一无所有了吗？刚刚分享全力以赴准备声乐素养大赛的同学，假如她没有得奖，就什么也没有得到吗？

生5：也不是，至少她的声乐素养提高了。

生6：她会过得很充实，因为她每天都很努力地在复习。

师：是啊，她收获了知识和能力的提升，收获了为自己的目标努力和坚持的宝贵品质。只要来过，就会

留下痕迹。在不留退路全力以赴的过程中，无论成败，我们都会得到一些如钻石一样闪亮的经验。

师：这节课就快结束了，我们一起探讨了"破釜沉舟——要不要给自己留退路"，请同学们伸出你们的大拇指，在今后的学习和生活中，如果你想尝试一次不留退路的感觉，请把大拇指竖起来；如果你还在犹豫，就把拇指放平；如果你比较喜欢留有退路，就把拇指朝下。

- **教师小结**

要不要给自己留退路？每个学生心里都有了答案。你有自由选择的权利，你可以有不留退路的勇气，在适当压力的督促下，为实现自己的目标全力以赴、坚持不懈，可能会收获成功的喜悦；但也不一定如愿以偿，你也要学会坦然面对可能失败的结果，从中寻找宝贵的经验。你也可以选择留有退路，也许你会更有安全感。每一条路都可以选择和尝试，不管如何选择，最重要的是，你要为自己的选择负责，在尽力的情况下顺其自然，这条路就是最好的出路。

- **意图解析**

围绕"要不要给自己留退路"进行讨论与观点建构，总结本节课的讨论内容，帮助学生明晰自己的观点，并通过拇指法帮助学生反思活动过程中自己的状态和观点的发展，进行教学评价。

教学反思

在本次儿童哲学心理活动课中，如何在"坚持教师主导性和学生主体性相结合"的原则下确定核心问题是最大的挑战。教师主导性是心理健康教育的有效保障，但儿童的问题又是开展儿童哲学探究的原点，只有充分发挥学生的主体性，才能体现心理学科助人自助的独特功能。基于此思考，教师根据教学目标和刺激物《破釜沉舟》成语故事主导概念，提前预设核心问题，设计了围绕"项羽军破釜沉舟不留退路做法"的问题清单，由学生阅读成语故事《破釜沉舟》后进行自由提问，教师记录整理与协助，再确认最终的核心问题展开哲学对话。这既明确了教学目标，又保障了学生能够充分思考、自由呈现和表达自己的问题，在儿童本位的问题下进行对话。

教师在儿童哲学探究对话中扮演促进者的角色，本节课中巧用各种思维工具，如找原因、做比较、做假设、举反例、反驳、自我纠正等，通过反问与追问来促进学生的深度对话与思考。如通过"项羽的目标非常明确，只能胜利。那万一失败了呢""输了的话就真的一无所有了吗？刚刚分享全力以赴准备声乐素养大赛的同学，假如她没有得奖，就什么也没有得到吗"等问题提出假设，引导学生清晰地表达自己的看法并说明理由，培养批判性思维和创造性思维；又如"同学们有相同的观点补充，或者要反驳的吗""我们来听听其他同学破釜沉舟的经历，也许会给你一些新的启发"等问题，有助于引导学生关注并接纳同伴的观点，发现观点之间的联结与差异，培养合作性思维和关怀性思维。

由于时间关系，本节课只探讨了项羽军，如果将项羽军"破釜沉舟不留退路"和起义军"坚固堡垒留有退路"放在一起探讨，也许会碰撞出新的思维火花。

附：《破釜沉舟》学习单

原典选读（略）　成语故事（略），见前文第 194—195 页。

任务一

对于项羽军破釜沉舟不留退路的做法，你有什么问题或困惑？参考"问题清单"学习单，进行独立思考，尽可能多地提出问题。

问题清单	……为什么要…… ……为什么不…… ……真的……吗	如果……会怎么样 ……之后会发生什么 ……还有哪些可能
项羽军		

任务二

在战场上面对强大的秦军，项羽为什么不给自己留退路？当项羽做出"破釜沉舟"的决定时，他心里可能在想些什么？请将项羽内心的想法写下来。

项羽内心声音	

第六辑

学会学习

揠苗助长
我要不要提前学?

悬梁刺股

——学习需要这样吗？

（林旭　厦门市翔安区第一实验小学）

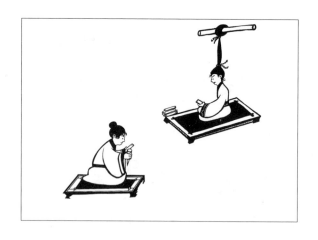

　　苏秦和孙敬因学业无成而自责，通过头悬梁锥刺股的方式刻苦学习，最终成了杰出的人才。这个故事似乎意味着学习是需要吃苦耐劳的。然而，一味地吃苦并不一定能取得良好的学习效果，学习效果与学习策略有很大关系。在学习中，教育者总是强调吃苦却很少带领学生发现如何乐学和善学。通过《悬梁刺股》成语故事探究，儿童发现并不是学习给自己带来痛苦，而是学习的方式让人感到痛苦。我们可以采用不同的学习策略和学习方式，对学习中的情绪进行调节，从而调整自己的学习状态。

课标依据

要着力培养小学生的学习兴趣和学习能力，端正学习动机，调整学习心态。

——《中小学心理健康教育指导纲要（2012 年修订）》

本课目标

（认知）看到自己现在学习的状态及对学习的看法，了解自身使用的自我调节策略。

（情绪）体验学习状态和自我调节策略产生的感受。

（行为）学会辩证思考适合自己学习的自我调节策略，调整对于学习的观点和看法。

儿童特征分析

随着年级升高，小学生感受到的学习压力、学习负担也渐渐加重。在繁重的课业任务下，教师缺乏对学生的自我调节策略的指导、训练和强化，因此小学生的自我调节能力呈现下降的趋势。[1] 在日常的教育教学工作中，一部分小学生由于学习动机薄弱及缺乏学习兴趣，表现出厌学行为或厌学情绪，认为在学习中感受到的痛苦远远多于快乐，且不善于进行学习的自我调节。学习的自我调节还受到学业水平的影响，学习成绩好的学生能够获得父母、教师更多的支持，其自我效能和内部动机较好，更有信心自我调节。[2]

核心概念

学习策略，就是学习者为了提高学习的效果和效率，有目的、有意识地制订的有关学习过程的复杂方案。

教学准备

教师准备：多媒体课件、《悬梁刺股》故事及翻译或动画视频、学习记录单和海报纸、记号笔若干。

学生准备：黑色水笔一支，积极参与、认真倾听、尊重他人。

---

[1] 高丽 . 中小学生自我调节的发展特点与影响因素研究[J] . 现代中小学教育, 2015, 31(5)：64—69.
[2] 路海东, 陈婷, 张慧秀, 袁坤锋, 祖雅桐 . 小学生自我调节学习的发展特点与影响因素研究[J] . 教育探索, 2017(2)：52—55.

探究启航

▮ 游戏互动

游戏：动动停

● 游戏规则

（1）听教师口令，口令为"动动停"。

（2）听到"动"的时候可以起身在教室内自由活动或做出自己想做的
动作。

（3）听到"停"的时候立刻停下并做出符合教师规定场景的动作。

教师确认学生了解规则后组织活动，可以给出"扮演一样文具""扮演
某个学科老师""扮演自己学习的样子"等口令。

● 师生互动

**师：你的动作代表学习时的什么
样子？**

生1：改作业（中的错题）改到
深夜。

**师：所以平时学习会学到比较
晚吗？**

生1：是，有时候作业太多了，有一

篇作文之类的。要抄作文又要预习。

**师：当作业很多的时候你有什么样
的感觉？**

生1：不知道为什么有那么多作业。

**师：听上去你有些疑惑，还让我感
觉到有点抱怨。**

生2：写作业写得累死了。

● 教师总结揭题

刚刚同学们在这个活动里展现出学习时的不同样子，有的学得投入，
有的眉头紧锁。待会儿我们将在《悬梁刺股》的故事里看到另外两种
学习的样子。

● 意图解析

借助小游戏调动学生的积极性和课堂参与度，同时也让教师初步了解

学生对于学习的看法和感受,教师运用心理咨询技术中的情感反应和情感表达回应学生的感受,拉近师生之间的距离,导入主题,为后续授课做铺垫和准备。

📖 成语共读

教师借助多媒体设备介绍成语故事。

● 原典选读

苏秦始将连横……说秦王书十上而说不行。黑貂之裘弊,黄金百斤尽,资用乏绝,去秦而归。羸縢履蹻,负书担橐,形容枯槁,面目犁黑,状有归色。归至家,妻不下纴,嫂不为炊,父母不与言。苏秦喟叹曰:"妻不以为为夫,嫂不以我为叔,父母不以我为子,是皆秦之罪也。"乃夜发书,陈箧书事,得《太公阴符》之谋,伏而诵之,简练以为揣摩。读书欲睡,引锥自刺其股,血流至足……期年揣摩成,曰:"此真可以说当世之君矣!"使用乃摩燕乌集阙,见说赵王于华屋之下,抵掌而谈。赵王大悦,封为武安君。受相印,革车百乘,绵绣千纯,白璧百双,黄金万溢,以随其后,约从散横,以抑强秦。

——《战国策·秦策一》[1]

孙敬,字文宝,好学,晨夕不休。及至眠睡疲寝,以绳系头,悬屋梁。后为当世大儒。

——《太平御览·卷三六三》[2]

● 成语故事

战国时期,有一个人叫苏秦。他生在平凡人家,却喜欢研究外交

---

[1]　缪文远, 罗永莲, 缪伟(译注).《战国策》[M]. 北京: 中华书局, 2016: 29.
[2]　宋昉. 太平御览[M]. 北京: 中华书局, 1960: 674.

谋略。年轻时，他曾上书给秦王，劝秦王和东方六国（燕、齐、楚、韩、赵、魏）中的某一国联合，以吞并其他国家，他把这种谋略叫作"连横"。可是，他十次向秦王陈述"连横"的好处，秦王都没有被他打动。在这段时间，苏秦没有收入，把家里给他的生活费花光了，旧大衣也穿破了，只能自己背着行李和一大堆书灰头土脸地回到家里。因为没钱买吃的，他一路上饿得瘦巴巴的，脸色也黑得难看。没想到回到家之后，他的妻子不给他缝补衣服，嫂子不给他做饭，爸爸妈妈也不跟他说话。苏秦叹了口气，自言自语地说："妻子不把我当丈夫，嫂子不把我当小叔，爸妈也不把我当儿子，这都是我自己的错。"于是他下决心努力读书，掌握更多的学问。为此，他常常读到深夜，疲倦得直打盹。为了让自己不睡着，他准备了一把锥子。一打瞌睡，他就用锥子往自己的大腿上猛刺一下，鲜血都流到了脚上。就这样，他努力学习了一整年，觉得自己终于拥有了足以说服各国君主的才华。这次，他提出"合纵"的谋略，劝说东方六国团结一致，一起抵抗秦国。他来到赵国劝说赵王"合纵"，赵王与他相谈甚欢，立刻封他为宰相，给了他许多车马和钱财。接着他又到其他国家游说，取得了巨大的成功。

东汉时有个名叫孙敬的书生，经常关起门独自一人不停地读书，每天从早读到晚。夜深了，他觉得非常疲劳，困得直打瞌睡。为了防止自己睡着，他想到了一个办法。古时无论男女都留长头发，孙敬找一根绳子把自己的头发绑起来，再系到房梁上。这下，当他再低头打瞌睡的时候，绳子就会狠狠扯住自己的长发，把头皮扯得很痛。痛觉让孙敬立刻就清醒了。就这样，孙敬经过刻苦学习，成为当时著名的学者。

（黄睿　译）

分享与讨论

为学习悬梁刺股可能是一种什么感受？

生 1：很累。

师：学习什么时候让你有累的感觉？

生 1：太投入、太专注、学习太久就会累。

师：学习时间长会让你感觉到累。

生 2：很痛苦。

师：学习什么时候会让你感到很痛苦？

生 2：学了很久，作业写不出来，遇到难题的时候。

师：难题卡在那里会让人很痛苦。我想到我小学学奥数，遇到难题做不出来也会很痛苦。

生 3：特别痛苦。

师：学习什么时候让你觉得很痛苦？

生 3：有一次老师布置词语表，那一课要记、要背的词语很多，就要一直重复抄。

生 4：看到一整张卷子的作业，我就会觉得永远写不完，看到作业上一堆的空，就会觉得很痛苦。

师：当学习时间长、遇到难题、不断做着机械重复的作业、感觉永远写不完作业的时候会让人很痛苦。

生 5：会很崩溃。有一次回家以后作业做到 9 点，老师突然又布置一张卷子，还要在家里打印出来，我就觉得特别崩溃。

师：你刚刚说你会感到很崩溃，我想邀请你再澄清一下，是"悬梁刺股"的行为让你崩溃，还是学习让你崩溃？

生 5：是这个行为。老师在我写完作业以后再加作业，让我很痛苦。

师：这个时候换作是我不仅仅会崩溃，还会感到麻木。

- **教师小结**

刚刚几位同学提到，如果"悬梁刺股"的主人公是他们，他们会感到很痛苦又崩溃。现在让我们一起好好探究，故事中的两位主人公，他们悬梁刺股有什么原因，你对这样的行为有什么看法。

- **意图解析**

引导学生换位思考"悬梁刺股"的两位主人公当时的心情，从说他人到说自己。同时，教师继续运用心理咨询技术中的倾听、共情、自我暴露、情感反应和情感表达等，拉近师生之间的距离，回应学生的情绪情感，鼓励学生真实地、不加评判地表达观点。

心灵激荡

1. 以小组为单位针对故事把你想提出的问题写在记录单上。

2. 组内交流，选出你们组最感兴趣的两个问题写在海报上。

3. 小组派代表将海报张贴在黑板上。

4. 所有小组张贴完毕后，全体同学趴在桌上，将头埋进臂弯里。

5. 每人有三次投票的机会，听到你感兴趣的问题可以举手投票，只关注自己的想法。

学生感兴趣的问题：

1. 悬梁刺股是最好的学习方法吗？

2. 如果你是苏秦，你会这样做吗？说说你的理由。

3. 故事里的两个人为什么要这样做？为什么不采用其他办法？

4. 苏秦刺股后，会发生什么事？

5. 学习一定要"悬梁刺股"吗？

6. 如果你是苏秦或孙敬，你会怎么做？

7. 如果你是苏秦或孙敬，你会悬梁刺股吗？

8. 如果悬梁刺股，成绩会更好吗？

9. 为什么要用伤害身体的方法呢？

10. 有没有更好的方法？

11. 如果你是苏秦，你要怎么做？

12. 孙敬和苏秦为什么要用这种方法学习？

13. 孙敬为什么不换一种方法？

14. 如果房子上的绳子断了，会一直睡到天亮吗？

学生选出的问题：

1. 如果悬梁刺股，成绩会更好吗？

2. 故事里的两个人为什么要这样做？为什么不采用其他方法？

3. 苏秦刺股后，会发生什么事？

针对问题 1，学生的观点如下：

生 1：我很好奇，故事里的苏秦学习成绩不好就刺股了，我想知道他后面成绩怎么样。

师：你会好奇，是否存在一种有效的学习方式。

生 2：不会更好。因为你没有办法在考场上悬梁刺股。而且这种伤害身体的办法甚至让你没办法参加考试，会伤害脑部。

生 3：成绩不会更好。如果有人给我悬梁刺股，会让我讨厌学习的。

师：我会好奇，你刚刚提到"有人给我悬梁刺股，我会讨厌学习的"，理由是什么？

生 3：学习是为了增加知识，不是逼我学习，我不喜欢被逼。

生 4：不会提高。可以换一种方法，这种方法没必要。

师：请问你会换哪一种方法？

生 4：刷题。

师：你平时刷题吗？

生 4：会。

师：哪一个学科你会刷题？

生 4：数学。

师：哪一位同学也赞同刷题这种方法？

生 5：我数学成绩不好，所以妈妈要我多做题。

师：妈妈要求你刷题，你会讨厌数学或学习吗？

生 5：一点点。

生 4：我要补充。多做题就会熟悉一些。

师：有没有人不赞同刷题？

生 6：因为刷题就是一直写一直写，人会累。

师：你用什么方式应对薄弱的学科？

生 6：用搜题软件去看题目的解释。

生 7：假如你讨厌数学，妈妈让你一直做数学，久而久之会更无聊。

生 8：刷题刷久了就没有新鲜感了，兴趣是最好的老师，没有兴趣就没办法学习了。

生 3：悬梁刺股学习成绩会不会提高要看人。刻苦的人学习成绩就会提高，像一些不自觉的人，成绩肯定无法提高啊。

师：你刚刚说不喜欢被人逼着学习，所以平时生活里你是个自觉的人吗？

生3：完成作业后额外的练习我就不做了。

针对问题2，学生的观点如下：

生1：我是觉得他们是为了抵抗困意从而更好地学习。

生2：估计就是为了能让自己的成绩提高，得到重视。

师：如果你想要把成绩提高，你是为了什么？

生2：为了不用再写作业。

师：现在写作业给你什么感觉？

生2：非常痛苦。

生3：没有其他办法了。

师：学习有没有让你觉得"没办法"的时刻？

生3：作业很多。

师：当时你心情如何？

生3：烦躁。

师：你会做点什么？

生3：洗把脸。

针对问题3，学生的观点如下：

生1：腿可能会废掉，骨头断掉。

师：为了学习这样值得吗？

生1：不值得。

生2：可能会学得更好，受人尊敬。

师：听上去学习成绩发生变化，周

师：1—10分，10分代表你超级自觉像AI那样自动自发，1分代表你非常不自觉，你会打几分？

生3：5分。

生4：没办法。

师：感觉到学习似乎确实是压在大家心头的一座大山。

生5：先去做些喜欢的事情，先去走一走再继续学习。

生6（也是回答"不喜欢被逼"的生3）：我作业写得很慢，我爸爸可能会拿一根戒尺站在旁边，然后我就能把作业写完了。

师：我听到一个矛盾点，你刚刚说你不喜欢别人逼你，但现在你说有效的方法却是爸爸拿戒尺站在你旁边，为什么会这样呢？

生6：想到戒尺就能做作业，以免被打。

师：免受皮肉之苦。

围人的态度也会随之发生变化，你有过这样的经历吗？

（生2还没准备好分享，因此并未继续了解观点。）

生3：悬梁刺股很可能会伤害自己

的安全和生命。

师：你说的这个让我想到学校长期推广安全教育平台，做安全教育宣传，就是想告诉大家：无论怎样，生命才是最重要的。

生 4：为了学习，伤害自己身体，倒不如先把身体养好，以后可能会有学习的成就。

生 5：自己的命很重要，不一定要悬梁刺股，万一生命没有了就糟了。

- **教师小结**

刚刚同学们讨论了很多，我听到最多的三个字就是"不值得"。学习很重要，但似乎我们不需要用这样的方式让学习发生变化。

分享与讨论

（1）如果学习甜得让人快乐，你觉得它甜在哪里？

（2）如果学习苦得像杯黑咖啡，你能做点什么为它加点糖？

生 1：把咖啡倒掉换成果汁。

师：学习什么时候给你感觉像果汁？

生 1：解数学题，还有化繁为简的时候。我写作文很好，写作文也会让我感觉像果汁。

生 2：要么就拼，要么就躺平。

师：这是一种什么样的想法呢？

生 2：如果学习是杯苦咖啡可以改，

但是万一品牌是冒牌的话，不仅不能改，还可能更苦，那不如直接摆烂。

师：如果要摆烂的话，你觉得会在学习的什么方面摆烂？

生 2：在不喜欢的科目上摆烂。

师：摆烂到什么程度？ 0 分？ 60分？ 70分？ 还是能上中学就好？

生 2：还要想一下。

- **教师小结**

学习的苦不由我们决定，但学习的快乐或许有时候把握在我们自己手上。哪怕学习苦得像一杯黑咖啡，我们依然能为它加点糖。

- **意图解析**

将学生的"头脑风暴"思维结果、方法进行展示分享，在生生对话和师生对话中继续深化学生对自我调节策略的感受和理解，运用例外问句、评量问句等焦点解决短期心理咨询问题，唤起学生对学习及自我调节策略的辩证思考。

灵光一闪

教师邀请学生分享：上完这节课，你对学习的看法发生了什么变化？

生1：以前我看待学习的时候觉得它比较困难，现在我试着把它看成"甜的"，就会感觉学习成绩奇迹般地上升。

师：你发现学习的心态也会对学习成绩有影响。

生2：之前我觉得学习很枯燥和乏味，现在我感觉从不同角度看待学习可能会更好。

师：听上去你似乎给自己松绑了，不会再用是否有趣这个单一视角看待学习。

- ### 教师小结

通过今天这次探究，我们看到了苏秦和孙敬学习的样子，也看到了我们学习的样子。或许你会有变化，或许没有变化，但看到就够了。

- ### 意图解析

邀请学生对本节课进行总结，既是在课堂中对学生学习成果和课堂效果的即时评价，又能启发学生再次对本节课所学进行梳理和回顾，在思维、观点上有所变化和收获。

教学反思

首先，这节课的导入用一个简单的"动动停"小游戏快速调动学生的学习热情、积极性和参与度。小游戏以心理学具身认知理论为依据，让学生通过身体的动作带动思维，在活跃的课堂氛围中能拉近与教师的距离。

其次，在师生对话中，大量使用基本心理咨询和焦点解决短期心理咨询技术。基本心理咨询技术包括倾听、共情、自我暴露、面质、澄清、情感表达和情感反应等，参与性技术的运用能进一步建立安全、平等、相互尊重的师生关系，并在此基础上进行更内在的表达与对话。影响性技术和焦点解决短期心理咨询中，例外问句、评量问句的应用能够帮助学生更好地进行自我表达，厘清个人观点，拓展认知思维。

最后，以叙事疗法的观点看，整节课如同一次支线故事的撰写，如果说学生常常体验到学习的痛苦是他们生命中的主线故事，那么"刷题""爸爸拿戒尺站在你旁边""要么拼命学要么就摆烂"等观点就形成他们的支线故事。也许他们并不会真的"摆烂"，但当学生在脑海中预演过"摆烂"的样子，也是一种经验，值得留存于内心。

儿童哲学的授课特点是出示刺激物，引导学生围绕刺激物进行团体探究。在这节课上，师生一对一对话基本有效且深入，但团体探究部分仍有不足。例如，当学生表达出学习给他们带去痛苦，教师将痛苦落在每一个具体的学生上，以一个关怀的姿态探询学生的痛苦来源。从集体无意识的角度来看，学生的痛苦是否具有集体共性呢？若是教师挖掘、捕捉痛苦中的共性，既不会让学生在他人分享时觉得与我无关，也能更有效地落实心理健康教育中面向全体与关注差异相结合的原则。当学生分享"我努力学习是为了不再写作业"时，教师也可以将学生的这句话化为课程资源，询问全班同学"你们学习又是为了什么"，以个体问题撬动全体进行"头脑风暴"，带动团体动力场的形成，化师生一对一的探究为师生、生生的团体探究。

附：《悬梁刺股》学习单

....

原典选读（略） 成语故事（略），见前文第 209—210 页。

任务一

请你针对这则故事尽可能提出你的问题（可参考下面的提问范例）。

故事里的＿＿＿＿＿＿会怎么看？

＿＿＿＿＿＿后来会怎么样？

如果＿＿＿＿＿生活在现在，＿＿＿＿＿＿？

假如＿＿＿＿＿，那么＿＿＿＿＿？

除了＿＿＿＿＿之外，还可以怎样？

如果你是＿＿＿＿＿，你会＿＿＿＿＿？

＿＿＿＿＿＿＿＿＿＿＿＿＿＿＿＿＿＿＿＿＿

＿＿＿＿＿＿＿＿＿＿＿＿＿＿＿＿＿＿＿＿＿

任务二

请你思考如果学习甜得让人快乐，你觉得它甜在哪里？如果学习苦得像杯黑咖啡，你能做点什么为它加点糖？

＿＿＿＿＿＿＿＿＿＿＿＿＿＿＿＿＿＿＿＿＿

＿＿＿＿＿＿＿＿＿＿＿＿＿＿＿＿＿＿＿＿＿

揠苗助长
——我要不要提前学？

（王瑜萍　厦门市翔安区金海小学）

　　农夫急于求成，试图通过拉苗来加速稻谷生长，结果反而导致稻苗死亡。这个故事旨在告诉我们，事物发展需要遵循一定的规律，不能急于求成。然而，在儿童学习的过程中，他们常常被教导要"预习"、要"提前学习"。在升学阶段，也确实会有一部分学生提前学习下一阶段知识的情况。通过《揠苗助长》成语故事探究，儿童发现每个人都有自己的学习节奏，体会到在不同学习节奏下提前学习带来的影响和感受，学会根据自己的学习节奏（学习水平、学习精力、听课效率、知识难度等）来考虑是否要提前学习，以及提前学习的程度。

课标依据

端正学习动机；为初中阶段学习生活做好准备。

——《中小学心理健康教育指导纲要（2012 年修订）》

本课目标

（认知）知道每个人都有自己的学习节奏。

（情绪）体会提前学习下一阶段知识给自己带来的影响和感受。

（行为）辩证思考提前学习与个人的适配性，调整自己的节奏。

儿童特征分析

研究表明，"超前学习"问题在我国幼儿园、小学、中学的各个教育阶段均存在。[①] 通过调查某市五、六年级学生数学超前学习的总体情况表明，小学高年级学生超前学习是为了在竞赛中获得好的名次，以及能够上重点中学和提高数学成绩。[②] 小学高年级学生已经初步形成了一定的学习态度，能够意识到学习的重要性和必要性，但由于存在小学高年级学习内容难度增加、家长要求提高、学习竞争激烈等现象，许多学生因担心成绩跟不上或比不上同学，而盲目主动或被动卷入"提前学习"的大潮中，忽视了提前学习与个人的适配性。

核心概念

"超前学习"最初是指学生依据自身的学习需求和兴趣主动提前学习课本中的知识，或被动预习课本中重要知识的行为。

教学准备

教师准备：多媒体课件、《揠苗助长》故事及翻页笔、学习记录单等。

学生准备：黑色水笔一支，积极参与、认真倾听、尊重他人。

---

① 李孔珍, 李雪."超前学习"现状及其对教育生态的冲击[J]. 教育家, 2023(15)：8—9.

② 刘冉. 小学高年级学生数学超前学习的负面影响及治理对策研究——以咸宁市某小学为例[D]. 桂林: 广西师范大学, 2022.

探究启航

🎩 游戏互动

游戏:"种子变水稻"

● 游戏规则

(1)种子成长为水稻的过程是:种子(蹲下来,双手抱膝)——禾苗
　　(半蹲着,双手叉腰)——水稻(站立,双手举过头顶)。

(2)音乐开始时,两两猜拳比赛,胜一次就成长一次,输了就保持原
　　来的状态,并找同一等级的人继续进行猜拳。

(3)如果已经成长为"水稻"就保持"水稻"状态,不再参与游戏。

(4)音乐停止时,保持最后的姿势不变。

教师确认学生了解规则后组织活动。

● 师生互动

种子成长为水稻需要先发芽成长为禾苗,禾苗再拔节、孕穗成长为水
稻。在刚才的游戏中,你喜欢一步一步成长为水稻,还是想要一下子
成长为水稻呢?

生1:我想要一下子成长为水稻,因为赢了站起来很有成就感。

师:嗯,老师观察到你刚才很快就站起来了,手舞足蹈特别开心。那其他同学还有没有不同的想法?

生2:我喜欢一步一步慢慢来,因为太快长成水稻站起来也很无聊。

生3:我喜欢一步一步成长为水稻,因为就像我们的人生,每一个阶段都有美好的事物,都不能一步跳过。

师:你讲得特别有哲理,过程是不可忽略的,过程中也会有美好。

● 教师总结揭题

在刚才的分享中,有的同学想要一下子成长为水稻,有的同学想要一
步步慢慢来,老师今天带来的故事主人公也遇到了这样的选择,我们
一起来看《揠苗助长》的故事吧。

- **意图解析**

  设计与"揠苗助长"这则故事相关的"种子变水稻"游戏，活跃课堂氛围且调动学生积极性，同时，学生在游戏中通过相互比拼模拟成长变化的过程，反映出真实的成长经历，即成长和学习都是一个不可逆的过程。以这样的理念和生活映射设计游戏，既是一个可供后续讨论的资源，也会产生锚定效应，为后续的讨论和探究做铺垫。

▼ 成语共读

教师借助多媒体设备介绍成语故事。

- **原典选读**

  宋人有闵（mǐn）其苗之不长而揠（yà）之者，芒芒然归，谓其人曰："今日病矣！予揠苗助苗长矣。"其子趋而往视之，苗则槁（gǎo）矣。

  ——《孟子·公孙丑上》①

- **成语故事**

  宋国有个人，担心他种下的禾苗长不高，就用手把禾苗都拉高了。他疲惫地回到家，对家人说："今天我可累坏了，我把禾苗拉高就是为了帮它们长高。"他的儿子赶紧跑去田里一看，禾苗都已经枯死了。

  （刘洋　译）

> **分享与讨论**
>
> （1）农夫为什么嫌禾苗长得太慢？
>
> （2）如果是另一个农夫，会怎样对待禾苗？
>
> （3）如果禾苗代表"学习"，你会不会想要提前学习下一阶段的知识？

---

① 金良年.孟子译注[M].上海：上海古籍出版社，2004：58.

生1: 因为农夫想要早点收获。

师: 早点收获对农夫有什么好处呢?

生1: 农夫可以把别人家的水稻比下去。

师: 如果把别人家的水稻比下去了,农夫会有什么不一样呢?

生1: 农夫会觉得很有成就感。

生2: 因为农夫不想再等了,要是禾苗长太慢,他就要等很久,浑身上下不舒服。

师: 听起来农夫非常着急要收成,同学们在学习中有没有过着急想要早点完成的事情呢?

生3: 寒假的时候会想要在前几天就赶紧把作业做完,这样就可以玩了,但是质量就不是很好。

师: 嗯,你觉得当你很着急想要把寒假作业赶紧做完的时候,那个作业质量反而下降了。

生4: 在写作业的时候,本来觉得自己已经写得很快了,但是看到旁边的同学已经快写完了,就会很急,然后赶紧加快写作业的脚步。

师: 那个时候你写作业的状态有没有什么不一样?

生4: 压力很大。

师: 谢谢你很真诚的分享。其他同学关于农夫为什么嫌禾苗长得慢还有没有不同的想法?

生5: 农夫有可能家境贫寒,急需一笔钱来还债。

师: 所以农夫是迫于还债的压力,他可能也不是自己急着要收成,很多时候是迫于一些外在的压力。

生5: 农夫也可能是因为没有给禾苗除草浇水,所以禾苗没有营养就长不高。农夫又看到别人家的禾苗长得又高又壮,才会想要让自己的禾苗快点长高。

师: 听起来农夫也不是一开始就很着急的,一开始他并不着急,也没有用心照顾禾苗,但是看到别人家的禾苗长得比自己好,所以农夫开始有压力,开始着急了。就像刚才有一位同学说的,看到旁边的同学作业快写完了,就开始着急了,赶紧加快脚步。

生6: 因为禾苗本来就长得慢,农夫只在乎结果,不在乎过程。

师: 嗯,禾苗本来就长得慢,这是禾苗生长的自然规律,农夫只在乎结果,可是这个过程有办法"一键跳过"吗?

生6: 没有办法。

师: 是的,有些事情可能本来就需要一个过程,这个过程可能没有办法忽视掉,同时也急不来。

师: 如果是另一个农夫,可能会怎样对待禾苗呢?

生7：可能会精心照顾禾苗，等禾苗生长。

师：嗯，精心照顾并允许禾苗按照自己的节奏生长。其他同学还有没有不同的想法，我们也听听看。

生8：另一个农夫可能也是个急性子，想要赶紧收成，所以他也拔了禾苗。

师：想要让水稻赶紧收成，除了拔禾苗还有没有其他办法呢？

生8：多给禾苗浇水、施肥。

师：多浇水、施肥一定能赶紧收成吗？

生9：再怎么浇水施肥，禾苗也不可能一个星期就收成。而且浇太多水，禾苗也会淹死。施肥施太多，禾苗也会死掉。

师：是的，就像前面有一位同学说到的，禾苗本来就长得慢。无论怎样用心照顾，禾苗也只能按照正常时间收获，如果我们超出正常范围的浇水、施肥，想用一些方式去加速它的成长，结果可能适得其反。如果是你，你想对这位农夫说些什么呢？

生9：不要心急，要耐心等待禾苗生长。

师：所以问题不在于怎样加速，而在于我们怎样去面对和调整这个"急躁"的心情。

生10：另一个农夫也可能把它种在大棚里，它可以长得快一点。

师：我很好奇大家怎么看待这位农夫的做法，可以说说吗？

生11：再怎么长得快也不可能一天就收成，而且种在大棚里，长出来的禾苗口感肯定没那么好。

师：听起来种在大棚里的禾苗长的速度会快一些，但是最后的质量反而下降了。所以要保证质量，可能还是需要耐心等待。

师：如果禾苗代表"学习"，你会不会想提前学习下一阶段的知识？

生12：有时候会，有时候不会。

师：能说一说什么时候会，什么时候不会吗？

生12：在学习新课之前我会先预习知识，因为语文老师一定会布置预习任务，这样等老师布置的时候我就不用再写了。

师：除了提前完成老师布置的任务，比较轻松之外，你觉得提前预习知识对你还有没有什么影响？

生12：知道这篇课文讲什么，上课可以更好地跟上老师的节奏。

师：什么时候你不会提前学习呢？

生12：作业很多、写不完的时候。

师：所以你会考虑到你的学习精力，再来决定要不要提前学习，量力而行。

生 13：我会预习，但是不会一直预习，如果我的功课做得比较好的情况下，我会试着往前预习。

师：你刚才说你不会一直预习，什么情况下不会一直预习呢？

生 13：如果原本上的功课还不是特别懂的话，我就不会先预习，因为可能前面的预习会了，但是原本上的功课还没弄懂，考试就不会了。

师：你的意思是说你的这个预习是取决于前一节课的基础知识是否都掌握扎实了，是吧？你会去衡量自己的基础知识掌握情况，再来决定自己是否要提前学习。

生 14：我不会想提前学习，因为我如果寒假里提前把课文都学了，开学老师上课的时候我就会觉得自己都会了，就不会专心听。我是会给自己定个目标，只要我达到目标，我就去玩手机了。

师：你会考虑到自己的听课效率，你觉得对于你而言，如果提前学了会影响你的听课效率。老师很好奇，其他同学也和他一样，会觉得提前学影响自己的听课效率吗？嗯，有的同学说会，有的不会。我们每个人的学习风格不一样，没有绝对的好坏之分。

- **教师小结**

刚才听到很多关于是否要提前学习下一阶段知识的观点，给我们提供了思考。我搜集了两个思考：一个是"学习中，你觉得要不要提前学习下一阶段知识"；另一个是"如果要提前学习下一阶段的知识，你觉得提前学多少是可以的"。请大家用 3 分钟时间在小组里进行讨论及分享。

- **意图解析**

在阅读成语故事后，抛出问题链接学生的生活经验，启发学生思考提前学习带给自己的感受和影响。搜集、倾听学生对于提前学习的不同看法，并一一回应。

课堂运用"生生对话"使学生对提前学习有更全面、客观的认识，如课堂中有的学生觉得提前学习可以帮助自己上课更好地跟上教师的节奏，而有的学生却提出自己如果提前学习，上课就会分心。学生在

"生生对话"的过程中觉察自己的学习节奏，同时去辩证地思考提前学习与个人的适配性。

心灵激荡

1. 以小组为单位，针对问题把自己或成员的观点写在记录单上。

2. 组内交流，充分讨论观点，相互启发。

> **分享与讨论**
>
> （1）学习中，你觉得要不要提前学习下一阶段知识？
>
> （2）如果要提前学习，你觉得提前学习多少是合适的？

生1：我觉得要提前学习，提前学习就可以比别人多出一步，但是也不能提前学习太多，如果满量是100，我觉得50量就可以了，如果100量的话，我就会觉得太累了，可能适得其反。

师：我很好奇你所说的50量，具体是指提前学习什么内容或者多久呢？

生1：比如寒假把下学期要背诵的语文课文提前背诵了。

师：当你做了什么你会觉得超过50量了呢？可以举个例子吗？

生1：比如我背诵完课文了，如果还要把生字和词语都一起预习了我就会觉得太累了。

师：谢谢你的分享，你会提前学习，

但也会关注到自己的学习精力。

生2：我觉得要提前学习，我会提前预习语文的课后问题，这样我在上课时会更理解老师教的，如果在预习中有一些不理解的，可以在第二天更认真地听老师讲评。

生3：我觉得不要提前学习，因为学习就像搭房子，应先把基础的知识学完，再往上学。如果提前学习，把知识理解错，那就全白费了。同理，如果不先把房子的地基搭牢，越往上越高，最后房子可能因不稳固就倒了，这不就功亏一篑了。

师：你讲的话太有哲理了。

生4：我觉得不要提前学习，因为前面的要先复习，也会太累。

生5：我觉得要提前学习，可以在暑假提前把下学期该背的课文背诵了，这样下学期会比较轻松。

师：除了提前背下学期的课文之外，你会不会把下学期的知识点也提前学了？这样下学期更轻松。

生5：不会，因为这样太累了。

生6：看知识难度，如果只是难的话就会提前看，这样我会对它有印象，不然怕自己上课听不懂。

师：你的意思是在难的情况下提前预习知识，可以让自己上课更听得懂，是吗？

生6：是，这样就能更加理解老师讲的。

生7：我觉得要提前学习，因为怕学的时候跟不上别人，提前预习可以更好地写出正确答案，不会学得很吃力。

师：听起来提前预习会让自己学得更轻松，那你都会提前学习什么呢？

生7：我会提前背英语课文和单词句子。

● 教师小结

在刚才的分享中，有一部分同学认为不要提前学习，有一部分同学认为要提前学习。其实我们每个人都有自己的学习节奏，就像刚刚同学们说到的，是否要提前学习以及提前学多少，需要考虑我们的基础知识掌握情况、学习精力、听课效率、知识难度，等等。我们应该根据自己的学习节奏来考虑是否要提前学习，以及提前学习下一阶段知识的量。

● 意图解析

从《揠苗助长》的故事迁移到学生学业中，直指"要不要提前学""要的话提前多少"，唤起学生的个人经验，并充分探究总结不同观点，促进学生思辨能力的同时，也看到每个人都可以对自己的学业做评估和把握。

🔦 灵光一闪

教师邀请学生分享：你现在对于"要不要提前学"和以前有没有什么不同的看法或观点？

生1：有，刚刚听完其他同学说的，我有了和以前不一样的想法。我们可以预习，但不要过量，也可以不预习，偶尔放松一下。

师：是的，没有必要一刀切，好与不好的定义应该根据自己的学习节奏来。

生2：以前觉得学多点好，效果确实好，但是压力很大；现在我觉得放松一下自己的心情也可以，让自己的压力不会太大。

师：你所说的放松一下自己心情是不准备提前学了，还是有别的打算呢？

生2：还是会学，但是不会让自己压力太大。

师：嗯，当我们觉得学得很紧绷的时候，也要学会去关注自己的感受，调整适合自己的模式。

● **教师小结**

关于要不要提前学习，应该考虑自己的学习节奏，同时关注自己的内在感受，尝试去找到最适合自己的那个学习模式。

● **意图解析**

通过让学生将课前与课后的问题进行对比，了解经过一节课的讨论后，学生形成了哪些新的观点或者更加认同哪些自己原有的观点；同时，学生的观点呼应本节课的讨论，起到收尾和升华的作用。

教学反思

儿童哲学团体探究强调人与人之间的对话与互动，尤其注重"生生对话"，即学生之间针对某一问题各自发表观点。这种教学形式既是构成课堂良性互动氛围的重要方法，使学生在对话中真诚地表达自我，在交流互动中互补，帮助学生厘清思路、明辨是非，同时也培养了学生的批判性思维和辩证思维。[1]

---

[1] 高振宇,曾钰珈.精彩观念的诞生：儿童哲学园本课程实施的现状分析和优化策略[J].天津市教科院学报,2023,35(2)：32—42.

在本节课的成语故事环节，让学生探讨三个问题。一开始教师更多地采用了师生对话，即教师与第一个学生进行三个问题的连续对话，再与第二个学生重新开启三个问题的连续对话，在这样的师生对话模式中，每一个学生都局限于自己与教师的对话，学生无法针对前一位同学的回答提出自己的不同见解，从而降低了课堂的体验感和参与度，并且这样的师生对话模式对教师的功力考验也较大。后来教师在课堂中运用了"生生对话"，不仅提高了学生的体验感和参与度，也让学生在"生生对话"的过程中不断地去探索提前学习下一阶段知识带来的感受和影响，以及去澄清当我们面对学习中急又急不得的事情时，该如何去面对和调整"急躁"的心情，如课堂中有一位学生回答"想要让水稻赶紧收成"，可以"多给禾苗浇水、施肥"，马上就有学生回应到"再怎么浇水施肥，禾苗也不可能一个星期就收成。而且浇太多水，禾苗也会淹死。施肥施太多，禾苗也会死掉"……学生在"生生对话"的过程中碰撞出思维的火花，不断地去澄清：问题不在于怎样去加速，而在于我们该怎样去面对和调整这个急躁的心情。

"生生对话"帮助教师真正地将课堂还给学生，让学生大胆地表达自我、探索自我、发现自我。因此，在儿童哲学团体探究中应以学生为主体，善于运用"生生对话"，探索学生之间可能发生的对话，发挥"生生对话"在儿童哲学探究中的作用。

附：《揠苗助长》学习单

原典选读（略）　成语故事（略），见前文第 222 页。

任务

请你围绕这则故事思考以下三个问题，可以将你的想法记录下来。

1. 农夫为什么嫌禾苗长得太慢？

2. 如果是另一个农夫，会怎样对待禾苗？

3. 如果禾苗代表"学习"，你会不会想要提前学习下一阶段的知识？

纸上谈兵
——考好就是学会了吗？

（王婷婷　厦门市翔安区第二实验小学）

　　赵国名将赵奢之子赵括，年轻时学习兵法，谈起兵事父亲也难不倒他。后来赵括接替廉颇为赵将，在"长平之战"中，只知道根据兵书办，不知道变通，结果被秦军打败。这个故事用于形容人只会空谈理论，不能解决实际问题。在儿童的学习生活中，最常用于检测学习理论掌握情况的"实战方式"就是"考试"，但考试是否能真实反映儿童的学习效果和学习能力？通过《纸上谈兵》成语故事探究，儿童发现考试不是唯一的检验自己学习效果的方式。我们需要主动选择合适的检测方法，通过这些方法来检验自己的学习效果。

课标依据

正确看待考试成绩。

——《中小学心理健康教育指导纲要（2012 年修订）》

本课目标

（认知）知道考试是检验学习效果的方式之一，但不是唯一手段，适合自己的学习效果评价方法可以帮助自己看到进步的空间。

（情绪）体验学会知识或技能带给自己的成就感和理智感。

（行为）学会思辨看待考试和学会的关系，寻找适合自己的学习效果评价方式。

儿童特征分析

小学五年级学生在学习方面，往往容易因考试失利而否定自己，久而久之陷入学习"习得性无助"的困境中，这与没有正确看待考试与学习的关系，以及家长、教师对成绩的期待有关。[①]

有的学生认为学会就是再遇到同一类型的题目都会做，懂迁移；有的认为学会就是懂得把学到的知识或技能教给别人，会传授；有的认为学会是懂得运用到实际情况，巧运用；有的认为学会就是记住了，记得牢；有的认为学会就是考试考得好，考高分。因此日常教学中与学生探讨考试和学习效果评价的意义，引导学生思考两者的关系，对他们的学习心态和认知有重要意义。

核心概念

学习效果评价：以学习目标是否达成为标准，学习效果反映学生的学习成果和学习效率。

教学准备

教师准备：多媒体课件、《纸上谈兵》故事及学习单等。

学生准备：黑色水笔一支，积极参与、认真倾听、尊重他人。

---

① 陈虹，郝志昆. 从习得性无助到习得性乐观——Resilience Skill 课程在山东某市中小学的应用实践[J]. 心理月刊，2023，18(17)：178—180，205.

探究启航

 ## 游戏互动

游戏：我是"智多星"

● **游戏规则**

（1）教师依次出示两道题目。

（2）同桌二人互相分享答案。

题目1：你知道带数字的诗句吗？

题目2：你知道任意一种图形的面积公式吗？

教师确认学生了解规则后组织活动。

● **师生互动**

师：你觉得你掌握了刚刚的知识吗？理由是什么？

生1：古诗和面积公式我都背出来就是会了。

生2：我觉得我掌握了，因为每个题我都能说出好几个答案。

师：你们觉得记住了并说出来就是学会了，有不同想法吗？

生3：面积公式我会背，但是考试的时候我还是被扣分了。

师：你不太确定自己有没有学会，有一样想法的同学请举手。有些同学对于有没有学会有些疑问，我们继续探讨这个知识点。

师：你能说出刚刚诗句中诗人表达的心情吗？你能计算出你家的面积吗？如果你能答得出这两个问题，算学会了吗？

生4：理解了诗句的意思，而且了解了诗人的心情，肯定也是知道了诗人当时的处境。来龙去脉都知道就是学会了。

师：你觉得理解了就是学会了。

生5：我觉得有些人买房的时候就知道自己家的面积了，如果能算出其他不同地方的面积，才是真的学会。

师：你的意思是懂得迁移才是学会了，是吗？

生5：是，如果同一个知识点，只会其中一道题，换了其他题目就错了，那也是不会。

- **教师总结揭题**

关于是否学会，不同的同学有不一样的见解。今天我们要讨论的故事"纸上谈兵"也和"学会"有关，让我们一起走进《纸上谈兵》的故事吧。

- **意图解析**

借助本学年的学科知识点，从学生熟悉的学习内容入手，通过同桌二人的互动，迅速调动全体学生进入课堂的状态。呈现难度递进的两轮题目，围绕"你觉得你掌握了刚刚的知识吗"这一问题评价自己的学习效果，从而开展关于"学会"这一学习效果评价方式的思考，同时也自然过渡到与学习相关的成语故事，进入主题。

成语共读

教师借助多媒体设备介绍成语故事。

- **原典选读**

赵括自少时学兵法，言兵事，以天下莫能当。尝与其父奢言兵事，奢不能难，然不谓善。括母问奢其故，奢曰："兵，死地也，而括易言之。使赵不将括即已，若必将之，破赵军者必括也。"及括将行，其母上书言于王曰："括不可使将。"……王曰："母置之，吾已决矣。"括母因曰："王终遣之，即有如不称，妾得无随坐乎？"王许诺。

赵括既代廉颇，悉更约束，易置军吏。秦将白起闻之，纵奇兵，佯败走，而绝其粮道，分断其军为二，士卒离心。四十余日，军饿，赵括出锐卒自搏战，秦军射杀赵括。括军败，数十万之众遂降秦，秦悉坑之。

——《史记·廉颇蔺相如列传》[①]

① 司马迁.史记[M].广州：世界图书出版公司，2020：1080—1081.

● 成语故事

　　战国时代,赵国有个名将叫赵奢,他打了很多胜仗。他的儿子赵括从小就开始学习兵法,喜欢跟人讨论军事,觉得自己的军事才能胜过天下所有人。赵括曾和赵奢讨论过军事问题,赵奢说不过儿子,但却不觉得儿子这样是好的。赵括的母亲问丈夫:"儿子对军事懂得这么多,为什么不好呢?"赵奢说:"战争,是一件会置人于死地的大事。然而赵括说起战争来,却好像一件很轻松、很容易的事情一样。咱们赵国最好是不要让赵括当将军,一旦他当了将军,使赵国全军覆没的必然是他。"然而赵括长大以后,赵王还是想让他统帅赵国的军队。这时候赵奢已经死了,赵括的母亲求见赵王,强烈反对让赵括担任将军,并说明了理由。然而听完她的话,赵王还是要任命赵括。母亲听了,只好说:"如果您一定要派遣他带兵,万一战争的结果不如意,您要追究责任,可以不株连我吗?"赵王说:"没问题,我答应你。"

　　赵括就职后,把上一任将军定下来的规则全部都改掉,又把各级军官都换掉了许多。秦国将领白起听说了,就派出奇兵突袭,再假装败退。赵括率军追赶的时候,白起派兵从后方断了赵军运粮的道路,又把赵军从中间切割成两部分包围。赵军士兵看到局势不妙,纷纷失去了士气。经过四十多天的包围,士兵们缺少粮食、饥饿不堪,赵括选出一批精锐部队,亲自率领他们突围,结果被秦军射死。主帅死后,数十万赵军向秦国投降,却被秦军全部屠杀了。　　　　(黄睿　译)

分享与讨论

(1) 如果你是赵括,被赵王任命为将军去带兵打仗,你是什么心情?

(2) 你觉得赵括懂兵法吗?

生1：我的心情应该是很兴奋、很激动。

师：这份兴奋和激动来自哪里？

生1：一方面觉得自己被赵王认可和受命是一件很了不起的事情，另一方面也很想为国争光。

师：别人的认可对你来说意味着什么？

生1：会让我觉得自己确实不错，也会给我信心，特别是老师或者父母的认可，更让我感到开心。

师：听上去你很需要别人的认可，被任命为将军是一种高度认可，所以会让你觉得激动、兴奋，也表达了爱国情怀。

生2：如果是我，我会感到很紧张、很不安。

师：如果紧张的程度满分是 10 分，10 分代表非常紧张，1 分代表完全不紧张，你会打几分？

生2：我会打 8 分。因为战场是很残酷的地方，被打败很可能会失去生命，而且我从来没上过战场。还剩 2 分是因为觉得熟悉兵法，对打仗有帮助。

师：在平时的生活和学习中，什么时候你会感到紧张？

生2：生活中，我每次打针的时候就会紧张；学习上，我每次考试的时候都会紧张，平时单元考试

还好，期中和期末考的时候比较紧张。

师：这种紧张的心情给你带来了什么？

生2：如果遇到一看就会写的题目，我就会松口气；如果思考了一会儿还不会写，我就会紧张，然后就更写不出来了。

师：听上去你的这种紧张的心情影响到了事情的发展。

生3：我的心情可能会很矛盾，会既开心又担心。开心是因为将军是打仗中最重要、最有权威的人，担心是怕自己打不赢。

师：什么情况下开心会多于担心呢？

生3：如果这件事是我很感兴趣的，我在担心的同时更多的是感到开心，比如学校篮球社团让我当队长，虽然责任重、事情也比较多，但是这是我想要的，所以要接受它的方方面面。

师：在被赋予一个新的身份时，我们往往面临复杂的心情。

生4：如果我是赵括，我会觉得惊讶，甚至感到有点心虚。这是关乎赵国存亡的大事，像廉颇这样的大将军身经百战，应该更有胜算。

师：是什么原因让你认为赵括比较没有胜算呢？

生4：赵括虽然看了很多兵书，但是他没有打过仗，战场的实际情况可能比书上的知识复杂多了，不会灵活运用的话就很容易败下阵来。

师：在你看来，赵括懂兵法吗?

生4：我觉得他似懂非懂，虽然了解很多兵法知识，但是没有实际操作的经验，还是不确定。

师：生活中，有遇到过类似的情况吗?

生4：有一次我买了一个太空南瓜种植盒子，我看了说明书觉得很简单，我以为我会了，满怀信心地开始种植，但是种子始终都没有发芽。

师：你认为不懂运用就是不会，我们继续听听不同的想法。

生5：我觉得赵括是懂兵法的，因为他的父亲都难不倒他，他每一次都能对答如流。

师：你能具体说说对答如流的表现吗?

生5：就是能记住兵书上的内容，在别人提问的时候能回答得出来。这让我想到了《中国诗词大会》节目上，我们看到的那些选手对答如流的样子。

师：从这样的角度来看，可以记住了就是懂了、会了。

生6：我觉得记住了不一定就是懂了，我之前认真背了很多单词，老师小测的时候，我写对了很多，但是英语考试中的听句子选单词我却错了好几个，可能是因为我不理解句子的意思。如果赵括跟我一样记住了书上那些知识，但是到战场的时候，不理解战场的战况，就会很难选对作战的战略。

师：你刚刚说小测验对了，但是考试却错了，为什么会出现这样的矛盾?

生6：因为老师的要求不一样，小测验的时候只要求我们能写出来就行，但是考试的时候我们如果只懂选项单词的意思而听不懂句子的意思，就不会做。

师：看来要求不一样，会不会的结果也不一样。从分享中，我们看到了赵括的纸上谈兵让大家想到了生活、学习方面，这带给你什么样的感受呢?

生7：感觉我们每次遇到考试都有一种上战场的感觉。如果考不好就会受到家长和老师的"炮击"，如果考得好会有一种赢了的感觉，松了口气还觉得挺有成就感的。

师：你把战场形象地比喻成考场，我很好奇在考场上，你的敌人是谁?

生7：我的敌人就是那张试卷、那些题目。

师：你赢的是那张试卷？

生7：不是，考卷又不会有感觉。赢的是人，可能是自己，战胜自己；也有可能是父母，向他们证明我可以。

师：试卷意味着什么？有什么作用？

生7：那是一个检查我有没有学会的工具。

生8：赵括的纸上谈兵让我想到了我们学校每年都会组织的研学活动。因为老师说书本上的知识是需要去实践的，所以鼓励我们多出去、多动手、多实践。

师：讲到研学大家都很激动，你能具体说说你在研学过程中学会了什么吗？

生8：我学会了搭帐篷。以前父母带我们去外面的营地玩，面对的都是已经搭好的天幕或者是那种一键打开就很好固定的帐篷，我从来没有尝试过，自然也就不会。这次我们研学小组合作用木头搭建，我们知道了怎么固定、选择木头，等等。

师：学会了这个技能带给你什么感受？

生8：我觉得很有成就感，之前虽然在视频里看过别人怎么搭，但是没有实际去操作就不确定自己会不会。虽然第一次我们操作失败了，但后来再试一次就成功了，所以我觉得赵括可能是懂兵法的，懂的人不代表不会失败。

师：学会了是件很酷的事，关于是否学会大家也都有自己的看法。

生9：我觉得现在的孩子很累，很多时候家长都只看重成绩还有那种考级的证书。有时候写完作业回家还有额外的学习任务，也不关心我们想不想要、开不开心，甚至有没有真正地学会。

师：我感受到你好像有些无奈，有相同感受的同学请举手。

师：我们看到不少同学有一样的感受，曾经你们有为自己的这份无奈做些什么吗？

生9：基本上效果不大，因为作业、考试这些都是不可避免的，老师和父母也没办法。

生10：后来我改变了我的想法，反正人生要经历很多考试，就把考试想成一件很正常的事。

师：调整认知后，你的心情或者状态有什么不一样吗？

生10：比较放松吧，但是有时候还是会考不好，有时候还是会紧张，大道理我们都知道，但有时候就是不能控制好自己。

- **教师小结**

  刚刚听了很多同学的独到见解，我们发现，虽然打仗和学习是两件事，但是它们在很多方面有共通之处。分享中，我们发现了大家关心得比较多的是"考试"和"怎样算学会"，老师总结出两个问题："考好就是学会了吗?""怎么知道你有没有学会?"请大家用 5 分钟的时间在小组内讨论及分享。

- **意图解析**

  在抛出成语故事后，由故事中的问题出发，让学生代入故事中的人物角色进行思考，再链接到学习中的思考，避免让学生一开始就谈学习的压力。引导学生思考学会的多种表现，体会学会带给自己的感受，同时引导学生思考考试和学习效果的关系，为下面的小组讨论做铺垫。

✍ 心灵激荡

1. 以小组为单位，针对问题，把自己或成员的观点写在记录单上。
2. 组内交流，充分讨论观点，相互启发。

> **分享与讨论**
> (1) 考好就是学会了吗?　(2) 怎么知道你有没有学会?

生 1：有的人考好可能是因为偷看别人的答案或者蒙对答案了，实际上并没有学会。

师：是啊，作弊的话，就算高分也是不会，那你认为学会的表现是什么样的?

生 1：我的同桌是学霸，我有不懂的就问他，他都会教我，所以我觉得学会的表现就是懂得把知识教给其他人。

师：你的看法是传授知识是学会的一种表现。我们邀请你的同桌谈谈他的看法。

生2：我想从另一个角度说，其实考不好也不一定是不会，有时候同学考完试跟我一起探讨答案，我发现他们有时候是会做题的，只是当时考试的时候比较紧张，没有做出来。

师：所以考不好有可能是因为心态不好，还有其他可能吗？

生2：考不好可能是因为真的没学会，所以考不好。

生3：还有可能是因为学会了，但是不会用。比如一些应用题，虽然会公式，但是不理解题目意思，不知道怎么用，就写不出来。

生4：还有的人考不好是因为他们只会写书上的题目，其实考卷上的题目只是书上例题的变式。

师：听上去学会的意思是要理解意思，要懂迁移运用，还可能是刚刚提到的懂得传授，为什么会有这么多的表现形式呢？

生5：因为不同的学科要求掌握的方面不一样，比如语文有的是要求背诵，然后信息科技课要求会实际操作，美术课又要我们会自己创作，感觉不同学科学会的标准不一样。

师：感谢这位同学分享了很多种检查有没有学会的形式，你觉得什么

样的检查方式适合自己？

生6：我每天都会认真地写作业和完成打卡，如果有不会的地方我就及时去请教，我觉得通过作业可以检查我有没有学会。

师：通过作业这种形式来检查自己的学习效果，是什么感受？

生6：每天会一点，而且及时检查，会让我感觉很踏实，一直有学到知识的感觉，我就会想一直去学习、去掌握。

师：找到适合自己的学习方式和检查工具，并看到进步的空间，很了不起，为你点赞。

生7：妈妈每天都会要求我把今天学到的跟她分享，一开始我有点压力，但是现在我喜欢这种方式，因为我在分享或者教她的时候，她有时候会提问题让我当小老师，我也会知道自己学会了哪些。

师：通过分享和提问的方式检查学习效果，给你的学习带来什么影响？

生7：我会比较有动力学习，而且比较开心。妹妹还小，妈妈平时都要带妹妹，但是我当小老师的时候，她会专心陪我一阵子。

师：你感受到妈妈用自己的方式爱你们，你们也更有动力学习。

生8：很多人可能会觉得家长和老

师总是用成绩衡量我们的学习，但其实我们自己也是这样的，感觉这种方式比较简单，而且不会太频繁。平时我比较懒，主动学习比较少。虽然不喜欢考试，但是考试前，我会临时抱佛脚复习一下。

师：你觉得考卷对你来说是合适的检查方式，具体有什么帮助?

生 8：考前我会复习，然后考后再订正错的地方，也就会了。

师：听上去考试不仅是你检查的工具，还能帮你加强巩固。

- **教师小结**

  大家刚刚分享了自己的想法，从想法中我们看出很多同学都深刻地思考考试与学会的关系，丰富了我们对考试的看法，还找到了可能适合检查自己学习效果的方式，促进了学习。

- **意图解析**

  鼓励学生讨论和表达自己的观点，深化对考试和学会的认识，挖掘学生积极看待考试的意义，思考适合自己的学习效果评价方式并探索进步的空间，增强学习动力。

灵光一闪

教师邀请学生分享：上完这节课，你对考试或者学会有什么新的看法或观点?

生 1：我觉得考试成绩未必真的代表一个人的真正能力，可能还有很多方法可以帮助我们检查是否掌握。我们目前最经常使用的方式就是考试，所以我们要既重视考试又不能把它看得太重了，有没有真正学会才是我们想要的。

师：理性地看待考试成绩，相信考试这一工具能为你所用。

生 2：一直学会、一直进步就会有更多动力去学习，我觉得我们可以把大的学习目标分解成几个小目标，每学会一个小目标就更有力量完成下一个，学会得就更多。

师：这是一个很棒的方法，学习如果是马拉松的话，沿途的各个小目标会让你不断看到希望。

生 3：虽然我考试成绩一直都很不

错，但是我发现我其他方面还有很多不会，比如搭帐篷这种动手操作的任务对我来说就太难了。检查我们是否学会的方式有很多，也意味着学习的方面有很多，所以我不能因为考试成绩好一点就沾沾自喜。

师：我很欣赏你的觉察，我相信你通过努力一定能学会更全面、更丰富的知识或者技能。

● **教师小结**

考试作为检查学习效果的方式之一有其存在的积极意义，但同时考试成绩未必能代表学习效果。可能每个人都有适合自己的学习效果评价方式，相信在不断的探索中大家都能寻找到帮助自己进步的方式，也能调整好心态，更理性地看待考试这一工具，收获成长。

● **意图解析**

经过一节课的思考与讨论，了解学生形成哪些新的观点或对原有观点有何思考。同时，总结本节课讨论的方向和结果。

教学反思

在进行本课教学设计时遇到两个难点。其一是确定本课核心概念，从成语故事入手，很容易联想到学习。但学习这一主题范畴较大，于是进一步从故事的结果探索如何定位，最后聚焦在"学习效果评价"这一概念上。其二是如何提炼核心问题，关于这一方面，在"考好就是学会了吗"和"怎么知道你有没有学会？"两个问题中迷茫。在实际课堂上，学生都能涉及两个问题，但通过分析学生的回答和课后访谈发现，大部分学生更关注考试成绩。

"隐喻"技术的使用主要在出示成语故事后，让学生以故事中角色代入的方式充分思考自己的想法和做法，在以军事和学习的类比中链接到现实生活，减少了学生直接谈论学习的阻抗。在使用这一技术时，要注意恰当提取故事与学习的联系点，比如将"考场"比作"战场"是学生能快速理解的联系点，再由此思考学会的表现有哪些，从而进一步探索适合自己的学习效果评价方法，做到合理地引导。

附：《纸上谈兵》学习单

原典选读（略）　成语故事（略），见前文第 234—235 页。

任务
请你和小组伙伴针对这则故事讨论以下问题并记录下来。

1. 考好就是学会了吗？

2. 怎么知道你有没有学会？

生涯规划

齐

上
中
下

田
下
上
中

田忌赛马
我应该先扬长还是先避短？

空中楼阁

——我们可以只要自己喜欢的吗？

（王瑜萍　厦门市翔安区金海小学）

　　一个人看到邻居建起一栋房子，特别喜欢这栋楼房的三层，于是请来工匠，要求其建造一栋只有三层，没有一、二层，悬在空中的楼阁。这个故事似乎意味着：空想和缺乏实际根基的计划最终会落空。然而，小学高年级阶段的儿童正处于学习力培养的阶段，各方面都处在成长发展的基本阶段，受自身能力和知识的限制，儿童依靠自我形成规划意识和管理能力是不现实的，需要在一定的经验和教育基础上建立。通过《空中楼阁》成语故事探究，儿童认识到在追逐目标的过程中可能同时有自己想要和不想要的，需要辩证看待想要与不想要的，并找到为目标而坚持的动力。

课标依据

培养学生分析问题和解决问题的能力，为初中阶段学习生活做好准备。

——《中小学心理健康教育指导纲要（2012 年修订）》

本课目标

（认知）知道在追逐目标的过程中可能会经历一些我们想要的和不想要的。

（情绪）体验当我们在追逐目标的过程中，既想要又不想要导致的冲突感和矛盾感。

（行为）辩证看待自己想要与不想要的，找到为目标而坚持的动力。

儿童特征分析

研究表明，小学高年级阶段的学生对于个体生涯已经具有初步的认识和想法。[1] 这个年龄阶段的学生自主性和自控能力有明显提升，不再像低年级时那样需要教师的特别监督、家长的严格督促，因此在此阶段可以更加鼓励学生去规划学习生活，引导学生初步树立自己的学习生活目标，让对目标的美好憧憬成为激发学生努力和坚持的动力。但由于这一年龄阶段，学生的认知、能力发展相对局限，许多学生在追求目标的过程中面对一些困难和不想要时容易退缩，这将在意志层面阻碍他们为目标不断努力和坚持。

核心概念

意志行动过程包括了两个基本阶段：采取决定阶段和执行决定阶段。采取决定阶段是意志的准备阶段，指的是人在行动之前，先要在头脑里考虑为什么要行动，怎样去行动，它决定意志行动的方向和轨迹。意志行动的两个阶段中常考的是"采取决定阶段"，即准备阶段，在这个阶段，人们在行动之前会产生动机的冲突。

动机冲突包含四种：双趋冲突、双避冲突、趋避冲突和多重趋避冲突。

教学准备

教师准备：多媒体课件、《空中楼阁》故事及翻页笔、学习记录单等。

学生准备：黑色水笔一支，积极参与、认真倾听、尊重他人。

---

[1]　王楷瑞 . 小学高年级生涯教育的现状调查及对策研究——以 F 市为例[D] . 辽宁师范大学, 2020.

探究启航

★ 游戏互动

游戏："想要不想要"

● 游戏规则

（1）在以下情境中，请同学们用手势来回答想要还是不想要。

（2）如果这个情境是你想要的就起立，展开双臂迎接它。

（3）如果这个情境是你不想要的就做双手交叉的动作。

情境：

（1）明天就要语文期中测试了，今天还是在家好好复习，不要出去玩了。

（2）本次期末考如果进步了，妈妈就会奖励我。

（3）语文老师说今天要完成一篇500字的作文。

（4）今天上午第四节是美术课。

（5）下周我们班就要去春游了。

教师确认学生了解规则后组织活动。

● 师生互动

为什么有些情境是你想要的，有些情境是你不想要的？

生1：我不想要美术课，因为我觉得美术课很无聊，我想要去春游，已经期待很久了。

师：嗯，你不想要美术课，那其他同学也都跟他一样吗？有没有不同的想法呢？

生2：我喜欢美术课，因为我很喜欢画画，我不喜欢写作文，因为写作文好难啊，而且还要写500字。

生3：我想要考试进步和妈妈的奖励，不想要写作文，因为写作文很烦。

师：那你不想写的时候，最后你会写吗？

生3：会，因为不写会被老师罚。

师：害怕被老师罚，即使你不想写，依旧会选择把它完成。

● 教师总结揭题

同学们都有自己心里想要的和不想要的东西，那么假如我们想要的和不想要的发生冲突时，你会怎么选择呢？老师今天带来的故事主人公也遇到了这样的选择，我们一起来看《空中楼阁》的故事吧。

- **意图解析**

  设计与"空中楼阁"这则故事相关的"想要不想要"游戏，活跃课堂氛围且调动学生积极性。同时，学生在游戏中选择自己想要的与不想要的，反映出学生真实的内心选择过程，并且为后续关于"如何辩证看待自己想要与不想要"的讨论做铺垫。

〰 成语共读

教师借助多媒体设备介绍成语故事。

- **原典选读**

  往昔之世，有富愚人，痴无所知。到余富家，见三重楼，高广严丽，轩敞疏朗，心生渴仰，即作是念："我有财钱，不减于彼，云何顷来而不造作如是之楼？"即唤木匠而问言曰："解作彼家，端正舍不？"木匠答言："是我所作。"即便语言："今可为我造楼如彼。"是时木匠即便经地垒墼作舍。愚人见其垒墼作舍，犹怀疑惑，不能了知。而问之言："欲作何等？"木匠答言："作三重屋。"愚人复言："我不欲下二重之屋，先可为我作最上屋。"木匠答言："无有是事，何有不作最下重屋，而得造彼第二之屋？不造第二，云何得造第三重屋？"愚人固言："我今不用下二重屋，必可为我作最上者。"

  ——《百喻经·三重楼喻》①

- **成语故事**

  很久很久以前，有个富人。有一次他到另一个富人家做客，看到

---

① 史念林.百喻经[M].北京: 华夏出版社, 2005: 18—19.

他住的是一栋三层的大房子，高大宽广，富丽堂皇。站在顶楼上往四周看，他感到非常羡慕，心想："我的财产其实不比他少，为什么我不造一栋这样的楼呢？"

离开后，他立刻去找木匠，问道："你知不知道怎样造一栋他们家那样的楼房？"木匠说："他家那栋楼就是我造的。"富人说："那你马上给我造一栋那样的楼！"

于是木匠立刻开始测量地基、叠砖，准备造第一层楼。富人看见他在地上叠砖，心里便充满了疑惑，无法理解木匠在做什么。就问道："你这是打算做什么？"木匠回答："造三层的楼啊。"富人又说："我不想要下面的两层，你可以先给我造最上面那层。"木匠说："没有这种事。哪有不造第一层，就能造第二层的？不造第二层，又怎么造第三层呀？"可是富人还是说："我现在用不着下面那两层，你肯定可以只造最上层的！"

（黄睿　改编）

分享与讨论

（1）富人为什么不想要下面两层，只想要第三层？

（2）假如有人对富人说，你要建第三层必须先建一、二层，你觉得富人还会为了这个第三层建一、二层吗？

生1：富人觉得第三层最高，可以看美丽的风景。

师：富人站在最高的第三层看美丽的风景会是一种怎样的感觉呢？

生1：很惬意，很放松。

生2：因为富人觉得只有第三层建得最好，其他两层建得不好。

师：所以这栋三层楼富人并不是全部都很喜欢的，他最喜欢第三层，不喜欢一、二层。我很好奇，在学习中有没有什么事情也让你觉得像这样，一部分喜欢一部分不喜欢的？

生2：我喜欢体育课，但是不喜欢体育课上的准备活动和拉伸。

师：嗯，但是据我所知，这几乎是每节体育课都要做的。你会因为不喜欢准备活动和拉伸就不去上体育课了吗？

生2：肯定不会。

师：听起来为了自己喜欢的体育课还是可以去接受不喜欢的准备活动和拉伸的。其他同学关于富人为什么不想要下面两层，只想要第三层，还有没有不同的想法？

生3：富人觉得第三层最富丽堂皇，一、二层会影响第三层的美观。

师：假如你是富人，一、二层会影响第三层的美观，但是你又特别喜欢第三层，你会怎么做呢？

生3：我会把一、二层的外观也建得和第三层一样富丽堂皇。

师：所以你觉得为了最喜欢的第三层，多付出一些财力、物力，建一、二层是可以接受的，是吗？

生3：是的。

生4：富人很急于想要获得最好看的第三层。

师：你讲到他很着急地想要获得第三层，我想再追问你一个问题，学习中有没有什么事情，也是你很着急、想要立刻去改变或者做到的？

生4：我想要快速回到像以前一样学习最积极、最高效、成绩最好的时刻。

师：听起来以前曾经有过这样的时刻，那是一种怎样的感觉呢？

生4：通过自己的努力取得好成绩，被父母表扬，自己觉得很有成就感。

师：假如现在可以做一点点改变，靠近曾经那个学习最积极、最高效、成绩最好的时刻，你觉得你可以做的一点点改变是什么？

生4：当老师把练习发下来时，我能够马上就订正。

师：嗯，你已经有很明确的目标了，老师感受到你已经迈出最有勇气和最有决心的一步了。

生5：他想比别人更特别。一般人是一、二、三层建起来，他觉得如果只有三层更特别。

师：听起来富人想要拥有一个与众不同的三层，那有没有什么特别的方式可以不要一、二层，单独把第三层建起来呢？

生5：没有，除非是用绳子将三层单独吊在悬崖上。

师：我很好奇大家会怎样看待这位富人的做法呢？

生6：这不可能，因为首先要把三层楼盖起来，再把第三层锯掉，但是怎么锯是个问题，锯掉之后房子没有地基也会解体，而且锯掉之后移到悬崖边也是问题，总之这不可能实现。

师：你讲到锯掉之后房子没有地基

也会解体。是的，大家都知道没有地基的房子是不牢固的，地基就是房子的根。

生7：而且挂在悬崖上几乎不可能实现，绳子不可能承受住房子的重量，到头来费钱、费力、费时间还不可能实现。

师：你说的给了我很大的启发。听起来富人为了以更快的捷径建第三层有可能不仅浪费了更多的时间、人力和物力，最终还得不到想要的第三层。所以走捷径好像并不一定能更高效地达到自己想要的目标。

师：假如有一个人对富人说，你要建第三层必须先建一、二层，你觉得富人明白这个道理之后，他还会为了这个第三层建一、二层吗？

生8：不会，因为他可能会觉得很麻烦。

师：这里的麻烦具体指什么呢，可以说得再详细一些吗？

生8：就是费时又费钱。

师：富人觉得要建一、二层还要耗费时间和金钱，他不想要为了第三层去牺牲这些财力物力。其他同学还有没有不同的观点，我们也听听看。

生9：我觉得他会，因为能看到美丽的风景，多建两层也没关系。

师：听上去你觉得为了我们最重要的那个目标，付出一些东西是可以接受的。你会为了你的目标付出吗？

生9：会。

师：能具体说一说吗？

生9：上学期期末，我妈说三科都上90分，寒假就带我去广州长隆动物园玩，考试前的那个周末，我都在家复习，班级同学约我我都没有出去玩，期末考三科成绩都在90分以上，春节的时候我妈就带我去长隆动物园玩了。

师：你让我看到了一个为了自己想要的目标去付出、去奋斗和克服一些诱惑的你。关于富人会不会为了第三层建一、二层，其他同学还有没有不同的想法呢？

生10：我觉得他应该不会，因为他只想要第三层，一、二层他不喜欢。

师：一、二层富人不喜欢，所以他就不想要了。大家觉得在学习生活中，我们可以只要自己喜欢的，不要不喜欢的吗？

生10：不行。比如你喜欢语文，不喜欢数学的话，你就会偏科。

师：你的意思是说，如果只学喜欢的语文，不喜欢的数学就不学了，这样会对综合成绩造成影响，是吗？

生 10：是的。

师：你觉得如果我们因为不喜欢就不去学，可能我们也就没办法实现想要的那个目标。大家同意他的看法吗？还有没有要补充的观点呢？

生 11：我觉得有时候不喜欢的事是最有用的。

师：不喜欢的事是最有用的，能具体说一说吗？

生 11：比如我喜欢跳舞，但是不喜欢去上舞蹈课，可是如果没有去上舞蹈课，舞蹈考级肯定过不了。

师：所以虽然你不喜欢去上舞蹈课，但是同时你也意识到它在帮你通过舞蹈考级中发挥的重要作用，那我很好奇，你是怎么去对待这个不喜欢但又很有用的舞蹈课的呢？

生 11：虽然不喜欢，但我还是会坚持去上。

师：我看到了你为自己想要的目标付出的努力。假如有一天，你通过了自己想要的那个舞蹈考级，那个时候的你，再去回看自己曾经上过的这些舞蹈课，可能会有什么感受呢？

生 11：会觉得辛苦付出都是值得的。

师：所以一开始可能是抱着一种比较排斥的状态去看待这个舞蹈课，但是当我达到了我想要的那个目标，再去回看当初排斥的那个舞蹈课，会觉得一切都是值得的。

生 12：我觉得他会建，因为他很有钱，况且一、二层说不定也有他原本家里没有的东西。

师：听起来富人觉得建一、二层也不是完全没有价值的，当富人这样想，建完之后他还会那么不喜欢一、二层吗？

生 12：不会。

师：是的，当富人看到了一、二层的一些价值，那么他可能就不会那么排斥一、二层了，同时他可能也会更愿意为了第三层去建一、二层。

● **教师小结**

刚才听到同学们很多关于"我们到底该不该为了自己想要的目标去接受一些我们不想要的"的不同观点，给我们提供了思考。我搜集了三个思考方向：

（1）假如三层是你想要的，你觉得在你心里，三层对你来说可能是什么呢？（是一份工作？一次成绩？一次运动会奖牌？一次舞蹈考级？还是……）

（2）那一、二层对你来说，可能是什么呢？

（3）那你会愿意为了这个三层建一、二层吗？

请大家用 5 分钟时间把观点写在记录单上，并在小组里进行讨论及分享。

● **意图解析**

在阅读成语故事后，抛出问题链接学生的生活经验，启发学生思考在追逐目标的过程中，面对趋避冲突（既有想要又有不想要），我们该怎么去选择。搜集、倾听学生的不同看法并一一进行回应。

课堂运用隐喻故事，学生不需要分享太多自己的真实事件，却能在一个安全的距离中通过隐喻故事来进行投射，如课堂中有的学生觉得富人不会为了第三层建一、二层，有的学生觉得富人会为了第三层建一、二层。学生看似在表达故事，实则在借助故事表达自己。

心灵激荡

1. 以小组为单位针对问题把自己的观点写在记录单上。

2. 组内交流，充分讨论观点，相互启发。

> **分享与讨论**
>
> （1）假如第三层是你想要的，你觉得在你心里，第三层对你来说可能是什么呢？
>
> （2）一、二层对你来说，可能是什么呢？
>
> （3）你会愿意为了第三层建一、二层吗？

生 1：我觉得三层对我来说应该是考试 95 分以上，然后一层是上课，二层是写作业，因为要先上课、听课然后才会写作业。

师：你觉得一、二层目前带给你什么样的感觉呢？

生 1：还行吧，有时候会有点烦。

师：有时候会有点烦，什么时候呢？能说具体一些吗？

生 1：作业很多的时候就会有点烦。

师：我想问一下其他同学有过和他一样的感受吗？有的举手（全班几乎 90% 举手），看来大多数同学在面临作业很多时，都和你有着同样的感受，也许这是处于一、二层的大家都会经历的感受。我还想追问大家一个问题：当你觉得作业很烦的时候，有没有想过放弃，最终你有没有写呢？

生 2：不想写，但最后还是写了。

师：是什么理由让你在不想写的时候又坚持把它写完了呢？

生 2：因为如果没写第二天会被语文老师叫到办公室补作业。

师：听起来因为担心一些结果，让你在不想写的时候依然坚持把作业写完了。

生 3：三层对我来说是一次好成绩，一、二层是一堆绊脚石。

师：这堆绊脚石具体指什么呢？

生 3：学习上的难题、不喜欢的科目和不喜欢的作业。

师：这堆绊脚石带给你什么样的感觉呢？

生 3：很累、很疲惫。

师：我特别能理解你的感受，想爬

到第三层，但又觉得自己很疲惫。你觉得自己现在正在哪一层呢？

生 3：在第二层吧，要往第三层爬。

师：你觉得自己目前的状态是一路抬头看着三层的，还是回头看看一、二层的？

生 3：抬头望着三层的。

师：同学们，大家一起来体验一下，抬头望着教室的天花板保持一分钟不动，大家是什么感觉呢？

生 4：脖子很酸。

生 5：脖子都要断掉了。

师：是的，当我们一直抬头望着三层，我们会觉得很疲惫，那如果我们暂时停下来，休息一下，看看第二层或者第一层的风景，然后再往上爬，大家觉得会不会好一些呢？

生 6：应该会吧。

师：其他同学是怎么看待一、二层的呢？我们也听听看。

生 7：我觉得一、二层是通往三层的必经之路。我写的是：三层对我来说是钢琴能考到十级；一、二层是课外班，还有每天晚上写完作业要练习半个小时。

师：一、二层带给你什么感觉呢？

生 7：有时候觉得挺辛苦的，因为有时候作业很多，写完作业还要练琴，就会觉得挺累的。

师：听起来真的特别辛苦和不容

易。那么，假如有一天，当你看到自己实现了钢琴十级的目标，你觉得那个时候的你站在三层可能会有什么感觉呢？

生7：会觉得很开心和自豪。

师：那个时候的你再去回看一、二层，可能会是什么感受呢？

生7：觉得一切的坚持都是有用的。

师：听起来一、二层也许是辛苦的，也是需要坚持的，也许并不是我们特别喜欢的，但是当我们坚持下来了，爬到三层的那一刻，再去回看一、二层，会觉得当初走过的一、二层都是值得的。

师：你愿意为了这个三层去建一、二层吗？

生8：愿意。因为书山有路勤为径，学海无涯苦作舟，需要努力才有结果。

生9：愿意。因为只有经历困难才能成功。

生10：愿意。因为三层是一个目标，有了一、二层才会离目标越来越近，否则三层只是一个遥远的目标。

生11：愿意。一、二层本来就如基础，只有爬过一、二层才能到达三层。

师：在追逐目标的过程中也许会遇到一些我们不想要的，但是我们依然会愿意为了美好的目标去跨越那一些障碍，也许这就是为目标而坚持的意义。

- **教师小结**

  在刚才的分享中，同学们都尝试探索了三层自己"想要"的目标，以及一、二层那些自己可能不太喜欢的，也许在一、二层大家都有过疲倦、烦躁，有过"不想要"，但就像刚刚同学们说的这些，"不想要"有时候又是最有用的。所以就像盖房子一样，只有先把房子的地基打牢，把一、二层盖好，这样第三层才有可能实现，否则只是一座空中楼阁。

- **意图解析**

  在前一环节成语讨论的基础上，进一步借助隐喻，让学生思考三层、二层、一层对自己而言可能意味着什么，带领学生尝试去探索自己想要的目标，以及在实现目标的过程中如何去辩证看待自己想要与不想要的，找到为目标而坚持的动力。

⚡灵光一闪

教师邀请学生分享：你现在对于"我们可以只要自己喜欢的吗"与之前有没有什么不同的看法或观点？

生1：以前我觉得不喜欢的就不要了，刚刚听完其他同学说的"不喜欢的有时候是最有用的"，我觉得确实是这样。

师：是的，当我们能够去看到这些"不喜欢"的价值，也许我们也会多一分勇气去面对这些"不喜欢"，多一份力量去和这些"不喜欢"相处。

生2：以前我总觉得写作业很烦，但是刚才听到很多同学都和我一样，也会觉得写作业很烦，他们也一样坚持完成作业，我觉得我也可以。

师：决心是行动的第一步，老师感受到你已经迈出最有勇气的一步了。

- **教师小结**

  关于"我们可不可以只要自己喜欢的，不要自己不喜欢的"，相信同学们都有了自己的答案。在追逐目标的过程中难免会遇到困难和挑战，也许是我们不喜欢的，但当我们去跨越那一份挑战，我们也就在一步步靠近自己的目标。

- **意图解析**

  让学生将课前与课后问题进行对比，目的是了解经过一节课的讨论后，学生形成了哪些新的观点或者更加认同哪些自己原有的观点；同时，学生的观点呼应本节课的讨论，起到收尾和升华的作用。

教学反思

　　"隐喻"一词源自希腊语，意思为"传递"，即将真实的事物以影射、模拟的方式传达出来。运用隐喻故事，能够以一种柔和的方式来帮助学生谈论和探索自我，减少学生的焦虑和阻抗。同时，隐喻故事联结学生自我潜意识的需求和情感，能够促进学生产生新的觉察，进一步促进学生的领悟和成长。

　　在本节课的成语故事环节，借助主人公富人建三层楼的故事隐喻每个人在追逐目标的过程中，既有想要又有不想要的方面带来的冲突和矛盾感。接着带领学生在隐喻故事中探讨："假如有人对富人说，你要建第三层必须先建一、二层，你觉得富人还会为了这个第三层建一、二层吗？"学生在活跃的课堂氛围中纷纷表达自己的观点，有一部分学生觉得富人嫌麻烦、浪费钱所以不会为了第三层建一、二层，也有一部分学生觉得富人很喜欢第三层所以会为了自己喜欢的建一、二层。学生在隐喻故事中无所顾忌地表达内心的真实想法，看似在讨论故事，实则在讨论自己。学生不必直接讨论自己，却能在隐喻故事中看到自己的问题，又不伤及自尊，把问题投射到隐喻故事中加以处理，并且隐喻故事具有趣味性，有助于激发学生的想象力和创造力，增强课堂的互动性。

　　因此，在儿童哲学团体探究中运用隐喻故事，采用一种以"客体"为媒介的形式，既方便学生表达、沟通和交流，又容易穿越防御，克服阻抗，深入学生内心深处，让学生有一个安全的距离通过表达故事观点来表达自己潜意识的需求和情感，在故事讨论中产生新的觉察与体会，更能发挥学生的内在能动性，从而促进领悟和成长。

附：《空中楼阁》学习单

原典选读（略）　成语故事（略），见前文第 249—250 页。

任务一
请你围绕这则故事思考以下两个问题。

> 1. 富人为什么不想要下面两层，只想要第三层？
>
> 2. 假如有人对富人说，你要建第三层必须先建一、二层，你觉得富人还会为了这个第三层建一、二层吗？

_____

_____

_____

任务二
请你思考以下三个问题。

1. 假如第三层是你想要的，你觉得在你心里，第三层对你来说可能是什么呢？（是一份工作？一次成绩？一次运动会奖牌？一次舞蹈考级？还是……）

2. 一、二层对你来说，可能是什么呢？

3. 你会愿意为了第三层建一、二层吗？

田忌赛马

——我应该先扬长还是先避短？

（李丹阳　西安市曲江第二小学）

　　田忌将军通过与智者孙膑的合作，运用策略在赛马比赛中巧妙地调配自己的马匹，最终以弱胜强，战胜了对手。这则寓言常被用来提醒人们全局观念非常重要，凡事需要权衡得失，确保利益的最大化。由于个体生活阅历的增加，人的自我认知也随即更加清晰和丰富，人们意识到"长处"与"短处"往往如影随形，因此努力找寻自身优势与劣势的平衡，并探索如何利用有限的社会资源发挥个体的最大价值。

　　通过《田忌赛马》成语故事探究，学生有机会思考个人的长处和短处会不会产生相互作用，在不同情况下我们对于这两者的精力投入会有怎样差别，自身的短板是否也会产生积极的作用，关于发扬长处和避免短处我们又有哪些可行选择等。

课标依据

帮助学生正确认识自己的优缺点和兴趣爱好，在各种活动中悦纳自己。

培养学生分析问题和解决问题的能力，为初中阶段学习生活做好准备。

——《中小学心理健康教育指导纲要（2012 年修订）》

本课目标

（认知）帮助学生认识到长处与短处可能会产生相互作用，可以借势发展。

（情感）帮助学生理性平和地面对自身短处。

（行为）引导学生结合自身实际情况，做出扬长和避短的个性化选择。

儿童特征分析

自我认识在儿童中晚期的发展开始变得复杂，个体能够认识到"我已经拥有的能力"与"我渴望拥有的能力"以及"我认为最重要的能力"之间的不同。[1] 小学阶段学生自我意识的发展由主观到客观，能够将自己的能力与同伴进行横向社会比较。[2] 如果个体通过有效行为改变了外界环境中他人的评价和行为，自尊就会得到维持和强化。[3] 因此引导学生合理地认识自我，找到适合自身的行为风格与策略，对于提升个体自尊和心理健康水平都大有裨益。

核心概念

自我认识是自我意识的认知成分，指个体对生理自我、心理自我、社会自我的认识，包括自我观察、自我分析、自我评价等。

教学准备

教师准备：多媒体课件、《田忌赛马》寓言故事及翻页笔、学习单（每人一张）、A4 白纸（每组两张）。

学生准备：黑色签字笔一支，积极参与、认真倾听、尊重他人。

---

[1]　桑标 . 儿童发展心理学[M] . 北京：高等教育出版社，2009.

[2]　桑标 . 儿童发展心理学[M] . 北京：高等教育出版社，2009.

[3]　李文辉，姜枫 . 小学生学业成绩对学业自我效能感的影响：学习压力、自尊的中介作用及性别差异[J] . 心理科学，2023，46(2)：347—354.

探究启航

🖋 游戏互动

游戏：高高站立的小纸片

● **游戏规则**

（1）每个人的桌面提前分发一张与众不同的异形纸片（如细长条形、三角形、环形等）。

（2）一分钟内学生可以根据自己想到的策略使纸片"站立"，在不增加辅助工具的情况下，尽可能地让纸片保持最大"身高"。

● **师生互动**

师：你是如何操作的呢？

生1：我拿到的是一张椭圆形纸片，可以将它对折，用两个点站在桌面上。

生2：我的纸片是一个很细长的小纸条，如果短边着地它会很显高，但是稍微有一点点风就倒了，所以我也是将它对折，尽量让它两只"脚"挨得近一些。

生3：我的纸片是箭头的形状，我通过折叠后发现有好几种方式可以站立，站得最高的方法可能导致纸片重心不稳，需要靠着才能立住，所以我只能选择比较矮的方法让它站起来了。

● **教师总结揭题**

今天的这个小游戏让大家尝试了各种方法让纸片以最高身高站立。我们今天要讨论的故事《田忌赛马》也与运用最佳策略帮助自己取得佳绩有关。让我们一起走进这个故事吧！

● **意图解析**

"高高站立的小纸片"这个游戏属于操作类游戏，能够帮助学生迅速进入课堂，调动其课堂参与的积极性，是学生与学生、学生与教师建立初步沟通的联结点。此外，该游戏与本节课的主题相关，在观点建立方面可以帮助学生进行预热，为正式讨论的开始提前打通更多思考路径。

🐴 成语共读

教师借助多媒体设备介绍成语故事。

● **原典选读**

忌数与齐诸公子驰逐重射。孙子见其马足不甚相远，马有上、中、下辈。于是孙子谓田忌曰："君弟重射，臣能令君胜。"田忌信然之，与王及诸公子逐射千金。及临质，孙子曰："今以君之下驷与彼上驷，取君上驷与彼中驷，取君中驷与彼下驷。"既驰三辈毕，而田忌一不胜而再胜，卒得王千金。

——《史记·孙子吴起列传》①

● **成语故事**

田忌多次和齐国诸位公子赛马，下很大的赌注。孙膑看到田忌的马的脚力和对手相差不是很大。比赛的马分有上、中、下三个等级，因此孙膑对田忌说："您只管下大赌注，我能够使您获胜。"田忌相信了孙膑的话，就跟齐王和诸位公子下了千金的赌注赛马。到了临比赛的时候，孙膑对田忌说："现在用您的下等马去和对方的上等马比赛，拿您的上等马去和对方的中等马比赛，再拿您的中等马和对方的下等马比赛。"三个等级的马都已比赛完毕，田忌负了一场却胜了两场，最终从齐王的手里赢得千金。

（刘洋　译）

> **分享与讨论**
> 田忌是通过怎样的策略反败为胜的？

生1：我觉得是通过牺牲少部分的利益，来换取更大的利益。

生2：我觉得是用自己的长处来攻击对方的短处。

---

① 司马迁.史记[M].广州: 世界图书出版公司, 2020: 874.

生3：我认为应该是在比赛中合理分配自己的长处和薄弱点，即使有薄弱的地方，也可以利用一些方法帮助自己成功。

师：合理的策略可以转劣势为优势。

生3：在这个故事中我感觉利用下等马跑得没那么快去对战对方的上等马也是为后面的成功做铺垫，可以迷惑敌人。

师：看似是短处，但可以将其转换成为我所用的部分。

生4：我的理解是要放弃不重要的，专攻厉害的。

- **教师小结**

大家在分析时有提到一些与事件或自身特征相关的词，如"长处和短处""较少利益和较大利益""重要部分和次要部分"，还有一些策略方面的词语，包括分配以及应用。我这里也收集了几个大家比较感兴趣的问题，例如你认为"长处"能不能弥补"短处"，以及"长处"会不会因为"短处"而打折，大家可以结合刚才的思考展开讨论。

- **意图解析**

第一，帮助学生提取能够形成主要观点的核心信息。第二，延伸对旧概念的理解，提供重塑观点的机会。通过对话展现出个体对事件的不同侧重的梳理。该过程甚至能够引发新的认知冲突，如人们常对"短处"进行消极归纳，而通过不同角度的解读后发现"短处"也可能有积极的作用；"长处"的价值不局限于优点，也可能包含优势。该过程能够帮助学生拓宽在不同情境下对"长处"与"短处"的定义边界，为重新塑造知识经验提供了机会。

🐎 心灵激荡

1. 以小组为单位，成员依次以喜欢的方式记录观点（象限图、思维导图、表格等）。

2. 其他组发言时随时补充记录。

3. 小组代表轮流发言，尽可能让每位成员都有作为代表发言的机会。

> **分享与讨论**
> 你认为"长处"能弥补"短处"吗？

师：就个人而言，每个人都有属于自己的长处和短处，那你认为"长处"能弥补"短处"吗？

生1：我认为长处可以弥补短处。我想到一个成语——取长补短，对这个词语有两种理解：一种是把别人的长处弥补到自己的短处；另一种是用自己的长处来弥补自己的短处。

师：所以取长补短不仅具有个人层面的意义，还包含集体层面的价值。

生2：我觉得长处不能弥补短处。每一个人都有自己的长处和短处，你的长处可以让你在擅长的领域闪闪发光，但当你的短处遇到了别人的长处，那么你就会存在一定的劣势，你也不能突然跳到自己的长处上去，所以我觉得长处不能弥补自己的短处。

生2：我们组还有一个观点是长处可以弥补短处，像"田忌赛马"这个故事，田忌的马慢一点，但是孙膑他有过人的智慧，他用自己的智慧弥补了马的缺陷，他们最后还是赢了。

生3：我觉得长处不一定能弥补短处。比如在古代战场上，有一队士兵的头盔是最精良的，武器是最精良的，训练也是最刻苦的。派这支队伍去打仗，但是对面士兵的人数是这支队伍的N倍，或者说我们队伍面对的是一颗核弹，这样的长处肯定是弥补不了短处的。

师：所以有时长处对短处的弥补是有限的。

生4：我们要注意的是：核弹的长处是伤害力大，但也同样有它的短处——它是一次性的。反之，队伍虽然伤害力小，但是长处是可以分散开的。所以我认为长处在一定情况下是能弥补短处的。

师：同一种情况的优点和缺点往往是并存的。

生5：我觉得要思考长处跟短处是不是在一个领域，在一个领域它才能补短，比如一个人特别会做饭，但是他数学学得不好，这个长处就弥补不了他的短处。

生6：同样是数学领域，比如一个人虽然几何方面学得非常好，但是在算术方面非常差，这可能也很难弥补。

生7：我觉得不同的两个领域其实也可以取长补短，比如遇到数学几何题不会，但是如果美术绘画方面好的话，可以直接把图画出来帮助理解。

师：所以有时我们对于"领域"的划分也会影响取长补短的效果。

生4：举个例子，一个人因为自己特殊的饮食习惯导致他总是"放屁"，这其实是他的短处，但是他的长处就是他很擅长演讲，并且语言非常具有煽动性，能够感染大批群众，他激情澎湃的演讲会掩盖他的短处。

师：我们发现有时候长处足够"闪

耀"时，短处也可能被忽视。

生8：我想到短板理论，长的板就是长处，短的板就是短处，我们拿长的板来弥补短的板，但是如果你的长处非常长，短处非常短，我们只能做到把长的木板平均下来分给每个短的木板，我们并不能做到把所有的短板都变成长板，但是它可以让短处变得更强。

师：所以对于短处我们更注重的是让其不要太拖后腿，而不是变得多厉害。

生9：我喜欢唱歌，但是乐理知识知道得不多，也不是很感兴趣。妈妈给我报名了兴趣班学唱歌，我发现要想唱好歌就必须掌握这些必备的知识，然后逼着自己去学，结果现在乐理知识的掌握反而成了我的长处，我甚至在考虑未来要不要学音乐。

分享与讨论
"长处"会因为"短处"的存在而打折吗？

生2：我认为不会，因为长处对短处的弥补大部分是掩盖不足，而打折是直接把你长处的一部分"吞掉"。拿总成绩来说，我们不会因为英语考0分而使原本可以考100

分的数学只考50分。

生3：就拿偏科来说，我们现在重大考试要考查的是人的综合能力，而不仅仅看单科成绩有多么突出，单科成绩太糟糕也是不行的。

师：很多人才选拔是以一定综合实力为门槛，符合标准后再进行专业性的选拔。

生1：我认为有可能。比如说自己很贪吃，认为做饭好吃是一种长处，而短处就是数学一般。但是功课比较重要，我会为了成绩去练题，然后渐渐忽略做饭好吃这个长处并且失去了兴趣。短处的能力虽然在增长，但是长处擅长的程度减少得更快。

生6：我觉得不会打折，一个人虽然成绩一般，但是跟大家的关系都不错，很好相处，大家依然会喜欢他。

生8：我觉得会有干扰，因为人们可能会更多地去关注自己不好的地方，长时间将自己的精力和注意力都用在避短上，从而忽视长处的存在。

生4：我认为不会打折，以咱们国

家著名的数学家陈景润先生来举例子，他数学能力超群，但是在生活劳动方面有一些欠缺，可是陈景润先生在数学方面的成就对全人类的进步都是有意义的。那在这样的情况下，就会出现一些专门的人员来负责陈景润先生的生活起居，这不但没有耽误他的数学探索，反而令其长处进步得更快！

甚至我认为在这样的情况下也可以不去弥补短处。这样的天赋对数学领域极具价值，将时间花在弥补简单的生活劳动上的短处显得对数学天赋能力很不公平，很浪费。

师：可能我们每个人都是一块木板，相互之间可以弥补不足。尽量让我们共同围成的木桶能够发挥出更大的优势，在发扬长处以及弥补短处方面，我们也可以结合实际意义做出不同选择。

- **教师小结**

通过大家的讨论，不难发现"长处"和"短处"在某一些情况下是会相互影响的，我们不否认每个人都存在生活上的短板，但是不论是个人层面还是集体层面，大家都会采取一些方法尽可能把优势最大化。

- **意图解析**

第一，给予学生机会去发现"长处"与"短处"之间的关系，并联系自己的生活经验举例说明相关的影响因素。第二，学生能够在观点补充中接纳"短处"的存在，避免谈之色变带来的习得性无助，能够结合事物的发展规律和社会需求，找到与"长处"和"短处"相处的平衡点。

灵光一闪

对我们自身的发展来说，你认为应该先"扬长"还是先"避短"？或者关于"长处"与"短处"，你是否有一些新看法？

生3：有个成语叫作"扬长避短"，按照语序，这个词语应该是先扬长，然后再避短，但是我觉得应该是先避短。古代打仗，你首先得把自己的后盾安排好，前面军队去打仗，后面必须得给他们安排好粮草，有军需保障。因为粮草一旦短缺就会成为致命的问题，把短处补齐了之后再扬长，这样就更有保险性，然后更有成本去作战。

师：减少短处也会令人更有底气。

生2：我也认为应该先避短，因为我认为只要你在这个擅长领域闪闪发光，总有人会发现你的光芒。我举一个例子，我们班有位同学他会弹钢琴，但他不炫耀也不声张，有一次他就自己坐在那里弹琴，很多人发现了他有很优秀的钢琴技术，但是假如一个人长期炫耀自己的长处，不但不会赢得尊重，反倒会立

刻吸引人过来揭他的短处，那就不能再以一种引以为傲的语气阐述自己的长处了。

生3：比方说霍金，他虽然全身瘫痪但不影响他去为人类做贡献，也没有人会因为他的身体情况排挤他，所以我觉得有时短处并不能遮盖你长处的光芒，所以我认为应该先扬长。

师：当长处足够优秀，一些不算太致命的缺陷不会影响整体的价值，瑕不掩瑜。

生6：我觉得可以先扬长也可以先避短。先扬长的话，就像霍金和陈景润这些例子，对于可能会忽略的短处，说明更看重你的长处，短处已经是短处了，可能花再大的工夫也不可能赶上在这个方面有长处的人，所以你可能没有必要去补这个短，直接去发展你的长处就好了。

对于先避短来说，就像我们考试，你一个科目考得很好，另一个科目考得很差，但是你的总分会被考得不好的科目拉低，所以我们就尽可能地多方面发展，让能力变得平衡一点。

生4：我认为这个肯定是分情况的，大部分情况我认为都应该先扬长，把你的长处尽量地发扬出来，为社会做出你的贡献，而不是把所有人都提到一个平均的水平线上，这样其实是没有意义的，因为所有人都活成了一个样子。但是消除弊端也是很重要的，比如说一个精神病人，总是在伤害他人，造成社会恐慌，那么这个时候精神问题无疑就成了最大的短处，即便你是一个再强的物理学家、哲学家都没有用，应当先把病治好。

生8：我觉得先扬长先避短都可以。我觉得先避短更保险一点，扬长的话有时候像孤注一掷，可以去赌一赌，如果成功了，收获就还是很可观的。

生4：我认为扬长其实就是一种避短，因为咱们前面提到过长处在一定程度上是能弥补短处的，所以扬长其实也是在变相避短。比如说短处数学考60分，因为扬长可能去学画画了，那画画变相地使几何感也好了，几何好就把你的数学考分拉高了。

● 教师小结

在当下的学习生活中，甚至将来的选专业、择校或择业中，要想做出最有利于自身发展的选择，是绕不开发扬长处和避免短处这个话题的，做出顺应自己成长规律的选择不仅能使自己拥有更强的动力和探索的勇气，还能够帮助自己减少麻烦、事半功倍。

● 意图解析

在探讨了"长处"与"短处"的相互关系后，更重要的是将更新后的新见解和态度迁移到日常生活的各个领域，帮助学生在面对自己的优势时勇敢尝试，也减少他们因为顾虑太多而犹豫不前，避免学生因为过于在意不必要的"短处"而陷入偏执的状态中。

教学反思

　　根据《中小学心理健康教育指导纲要（2012年修订）》可知，认识自身的优缺点是小学阶段"认识自我"的内容之一，因为其不仅是客我与主我发展的直观表象，能够集中反映个体能力、人格特质、行为风格，更是人际交往以及合理情绪建立、人生规划的重要纽带，因此这也是本节课选该主题的主要原因。

　　然而本节课以长处与短处作为讨论核心，未直接引用《纲要》中关于优缺点的表述，因为在前期话题的收集过程中，多数学生围绕"扬长避短"和"取长补短"展开思考，因此为了延续课堂思考习惯，本设计调整了用词。

　　本节课虽以优缺点主题为依据，但是对课程设计进行了创新，在以往传统的心理健康课程当中，"优点"往往是通过习惯养成或在品格建立过程中形成的，本堂课不仅强调个体主观习得的优点，还引入客观环境具备的优势条件，对于个体发展中"扬长"的范围进行扩大，更有利于学生将课堂思考迁移到当下生活及未来择校就业当中。

　　事实上，优点与缺点、长处与短处、优势与劣势在定义上略有不同，在课堂讨论的过程中，学生可能存在概念混淆，因此在后续的课程设计及教师追问的过程中，应当帮助学生明晰概念含义，确保双方对话语境的统一。

附：《田忌赛马》学习单

原典选读（略）　成语故事（略），见前文第 264 页。

我比较感兴趣的话题：

_____

_____

对他人观点的记录和启发：

_____

_____

根据今天的讨论我还想说：

_____

_____

玩物丧志

——玩物会丧志吗？

（王婷婷　厦门市翔安区第二实验小学）

　　卫懿公因沉迷养鹤，忽视国家大事，导致国力衰弱，最终在战乱中丧生。这个故事警醒我们：适当的娱乐和爱好可以丰富我们的生活，但过度沉迷其中，可能会让我们丧失积极进取的志气和高瞻远瞩的志向。然而，兴趣爱好和娱乐活动是儿童学习和成长过程中的重要动力，教育中我们也鼓励儿童探索和培养自己的兴趣爱好，在学习和生活中劳逸结合，学会通过自我控制，处理学习与娱乐的矛盾，为自己的全面发展奠定基础。小学高学段学生正处于他律向自律的过渡阶段，可能因为在娱乐活动或兴趣爱好中无法合理控制自己而影响到主要的学习任务。通过《玩物丧志》成语故事探究，儿童发现玩物不一定全都是不好的，可能会在其他方面补充学习，也可能因此找到人生的志向。当玩物的乐趣和学习的任务冲突时，控制好自己的行动是导致不同结果的关键。

课标依据

培养学生分析问题和解决问题的能力，为初中阶段学习生活做好准备。

——《中小学心理健康教育指导纲要（2012 年修订）》

本课目标

（认知）知道玩物的意义，认识到丧志或长志的关键在于个人的自我控制。

（情绪）缓解因"玩物"给自己带来的罪责感。

（行为）学会辩证看待兴趣、娱乐和学习的关系，寻找适合自己的自控方法。

儿童特征分析

小学阶段学生的自我控制能力在不断快速发展，并且影响着个体发展的多个方面。[1] 高自我控制能力的儿童能更好地抵制外界因素的消极影响，发生学业拖延的频率较低。[2] 皮亚杰的认知发展阶段理论认为，儿童他律道德向自律道德转化的关键年龄是 10 岁左右，五年级的学生正处于他律向自律的过渡阶段，他们的自我管理意识和水平处于一个较为薄弱的状态，在面对外界事物的诱惑、自身的兴趣爱好时，很可能把握不好投入的时间和精力，从而影响了正常的学习和生活。因此，在日常教学中引导学生看到玩物的状态及其影响，探索适合自己的自控方法有助于学生的全面发展。

核心概念

自我控制是当面对长远价值目标和即时满足目标的冲突时，个体在思想、情绪和行动上的自我调节。[3]

教学准备

教师准备：多媒体课件、《玩物丧志》故事及翻页笔、学习记录单（每人一张）等。

学生准备：黑色水笔一支，积极参与、认真倾听、尊重他人。

---

[1] 李文辉，王迦乐，祖静，李婵．小学生自我控制、孤独感与社交焦虑的关系：一项交叉滞后分析 [J]．心理发展与教育，2024，40(5)：687—694.

[2] 李婕．自我控制在留守儿童自我概念清晰性和学业拖延中的中介作用研究[D]．淮北师范大学，2024.

[3] 李婕．自我控制在留守儿童自我概念清晰性和学业拖延中的中介作用研究[D]．淮北师范大学，2024.

探究启航

游戏互动

游戏："猜猜我在做什么"

● **游戏规则**

（1）师：请同学们闭上眼睛，猜猜老师在做什么？ 30秒之后老师提醒大家睁开眼睛，不能提前睁眼，做到的同学奖励1颗糖。

（2）师播放视频（有趣画面＋声音关键词"集卡、电子游戏、小说阅读、夹娃娃、游乐场、短视频网站、社交媒体……"）。

● **师生互动**

为什么刚刚时间还没有到，就有同学睁开眼睛了呢？

生1：因为很好奇老师在播什么，而且出现了很多我们感兴趣的词，就忍不住想睁开眼睛看。

师：如果老师再播放另一个视频，你还会睁开吗？

生1：不一定，要看我会不会好奇。

生2：虽然听到那些词有冲动，但是我想得到奖励，所以忍住等30秒之后再看。

师：忍住之后是什么感觉？

生2：有一种掌控局面的自豪感。

● **教师总结揭题**

刚刚大家在视频的吸引下，有的同学没忍住提前睁开眼，有的同学克制住了。今天我们将讨论的故事《玩物丧志》既和大家的兴趣、爱好、娱乐相关，也和大家对自我的掌控有关。让我们一起走进《玩物丧志》故事吧。

● **意图解析**

通过视频中的声音，结合时下小学生感兴趣的、热门的事物，探寻睁眼的原因，倾听学生的感受和想法，引导学生发现面对喜欢或者好奇事物的不同的表现形式和影响，进而导入本节课主题。

🪁 成语共读

教师借助多媒体设备出示成语故事。

- **原典选读**

　　玩人丧德，玩物丧志。　　　　　　　　——《尚书·旅獒》①

　　冬十二月，狄人伐卫。卫懿公好鹤，鹤有乘轩者。将战，国人受甲者皆曰："使鹤！鹤实有禄位，余焉能战？"……及狄人战于荧泽，卫师败绩，遂灭卫。　　　　　　　——《左传·闵公二年》②

- **成语故事**

　　古代经典《尚书》上有句话：玩弄他人会丧失道德，玩弄物品会丧失志向。春秋时期，卫国有个国君叫卫懿公。卫懿公特别喜欢鹤。卫懿公根据鹤的不同品类，把它们封为不同等级的大夫，不但按照官衔给鹤发放俸禄，甚至还有专车接送。后来，一个叫"狄"的北方少数民族攻打卫国，卫懿公把盔甲武器发给国人，让大家上战场抵抗敌人。可是人们拿到盔甲武器时，都对国君说："你让鹤去抵御狄人啊！鹤不是享有俸禄官位吗？我们连俸禄都没有拿过，哪里能打仗？"结果，狄人很快打败了卫国，卫国就灭亡了。

　　　　　　　　　　　　　　　　　　　　　　　　（黄睿　译）

> **分享与讨论**
>
> （1）如果你是卫懿公，你每天会花多久时间玩鹤？
>
> （2）卫懿公玩鹤的目的是什么？
>
> （3）如果有一天卫懿公意识到管理国家很重要，他会怎么对待鹤？

①　钱宗武.尚书译注[M].北京：中华书局，2022：322.
②　杨伯峻.春秋左传注[M].北京：中华书局，2018：225—226.

生1：我一天会玩10小时的鹤，因为那可是花了我大量资产的，这么棒的鹤怎么能不玩呢？

师：**听上去付出钱财的东西更让人珍惜和沉迷，可是卫懿公的财力雄厚，为什么偏偏选择玩鹤而不是其他的？**

生1：因为玩鹤可以满足他的虚荣心，他觉得仙鹤在大家看来代表高贵、长寿和吉祥。他养很多鹤就会让人觉得国家很富有、很吉祥，他还可以借口不管朝政。

师：**玩鹤好处这么多，为什么不是一整天都在玩而是只玩10个小时？**

生1：10小时已经很久了，再久也会累，而且一直玩鹤也会腻啊。

师：**听上去喜欢的事物玩太久也不一定让人一直都觉得满足。**

生2：如果我是卫懿公，可能我一天只能玩1小时。

师：**大家很好奇为什么是1小时？**

生2：可能是卫懿公的父母或长辈给他设置的，因为他们觉得卫懿公要处理国家大事很忙，所以每天给他1个小时玩鹤。

师：**在这玩鹤的1个小时中，卫懿公是什么样的心情？**

生2：会很开心。因为鹤长得很好看，看到鹤会有好心情；还可能是因为他在管理国家时感到压力大，玩鹤能让他放松。

师：**生活中，你什么时候体会过这种心情？**

生2：每次周末我妈都会让我玩1个小时电脑，然后我就会听歌和打游戏，感觉很开心。

师：**在你开心的表情中，老师感受到歌声和游戏带给你放松的愉悦感。**

生3：卫懿公都已经是一国之君了，可以随时随地，想玩就玩，不用受时间限制。

师：**想玩就玩？会有不想玩的时候吗？**

生3：会啊，一直玩鹤也会无聊。鹤虽然长得好看，但其实它的本质还是动物，没办法跟卫懿公交流，只能观赏。所以想玩的时候玩一下，无聊了就不玩。

师：**随时随地，想玩就玩，这么任性的话，如果有一天他突然意识到管理国家很重要，他要怎么控制住自己不玩鹤？**

生3：可以把鹤全部放走，让它们回归到大自然当中，这样他就看不到、玩不到了，只好专心管理国家。

师：**如果满意的程度是10分，10分代表很满意这个方法，1分代**

表很不满意，你觉得卫懿公会打几分？

生3：大概是3分吧，因为花很多钱买来的鹤直接放走很可惜，而且万一去其他国家还让别人捡了便宜，最糟糕的是这些鹤都养尊处优惯了，可能适应不了其他环境了，放走没多久，就因为不适应死了。

师：听着好像很舍不得的样子，哪个部分值得拥有3分呢？

生3：可能是这个方法见不到鹤，没有鹤的影响，他有更多的时间和精力投入国家的管理中，可以做得更好。

师：我们再听听看其他同学的不同想法。

生4：我觉得卫懿公玩鹤的目的可能是向鹤学习。因为鹤是长寿的象征，他可能在养鹤的过程中探索养生的智慧，追求健康。还可以通过观察鹤这种群居动物，去感悟如何带领人民和谐相处。还可以向鹤学习一生忠于一个伴侣的精神，引导卫国人民爱护国家。

师：原来玩鹤可以学习到这么多。了解鹤的那么多特点，你是个善于学习的孩子。生活中，你喜欢的事物又带给你什么呢？

生4：我平时喜欢玩乐高。其实一开始玩乐高是因为乐高是爸爸买给我的玩具，可以消磨无聊的时光。每次搭完之后我都会思考如果不按照说明书会怎么样，于是我开始思考自己想要的样子并建构出来，慢慢就喜欢自己建构乐高。在这次的科技节中，我用乐高建构出的白鹭体育馆还获得了"科技小达人"的称号。

师：了不起的"科技小达人"！兴趣的发展给你带来了荣誉，你有什么样的感受？

生4：我觉得我最重要的是在兴趣中找到自信，我相信自己有可能做好事情，也有能力去面对挑战。

师：很开心看到你在兴趣当中挖掘自己的潜能。我们知道卫懿公事实上因玩鹤荒废了国家大事，他醒悟的做法可能是什么？

生5：他可能会留一只自己最喜欢的鹤，然后把其他的鹤卖掉，这样就同时拥有鹤和很多钱了。

师：拥有很多钱之后他会怎么做？

生5：那些钱可以用在买粮食、买兵力、建设国家上，让卫国变得越来越强大，其他国家就不敢来攻打他们了。

师：既然这样，为什么还要留一只鹤呢？

生5：那毕竟是他心爱的鹤，如果一下子全部卖掉，他还是会舍不得的，反而会日思夜想，心里一直想着他的鹤，更难专心管理国家了。

师：可是他也是从一只鹤开始慢慢沉迷的，还留一只鹤在身边难道不怕重蹈覆辙吗？

生5：既然他现在认识到管理国家的重要，他就可以比以前更好地控制自己，而且他可以请他信任的大臣帮他看管这只鹤，等他处理完事情再让他玩。

师：听上去这是一个借力使力的办法。

生6：我还有不一样的操作。可以将鹤作为礼物送给其他国家。

师：这样做对卫懿公有什么影响？

生6：一来可以拉近和其他国家的关系，其他国家可能就不会轻易攻打卫国了；二来鹤送出去，卫懿公有更多的时间和精力好好治理国家；三来如果其他国家的君王和卫懿公一样沉迷玩鹤，其他国家的实力可能下降，对卫国的威胁就没有那么大了。

师：你尽可能地考虑到多方面的因素，最后提到的兴趣爱好可能会"传染"，你平时在生活中有遇见过吗？

生6：最近很多学校都很流行玩集卡，其实一开始玩的人少，但是一个带一个，慢慢就越来越多人玩。

师：你觉得他们是真的喜欢玩集卡吗？

生6：因为我喜欢的是做手账，集卡我没有玩，所以不知道他们是怎么想的。

师：你很了解自己的爱好，关于集卡，我们听听其他人的看法。

生7：其实有很多人并不是真正喜欢玩集卡，是因为看别人玩，想要一起玩。就像以前的萝卜刀玩具，只是一时兴起，后来慢慢玩腻了就没有人玩了。

师：看来大家喜欢的是一起玩的感觉而不一定是玩集卡，对吗？

生7：对。

生8：我看新闻上说集卡其实对小学生很不友好，只是我们没有觉察到而已。我们作为小学生想要玩集卡，到最后很可能购买得更多，还可能危害我们的身体健康。

● **教师小结**

在刚刚的分享中我们听到很多关于玩物的思考和观点。老师搜集了以下两个问题请大家思考：一个是"玩物会丧志吗"；另一个是"当你想玩可是又要学习，你该怎么办"。我想请大家用3分钟的时间在小组里进行分享及讨论。

● **意图解析**

在引出成语故事后，从故事中的问题出发，让学生代入故事角色，启发学生思考学习生活中玩物带来的影响及其感受。倾听学生关于玩物的不同看法，抓取两个代表性的问题作为后续环节讨论的内容。

🦗 心灵激荡

1. 以小组为单位，针对问题，把自己或成员的观点写在学习单上。

2. 组内交流，充分讨论观点，相互启发。

> **分享与讨论**
>
> （1）玩物会丧志吗？
>
> （2）当你想玩可是又要学习时，你该怎么办？

生1：我觉得玩物会丧志。卫懿公就是一个例子，他沉迷于玩鹤，荒废国事，最后连自己的性命甚至整个国家都搭进去了。

师：他是如何变成这样的？

生1：他一开始可能也只是想欣赏鹤，但是越买越多，别人又投其所好送他鹤，慢慢地，他自己也控制不住自己了。

师：这个局面是鹤导致的还是卫懿公自己造成的？

生1：虽然表面上看"玩物丧志"是养鹤带来的，但并不是所有养鹤的人都是这样，所以是卫懿公自己

没有控制好对鹤的沉迷。

师：在你看来有没有控制住自己对鹤的沉迷才是关键，是吗？

生1：是的。

师：其他同学有不同的看法吗？我们听听看。

生2：我觉得玩物有时候还会长志，爱迪生小时候很喜欢玩各种各样的材料和做实验，最后他成了世界闻名的发明家。

师：玩那些材料或者做那些实验对他的长志有什么帮助吗？

生2：玩材料和做实验的爱好是他成长的动力。因为喜欢，他更有能

量去探索和坚持。

师：很多人也都有这方面的兴趣，为什么他能成为发明家？

生2：他可能从小就有目标，长大要发明创造。坚定这个目标之后知道自己要做的和该做的，这样更有方向和能量。很多人也有自己的追求，但是他们在放松和物欲中迷失自己，最后碌碌无为甚至给自己带来更大的遗憾。

师：很深刻的感悟，同学们，咱们身边有这样的例子吗？

生3：我四年级的时候，喜欢收集各种各样的叶子，每天下午放学没有马上回家而是去寻找叶子，晚上在家也会玩叶子，结果我成绩退步了。

师：当你想玩可是又要学习时，你该怎么办？

生3：我想着可不可以边玩边学习，所以我就在收集叶子的时候学会了用叶子分辨不同的植物，也知道了很多叶子的作用，比如枇杷叶是很好的止咳润肺的良药，等等。只是此学习非彼学习，我花在叶子上的时间太多了，成绩退步了。

师：研究叶子丰富了我们对植物的认识，也是一种学习，这种探究精神值得鼓励。如何理解你说的此学习非彼学习？

生3：虽然我在玩当中可以学习，但是那些是我感兴趣的知识，是我想要学的。我们课堂上学习的知识是基础知识，是我们应该学的。只有先掌握了基础知识，我们才能更好地学习其他知识。

师：玩物能丧志，也能学习，还能长志，要如何把控玩物给我们带来的影响？

生4：我喜欢玩的事物还挺多的，比如打篮球、玩手机，成绩也一直稳定在比较好的水平。是因为妈妈帮我做了合理的安排，我周六早上认真学习，下午就可以去篮球兴趣班，周日早上认真学习，下午就可以玩一小时的手机。虽然有时候觉得妈妈的监督挺烦人，但是这样我学习不会偷懒，对我还是有帮助的。

师：来自妈妈的监督和合理的安排也是一种方法，通过他人的监督更好地做到自我控制。其他同学也有来自父母的安排吗？

生5：父母要求我学钢琴，但是我又不喜欢，现在每周都要上钢琴课，我觉得很累。

师：你这个情况听上去是被动地玩物，父母是出于什么原因让你学钢琴？

生5：他们觉得女孩子会弹琴有气质，觉得这样能帮助我上一个比较好的中学。

师：对于父母的安排，你是什么样的想法？

生5：我知道父母其实都是为我好，一开始我还想坚持，但是时间一久我知道自己真的不喜欢，我想用自己的成绩跟父母证明我不需要钢琴的辅助。

师：是啊，玩物之前还要分辨哪些是适合自己的，希望你能和父母达成共识。其他同学在没有父母的参与下，有什么方法呢？

生6：我以前跟同学一起收集奥特曼卡牌的时候，上课都会忍不住想拿出来玩，不能专心听讲，每天作业都写得很晚。后来，我把卡牌都放在家里的抽屉里，上课认真听，课后服务抓紧时间完成作业，回家就能好好玩了，这样我学习成绩恢复了，玩也没有落下。

师：你用暂时隔离玩物的方法来应对，在这个过程中你的心情有什么样的变化吗？

生6：虽然我们都知道要好好学习，但是有些时候玩起来是很难控制的，所以我一开始是有点难受的。大家如果觉得改变自己或者控制自己的行为让人感到不舒服也没关系，可能正向着好的方向发展，要坚持自己觉得对的事，而不是被"贪玩小恶魔"牵着鼻子走，掌控了自己的行为后，我觉得很有自豪感。

师：看到你的转变，老师很欣慰，我们听听其他同学的不同方法。

生7：其实我也想控制好自己，但经常做不到。一开始我会做计划，什么时间做什么事情都写得清清楚楚的，可是每次都只坚持了一两天又打回原形。

师：你觉得执行计划过程中最大的困难是什么？

生7：应该是坚持。前两天都还能坚持，后面就不能了。

师：后来你是怎样找到其他方法的？

生7：我还在尝试，就是轻松简单地养成习惯。以前我回家都先看电视，没心思学习。现在，我要求自己每次看电视之前先看一页书，因为比较容易做到，现在第10天了，我都能坚持下来。

师：好的开始是成功的一半，相信你能继续坚持很多个10天。

生8：不断告诉自己"我能行"，相信自己，也会比较有能力控制好自己。

- **教师小结**

通过大家的分享，我们发现玩物可以带给我们快乐，有时也能帮助我们学习到某一方面的知识，甚至能在玩物的过程中寻找到自己的志向，做一个积极进取的人。但是玩物的过程中，如果控制不住自己，迷失方向，可能会带来很可怕的后果。

- **意图解析**

  鼓励学生充分表达自己的观点和看法，在讨论玩物的影响中看到玩物带来的多种可能性，并深入思考各种可能性的决定性因素，意识到自我控制这一关键能力，从学习和生活中挖掘自我控制的潜能和方法。

灵光一闪

分享：上完这节课，你对玩物有什么新的看法或观点？

生1：我们在玩物之前要先分辨好坏和是否适合自己，比如有些人的兴趣爱好或者娱乐放松的形式是不好的，像抽烟、喝酒这种不良嗜好我们要坚决抵制，也不要被别人带歪，偏离了正轨，玩物丧志。

生2：玩物可以埋下一颗兴趣的种子，让其在长志的路上像一个志同道合的朋友，使你更加高效地追求目标和志向，既拓宽了个人兴趣，丰富了生活，也成就了自己。所以大家可以在课余时间培养积极的兴趣爱好。

生3：我们可以通过控制自己的行为掌控玩物带来的影响，我们可以通过思考和训练慢慢提高自我控制的能力。自律让玩物更好玩，让学习更充实。

- **教师小结**

  我们今天看似讨论玩物是否丧志的故事，实际上探讨的是关于每个人的"自我控制"。我们的"自我控制"对于我们的成长和志向有什么意义，平时的学习生活中又该如何增强自我控制的能力，这些都是很值得我们思考和探索的问题。

- **意图解析**

  经过一节课的思考与讨论后，了解学生形成哪些新的观点或对原有观点有了何种思考。同时，总结本节课的讨论方向和结果。

教学反思

课堂追问，即课堂上教师提出某个问题，学生经过思考并回答后，在对问题深入探究的基础上进行"二次发问"。"心育课生涯辅导"主题活动中的追问，旨在引导学生进一步探索内在自我，培养积极心理品质。[①] 本节课的追问作用主要有几点：一是加深学生对文本的理解，比如追问卫懿公的心情和做法，引导学生思考和分析玩物对我们的意义和影响；二是纠正学生思维的偏差，有些学生在思考好坏影响的关键时存在局限性，通过联系生活的追问，引导学生多角度探索答案。同时，本节课的追问也存在一些空洞、浮于表层的问题，以后将在不断学习和打磨中改进。

附：《玩物丧志》学习单

原典选读（略） 成语故事（略），见前文第 276 页。

任务
小组讨论并将你的想法记录下来。

1. 玩物会丧志吗？
_____
_____

2. 当你想玩可是又要学习时，你该怎么办？
_____
_____

---

① 高达维.巧借课堂追问培养学生心理资本[J].名师在线，2022(22)：10—12.

后　记

　　"儿童哲学可以调适心理特殊生吗?"这是我初听到儿童哲学时提出的第一个疑问。当时的我正苦于教学工作中的一个难题:有一个年段未能安排心理健康教育课,又需要设法帮助这个年段的心理特殊生。本想利用课后服务的社团时间组织团体心理辅导,无奈团体心理辅导的技巧近乎遗忘,只得向厦门大学哲学系南强儿童哲学研究中心的黄睿老师求助。

　　我们常说"哲学是心理学科之母",但从未真正走近过哲学。第一次听黄老师介绍儿童哲学时,脑海里蹦出各种各样的心理学流派,如"叙事疗法""焦点解决短期心理咨询"等后现代咨询流派。当时的我认为儿童哲学与这些后现代的流派有异曲同工之妙。黄睿老师又告诉我,且根据国外研究,接受了一年半儿童哲学教育的学生在社会技能、沟通技能、团队合作、毅力、共情等社会情感学习维度上相比对照组有所提高。我和他随之一拍即合,开启第一年的"儿童哲学与心理学长程探索"社团课程。

　　我经常是一个三分钟热度的人。这个社团没有经费,没有专门的场地,我们只能在录播室授课,加上十几个性格乖张的学生,立刻让我心里打起了退堂鼓。他们有的躺在地板上听课;有的在别人说一句后,他要回嘴好几句；有的常常和人发生冲突；有的充满了表达欲和表现欲，得到发言分享的机会后长时间说着"不着边际"的话；还有的一言不发，甚至埋头画画……我禁不住在内心嘀咕：这样的学生，能开展哲学探究吗？可是黄老师却平静地蹲下来和大家讨论"上课时可不可以躺着"。

也许，这恰恰是儿童哲学魅力所在。坐在教室后头，我看着黄老师以绘本、视频故事、成语作为刺激物和学生们探究，他们时而天马行空，时而关怀他人，时而表达自我，时而心怀社会，这让我也鼓起勇气尝试一二。先是在黄老师出差时，由我带领他们进行团体探究，再是以游戏活动和教育戏剧作为刺激物进行探究。

一年后，这批学生的变化是家长、科任教师和同伴肉眼可见的。他们有的会鼓励一时退缩的同伴大胆发言或朗读文本，有的会把领取学习单或发言、游戏的机会先让给别人，有的会在课前和课后主动帮忙整理教室，有的会在别人发生冲突的时候帮助同伴厘清矛盾，有的从游离在课堂之外到能够参与小组的管理……

最后一次课上，我给他们每个人写了一封信，在信中原原本本地写下每一个人这一年里我所观察、记录到的变化。我看到 H 同学在读信时吸鼻子、摘下眼镜抹眼泪的样子，我要用很大的能量让自己隔离，才能够不哭出来。我在他们每个人身上，都看到了与我有关的侧面。

一年的社团授课中，我也跟着黄老师学习相应的儿童哲学知识，阅读儿童哲学相关书籍，参加厦门大学全球汉语儿童哲学理论与实践公益暑期学校，并有幸获得了一等奖。在这个过程中，我一直思考的问题是：能否让儿童哲学的价值和资源惠及更多的学生和教师呢？我做的第一个尝试就是在常态的班级授课中开展融合儿童哲学的心理健康教育课。

我还记得自己尝试的第一节课主题是"坚持就是胜利"，以海明威的《老人与海》作刺激物，邀请学生代入老人视角，在一次次遇到困难时进行抉择：要坚持下去，还是要放弃。让我惊讶的是，采用团体探究后，学生的"真心话"更能浮出水面。即使选择"放弃"，他们也提出了非常合理的理由：生命最宝贵，留得青山在不怕没柴烧，放弃大鱼说不定可以钓上更多小鱼，等等。这印证了"儿童生来就是哲学家"的观点。或许他们不需要教师教会什么，反而是教师需要虚心学习他们的视角和观点，学会"再当一次儿童"。

这之后，我动员了一批教师用成语故事为刺激物，以课题的形式做"儿童哲学融入心理健康教育课"的团体探究。这之中有我的学姐、学弟，有我的大学同学，也有我专业成长的同行者和陪伴者。有趣的是，我们这 11 个人恰巧分别处在福勒和布朗提出的教师成长的"关注生存"阶段、"关注情境"阶段和"关注学生"阶段。儿童哲学成为我们的一个刺激物，扰动我们原本认为一成不变的课堂，给我们带来新的思考。

一开始，课题成员总是叫苦连天。迫于我的"威慑"，大家在参与过黄睿老师主持的几次模拟体验、分享和讲座后，就投入课程的开发和设计中。"不会"和"怎么弄啊"是他们向我传递最多的信息。遇到的困惑主要有：不知道怎么对学生进行回应和引导，担心课堂没有明确的教学目标，不知道如何在有限的时间里教给学生相应的心理学相关知识，不知道如何设计与课程主题相符的提问，担心过多思辨性的探究会削弱心理健康教育的体验性……坦白说，有的时候我也不能很好地解答这些教师的提问，唯一能做的就是尝试：变换提问方向、变换回应内容、变换核心观点……不知道此刻阅读完本书的读者，对这些问题是否已经有了自己的思考？

当每位成员开始开发自己的第二个成语故事时，已经越来越上手，关注点也从课程设计转入核心素养的落实与培养，从教师的教转变到了学生的学。王瑜萍和许惠欣老师是其中和我探讨最多的两位教师。一开始她们的语气中常常带有迷惑不解和一丝丝焦虑。慢慢地，她们的语气中多了许多惊喜和意外，她们沉浸在课堂与学生的探究中，惊讶于学生多元而丰富的思维观点中，享受于心理健康教育的育人价值中。

现在，我还试着把儿童哲学团体探究的范式带到家庭心理健康教育工作坊。在这些尝试里，我深刻感受到儿童哲学的"赋能"，为学生、家长赋能，也为教师赋能。

我一直希望和同侪、学生分享我觉得很棒的东西，哪怕我在尝试的东西不见得很完整，也不见得很完美，可是我愿意去冒险和尝试，并把它分享出来。这是我们现在这个时代很需要人去做的事情。两年的时间里，我经历了"搜集课程刺激物—以课程作为刺激物启发老师—自己成为刺激物"的过程。我希望这本书对于读者而言也是一个刺激物，读者作为接收到这个刺激的人，会自行选择、自行延伸阅读，基于这本书创造出属于你的全新的想法，这才是真正有价值的东西。无论讨厌，或是喜欢，它都跟你产生联结了，我的目的就达到了，不是吗？

最后，本书的撰写、出版得到厦门大学哲学系南强儿童哲学研究中心，尤其是曹剑波主任的大力支持。感谢厦门市翔安区教师进修学校郭学东老师为课程的实践提供的机会和平台，感谢厦门市金林湾实验学校苏巧妙老师和厦门市鹭江新城小学张明珠老师在专业上的引领。感谢编委会的每一个成员、每一次碰撞、每一份踏实、每一种创思都是对我的肯定。上海教育出版社刘美文、王璇两位编辑从书籍的选题、结构、体例、写法到插图的画风，都进行了细致周全的考虑，给了作者非常正面和专业的建议。在此，我谨代表全体作者向以上机构和人士表示深深的谢意。

林　旭

2024 年 9 月

图书在版编目（CIP）数据

哲思心理课. 成语故事卷 / 林旭, 黄睿主编. ——
上海 : 上海教育出版社, 2025. 1. — ISBN 978-7-
5720-3231-8
　Ⅰ. G444
　中国国家版本馆CIP数据核字第20255HV578号

策划编辑　刘美文　王　璇
责任编辑　王　璇
插　　画　潘雪晴
装帧设计　王鸣豪

哲思心理课. 成语故事卷
林旭　　黄睿　　主编

出版发行　上海教育出版社有限公司
官　　网　www.seph.com.cn
地　　址　上海市闵行区号景路159弄C座
邮　　编　201101
印　　刷　上海普顺印刷包装有限公司
开　　本　700×1000　1/16　印张 19.5
字　　数　248 千字
版　　次　2025年2月第1版
印　　次　2025年2月第1次印刷
书　　号　ISBN 978-7-5720-3231-8/G·2871
定　　价　69.80 元

如发现质量问题，读者可向本社调换　电话：021-64373213